한성백제박물관

한성백제박물관
SEOUL BAEKJE MUSEUM

기획 · 총괄 이종철, 이인숙

전 시 기 획 이종철, 김기섭, 이경자

전 시 진 행 김기섭, 이경아, 임종문, 백길남, 김은정

전 시 지 원 송동림, 정해선, 김슬기, 노재은, 정윤경, 신윤정

원고 · 편집 김기섭, 이경자, 문은순, 채미하

수정 · 보완 백길남, 이경아, 김은정, 정윤경, 신윤정

유 물 촬 영 서헌강, 김광섭, 최호식

도록디자인 (주)디자인인트로

전시 및 자료 협조

겨레문화유산연구원
경기도박물관
경기문화재연구원
경상대학교박물관
경희대학교중앙박물관
고려대학교박물관
고려문화재연구원
공주교육대학교박물관
공주대학교박물관
국립공주박물관
국립김해박물관
국립문화재연구소
국립민속박물관
국립부여문화재연구소
국립부여박물관
국립전주박물관
국립중앙박물관
국립청주박물관
국립춘천박물관
단국대학교 석주선기념박물관
문화재청
서울대학교박물관
성신여자대학교박물관
연세대학교박물관
전남대학교박물관
중부고고학연구소
중앙문화재연구원
청주백제유물전시관
충북대학교박물관
충청남도역사문화연구원
충청남도청
하남역사박물관
한강문화재연구원
한국고고환경연구소
한국고고환경연구소
한국문화유산연구원
한국문화재보호재단
한신대학교박물관
한양대학교박물관
한얼문화유산연구원

일러두기

1. 이 도록은 한성백제박물관의 상설전시실 전시도록으로 2012년 초판의 개정판이다.
2. 도록에 실린 도판의 저작권은 한성백제박물관에 있으며, 그 외의 경우는 본문에서 별도로 밝혔다.
3. 도판해설은 한성백제박물관이 작성하였고 편집 · 보강하였다.
4. 도판의 캡션은 유물과 유적 이름, 크기, 소장처(대여기관 기준) 순으로 표기하였다.
5. 한성백제박물관 소장품은 소장처를 적지 않았다.
6. 유구 · 유물명은 쉬운 우리말을 사용했으나, 이로 인해 혼란이 생길 경우에는 학계에서 흔히 사용하는 명칭을 적용하였다.
7. 도판 설명 중에 인명, 지명 등 고유명사는 한글로 적었다. 단, 이미 통용되는 단어는 한글 외래어표기법을 따르지 않았다.
8. 크기는 높이, 길이, 지름 등 한 가지만 적었다. 크기의 단위는 cm이다.
9. 여러 유물을 함께 찍은 도판의 유물 크기는 숫자가 가장 큰 것만 적었다.

한성백제박물관

개관 기념사

서울이 가장 빛나는 계절인 봄, 서울에 또 하나 기쁜 일이 생겼습니다.
우리 고대사의 역사를 소중히 간직한 한성백제박물관 개관을 축하드립니다.

우리가 살고 있는 이 세상은 모두 미래 세대에게 물려줄 박물관입니다.
지금 우리가 살고 있는 집, 옷, 음식..등은 미래 세대에게 우리가 잠시 빌린 소중한 문화유산입니다. 따라서 우리는 잘 보존하고, 잘 가꿔야 할 책무가 있습니다.
현재를 소중하게 여겨야 하는 것과 동시에 우리에게는 또 하나의 책임도 있습니다.
바로 선조들의 빛나는 문화유산을 잘 보존하고 전승하는 것입니다.
그런 의미에서 오늘 한성백제박물관 개관은 선조들의 살아온 모습을 되살리고,
후손들에게도 우리의 뿌리를 알리는 소중한 일입니다.

한성백제박물관이 위치한 몽촌토성은 인근의 풍납동토성과 함께 백제의 첫 도읍, 한성백제의 중심지였습니다. 기원전 18년, 온조왕이 건국한 뒤 서기 475년 공주로 천도하기까지 500년간 번성하던 백제의 수도였던 곳입니다.

서울시가 이 자리에 서울의 고대사를 다루는 한성백제박물관을 건립하자는 학계의 요청을 받은지 8년.. 그동안 많은 사학자들과 큐레이터들이 조상의 얼을 되살리는 작업에 땀과 열정을 쏟았습니다. 오늘 개관하는 한성백제박물관은 조상들의 빛나는 문화유산이 보존되어 있음과 동시에, 그것을 기록하고 보존하는 오늘 이 시대의 사람들의 정신도 함께 부여되어 있습니다.

역사는 앞선 세대의 노력을 딛고 앞으로 나아갑니다. 과거는 전진을 위한 지혜의 보고입니다. 과거를 알지 못하면 현재를 제대로 이해할 수 없고 미래를 제대로 설계할 수 없습니다.

그러나 우리나라가 경제개발에 몰두하던 압축성장시대, 우리는 과거를 하루 빨리 벗어나야 할 '낡고 오래된 기억' 정도로 치부했습니다. 그래서 도시개발의 이름 아래 지난 시대로부터 물려받은 역사유산을 파괴하는 데 주저함이 없었습니다. 그렇게 해서 석촌동고분군이 도로공사로 파헤쳐지고 풍납동토성은 아파트단지로 둘러지게 되었습니다. 참으로 안타까운 일입니다.

뒤늦게나마 서울시는 조선의 한양정도 600년을 계기로 하여 서울에 대한 역사연구를 육성하고 그 토대 위에서 10년 전, 서울역사박물관을 개관했습니다.

서울역사박물관을 개관한지 10년, 오늘 우리는 한성백제박물관을 새롭게 개관합니다. 이제 서울은 600년 근현세사의 수도만이 아니라 2000년의 고도로서 재조명을 받게 된 것입니다. 개발시대에 실종되었다가 정도 600년으로 처음 열리게 된 서울역사의 지평을 한층 더 넓히는 중요한 시발점이 아닐 수 없습니다.

물론 한성백제박물관의 개관은 고대사 연구의 끝이 아니라 출발입니다. 발굴조사와 학술연구의 뒷받침이 없는 박물관은 생명력 없는 하드웨어일 뿐입니다. 물론 조사연구는 한성백제박물관 만으로는 되지 않습니다. 중앙정부와 서울시, 학계, 연구계, 박물관계가 널리 공조해 노력해야 비로소 가능한 일입니다. 서울시는 한성백제박물관이 이러한 공조의 한 축으로 자라나도록 모든 노력을 아끼지 않을 것입니다.

한성백제박물관의 개관으로 이제 고대사 쪽으로의 시야가 확대되었지만, 현대사 쪽으로는 아직 그렇지 못합니다. 그래서 저는 현대사 쪽으로도 서울의 역사지평을 넓히기 위한 여러 사업을 계획하고 있습니다.

대한민국의 수도이자 1000만의 시민이 사는 서울은 바로 굴곡진 현대사의 현장이자 그 결과입니다. 서울의 곳곳에 그러한 유산이 배어있습니다. 서울의 공간이 바로 살아있는 박물관이자 기억이 깃든 열린 책입니다. 그래서 저는 민주화, 경제성장, 생활문화의 변화, 대중문화의 기억, 도시변화의 자취 등 서울 속에 남아있는 현대사의 유산을 찾아 이를 미래유산으로 보전하고 활용하는 사업을 펼치고자 합니다. 그래서 서울의 곳곳에 작은 박물관들을 만들고, 나아가서는 서울 전체에 역사가 살아 숨 쉬는 벽 없는 '박물관 도시'를 만들고자 합니다.

이렇게 고대와 현대, 양 방향으로 서울의 역사를 보는 시야가 넓어질 때 서울은 비로소 과거와 현재가 소통하는, 참된 의미의 역사도시로 거듭날 수 있게 될 것입니다.

어려운 여건 속에서도 특별한 사명감으로 한성백제박물관 개관을 준비해주신 이종철 단장을 비롯한 개관준비위원 여러분, 그리고 유물을 이관해주고 대여해준 여러 박물관 관계자 여러분, 다시 한 번 깊은 감사의 말씀을 드리며 개관 뒤에도 변치 않는 관심과 지원을 부탁드립니다.

감사합니다.

2012년 4월

서울특별시장 박 원 순

발간사

마침내 서울 2천 년의 역사를 이야기해 줄 한성백제박물관이 유서 깊은 백제 유적이 바라다 보이는 몽촌토성 옆에 문을 열었습니다.

한반도의 중심에 자리한 서울은 우리 고대 역사의 중심이었습니다. 기원전 18년 백제가 이곳에서 건국하였으며, 서기 475년 공주로 천도하기까지 약 5백 년 동안 이곳에서 최고의 전성기를 누렸습니다. 또한 한강을 두고 백제, 고구려, 신라가 서로 각축하면서 삼국의 문화가 서로 교류하였던 곳입니다. 서울 곳곳에는 이러한 유적과 유물이 남아 있어 2천 년 왕도 서울의 역사를 증언해주고 있습니다.

한성백제박물관은 백제의 역사를 중심으로 구석기시대부터 백제가 천도하기까지 서울의 고대 역사를 3개의 전시로 구성하였습니다. 제1전시실은 「서울의 선사」로서 구석기시대부터 백제가 건국하기까지를 이야기해줍니다. 제2전시실은 「왕도 한성」으로, 백제가 건국하고 성장하기까지의 정치·외교·사회·기술·문화에 대한 이야기입니다. 제3전시실은 「삼국의 각축」으로서 백제를 밀어내고 서울을 차지한 고구려·신라 이야기와 수도를 옮긴 뒤의 백제 역사를 다루고 있습니다.

전시는 백제한성기 유물을 비롯하여 모형, 영상, 그래픽 등 다양한 매체를 통해 쉽고 재미있게 전달하고자 하였습니다. 이를 통해 백제를 비롯한 고대 서울의 역사를 생생하게 재현함으로써 이 시기 서울의 역사적, 문화적 연원과 시대 흐름을 다양한 이야기로 풀어내고자 하였습니다. 이를 통해 서울이 2천 년 역사의 유서 깊은 역사도시이며, 문화자산이 풍부한 도시임을 확인할 수 있도록 함으로써 서울의 역사적 지평을 넓히고자 하였습니다.

개관도록에는 박물관 전시실의 모습과 함께 백제의 역사와 문화를 자세하게 담았습니다. 풍부한 유적·유물 사진과 친절한 설명을 덧붙여 전시를 재미있게 소개하였으며, 옛 모습을 상상하여 복원한 그림도 넣었습니다. 유물의 경우 개별적으로 나열하기 보다는 서로 맥락과 이야기를 연결하여 당시의 상황과 모습을 쉽게 이해할 수 있도록 구성하였습니다. 단순한 심미적 감상이 아니라 백제의 역사와 문화를 쉽게 이해할 수 있도록 유물을 배치하고 소개하는 데 주안점을 두었습니다.

새로운 박물관의 문을 열고, 개관도록을 발간하기까지 많은 분들의 도움이 있었습니다. 유물을 기증해주시거나 대여해주시고, 이 책에 사용하도록 허락해주신 분들께 감사의 말씀을 드립니다. 그리고 개관을 위해 수많은 밤을 새우며 유물을 전시하고 원고를 작성한 직원들, 그리고 짧은 시간에도 불구하고 개관도록을 훌륭하게 기획하고 편집해준 출판사 여러분께도 감사드립니다.

박물관을 개관하고 또 그에 맞추어 도록을 내느라 미처 꼼꼼하게 챙기지 못한 점이 있으리라 생각됩니다. 많은 분들의 고언과 아낌없는 지도를 바라며, 이 도록이 한성백제를 비롯한 서울의 고대 역사문화를 연구하고 이해하는 데 도움이 되길 기대합니다.

2012년 4월

한성백제박물관

인사말

대도시 서울의 강남, 백제왕도 유적지에 위치한 한성백제박물관은 수도 서울과 한강유역에 전개된 한민족 고대 역사와 문화를 연구하여 알리고자 설립된 서울시립박물관으로서, 고대사 및 고고학 전문 박물관입니다.

서울은 지구상에서 손꼽히는 세계적인 거대 도시이면서 한반도의 중추인 한강유역을 중심으로서 수많은 역사적 사건이 일어났던 곳입니다. 지금으로부터 2천여 년 전, 백제 온조왕은 위례성慰禮城에 도읍을 정해 나라를 건국하였습니다. 이후 5백여 년 간 서울이 백제 왕도로서 발전을 거듭하여 거대 도시 한성漢城으로 발전했다는 역사적 사실을 실감하시는 분은 그리 많지 않을 것이라고 생각됩니다.

초대 온조왕을 비롯하여 국가의 기틀을 다진 고이왕, 백제의 최대영토를 개척한 근초고왕 등 백제왕의 3분의 2에 해당하는 21명의 왕이 이곳에서 태어나 즉위하였고 나라를 통치하였습니다. 백제는 678년의 역사 중 493년 동안 한성에 수도로 두고 주변 세력들을 아우르는 대국大國으로서 강력한 왕권을 구축하게 됩니다. 서기 475년인 개로왕 21년에 한성과 한강유역을 고구려에게 빼앗기고 웅진으로 천도하게 되면서 백제 첫 왕도의 역사는 깊은 어둠 속으로 가려지게 되었습니다.

서울의 한강유역은 고대국가의 명운을 좌우한 치열한 각축장이었습니다. 백제는 한강을 통해 중국, 일본과 활발하게 교류하며 해양강국으로서 명성을 드높일 수 있었습니다. 고구려는 한성을 함락시킨 이후, 동아시아 최대 강국으로 군림할 수 있었으며 신라는 한강유역으로 진출한 후, 삼국통일의 디딤돌을 놓을 수 있었습니다. 이처럼 한강유역은 한반도의 역사를 뒤바꾸는 중대한 역사적 무대가 되어 왔습니다.

오랫동안 학계에서 줄곧 논의되어 왔던 초기 백제 도읍지, 위례성의 위치에 대해 신빙성 있는 견해가 제시된 것은 불과 10여 년 전입니다. 위례성은 풍납동토성에서 왕도 관련 유구가 본격적으로 발굴되기 시작하면서 비로소 그 실체가 확인되고 있습니다. 그러나 백제의 왕도 유적과 왕릉 지구가 산재해 있는 서울 송파구 일대는 주택과 아파트 같은 현대 건축물들이 가득 들어서 있습니다. 땅 속에서 잠자고 있을 수 많은 백제의 유구와 유물에 대한 복원과 보존에 뜨거운 관심과 노력이 절실한 시점입니다.

한성백제박물관은 백제 초기 왕도의 500년 역사와 한강유역의 선사 · 고대사를 복원하기 위한 학술 조사, 연구를 비롯하여 소장품 수집과 보존관리, 그리고 전시회 개최와 교육 프로그램 등 여러가지 박물관 활동이 서로 연계되는 선순환 구조를 이루고자 노력하고 있습니다.

한성백제박물관은 2012년 4월 30일 개관한 이후, 2013년 백제학연구소를 신설하고 백제 연구와 조사에 더욱 박차를 가할 수 있게 되었습니다. 바야흐로 '백제학'의 정립과 확산에 큰 계기를 마련할 수 있게 된 것은 무척 다행스러운 일입니다. 앞으로 한성백제박물관은 학술적 연구와 조사 성과를 바탕으로 창의적이고 흥미로운 전시 및 교육을 진행해 나갈 것입니다. 나아가 학계에 이바지하고 시민에게 먼저 다가가는 박물관의 공공적 기능과 사회적 서비스 기관으로서의 역할과 소명을 다할 것입니다.

2015년 8월

한성백제박물관장

李 仁淑

한성백제박물관

한성백제박물관 연혁

2004.2.4.	한국고대사 및 고고학 분야 전문가 간담회 개최
2004.3.8.	박물관건립 자문위원회 구성
2005.5.27.	박물관 건립위치 등 결정(자문위원회)
2006.5.16.	국민체육진흥공단과 박물관 건립부지 교환 합의
2006.11~2007.4	『한성백제박물관건립 타당성조사 및 기본계획연구』 용역
2007.12~2008.8	한성백제박물관 건립공사 설계용역(금성건축)
2008.12.26.	건축공사 착공(포스코건설)
2009.3.3.	한성백제박물관건립추진단 발족
2009.12.1.	이종철 한성백제박물관건립추진단장 부임
2010.5~11	한성백제박물관 운영방안 연구용역
2010.8.9.	전시물 제작 · 설치 착수
2010.10.20.	건축 준공
2012.1.20.	전시물제작 · 설치 완료
2012.4.30.	박물관 개관, 이종철 건립추진단장 사임
2012.6.1.	이인숙 박물관장 부임
2013.11.8.	몽촌토성 발굴조사 시작
2015.7.1.	조직개편(서울시 문화본부 소속)

상설전시 안내

상설전시는 서울의 선사·고대문화를 중심으로 백제탄생 이전과 백제탄생 후 멸망까지의 내용으로 구성하였다. 전시 공간은 지하 2층부터 지상 1층까지이며 연출내용에 따라 로비, 프롤로그, 제1전시실, 제2전시실, 제3전시실, 에필로그로 구분하였다. 전시실 내부는 구조물과 진열장으로 분할하여 동선을 유도하였다.

전시내용은 로비 「서울=백제」, 프롤로그 「역사 속으로」, 제1전시실 「서울의 선사」, 제2전시실 「왕도 한성」, 제3전시실 「삼국의 각축」으로 설정하고 제1전시실은 '문명의 기원'과 '백제의 여명', 제2전시실은 '백제의 건국', '더 큰 나라로' '백제사람의 삶', '글로벌 백제', 제3전시실은 '삼국, 한강으로'와 '한성 그 후'로 세분하였다.

1. 로비, 서울=백제

백제는 서울에서 나라를 세웠다. 왕, 왕족, 귀족, 백성들은 풍납동토성과 몽촌토성에서 살았으며 죽으면 석촌동고분군에 묻혔다. 풍납동토성은 한강 옆 평지에 흙으로 쌓은 성이고, 몽촌토성은 남한산의 끝자락 능선을 다듬고 메워 쌓은 성이다. 따라서 이곳은 백제의 터전임과 동시에 2천년 역사의 타임캡슐이다.

2. 프롤로그, 역사 속으로

한강은 구석기시대부터 오늘날까지 사람들에게 풍성함을 제공해 왔다. 물, 식량뿐만 아니라 물길을 제공했기에 백제는 중국을 비롯한 이웃나라들과 교류하며 문화를 발전시키고 영토를 넓혔다. 한강의 주인은 백제, 고구려, 신라를 거쳐 고려로 이어졌다. 한강유역에 수도를 둔 두 번째 나라는 조선이다. 현재 서울은 오늘날 대한민국의 수도이자 정치·경제·사회·문화 발전의 중심으로서 1080년의 수도역사를 간직한 곳이다.

3. 제1전시실, 서울의 선사

한강유역에 살던 구석기시대 사람들은 들판이나 동굴에서 살면서 돌로 도구를 만들어 사용하고 불로 음식을 익혀먹었다. 신석기시대 사람들은 강가에 모여 마을을 이루고 농사를 짓고 살았으며 토기를 만들어 곡식을 저장하기 시작했다. 대표적인 유적은 암사동유적이다. 청동기시대 사람들은 구리와 주석 등으로 금속무기를 만들어 전쟁을 벌였다. 지배층과 피지배층의 계급이 생기고 만주지역에서 한국 최초의 국가인 고조선이 성립하였다. 청동기시대가 끝나갈 무렵, 한반도 중·남부에는 마한·진한·변한 등 삼한 연맹체가 자리잡았다. 가장 서쪽에 위치한 마한은 54개의 작은 나라들로 구성되었는데, 한강유역에 자리 잡은 백제국도 그 중 하나이다. 백제국은 중국의 철기문화를 빨리 받아들이며 점차 큰 나라로 발전하여 마한지역을 통합하였다.

B1층 투시도

4. 제2전시실, 왕도 한성

백제는 기원전 18년, 서울에서 건국하였으며 기원후 660년까지 존속하였다. 수도는 한성(서울)–웅진(공주)–사비(부여)로 천도하였으며 그동안 31명의 왕이 즉위하였다. 한성기(18BCE~475CE)는 백제 전체 역사의 73%를 차지한다. 웅진으로 천도하기까지 493년간 21명의 왕이 즉위하였다. 이 시기에 백제 영토는 북쪽으로 지금의 황해도에서부터 남쪽으로 전라도와 제주도에 이르러 최대 전성기를 누렸으며 마한세력을 통합하고 고대국가의 기반을 다졌다. 대외적으로는 중국晉·宋, 일본倭 등 주변 여러 나라와 교류하며 국제적인 지위를 높였다.

5. 제3전시실, 삼국의 각축

475년 백제 첫 수도 한성이 고구려 장수왕의 공격으로 함락되었다. 이후 76년간 고구려가 한강유역을 차지하였다. 551년, 백제는 신라와 연합해 고구려를 내쫓고 한강유역을 다시 되찾았으나 553년, 신라에게 한강유역을 빼앗겼다. 이후 약 350여 년간 신라는 이곳을 북방의 주요 거점이자 중국으로 가는 교통로로 활용하였다.

백제는 한성 함락 뒤 웅진(공주)으로 수도를 옮겨 국가체제를 정비하였고 538년 사비(부여)로 다시 수도를 옮겼다. 웅진기와 사비기에 백제는 문화중흥기를 맞이하였고 백제문화는 일본에도 전해져 일본 고대문화 형성에 큰 영향을 주었다.

6. 에필로그, 서울, 세계로! 미래로!

백제의 수도였으며 고구려·신라의 지방요충이었던 서울은 고려시대에 평양과 함께 수도 개경開京의 지리적 약점을 보충하는 제2수도로서 기능하였다. 그리고 1394년부터 조선왕조의 새로운 수도가 되었으며, 오늘날까지 대한민국의 수도이자 국제도시로서 그 공간과 역할이 더욱 확대되어 왔다. 이제 서울은 역사와 전통, 과학과 예술, 자연과 인정이 함께 하는 품격 높은 세계인의 수도로 거듭날 것이다.

7. 4D영상관

입체영화를 즐길 수 있는 체험영상관으로서, 내부면적 160㎡에 전동의자 36석이 구비되어 있다. '유린이의 백제여행'(13분), '담지의 모험'(15분) 등 입체만화영화를 상영한다.

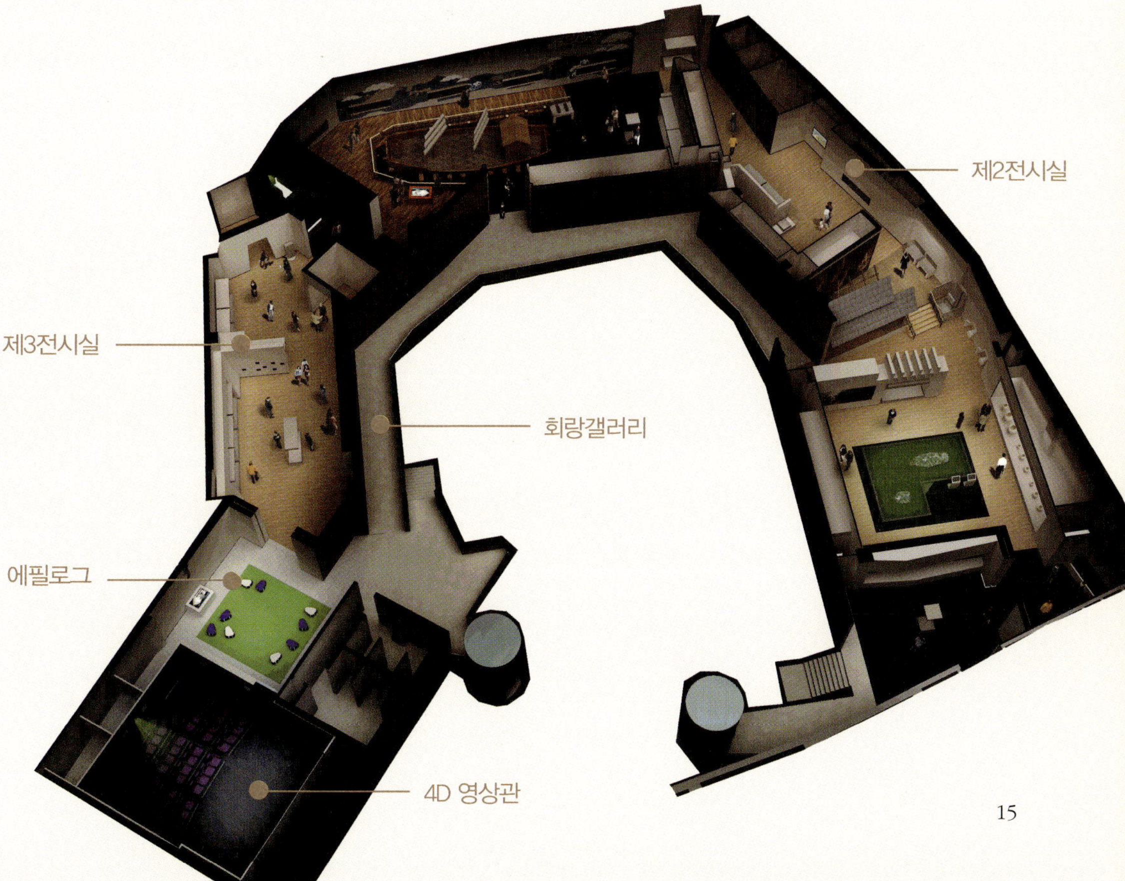

1층 투시도

한성백제
박물관
Seoul Baekje Museum

70만 년 전

로비

01 서울=백제

01-1 백제의 터전에서 020

01-2 아! 풍납동토성 _ 2천 년의 타임캡슐 022

프롤로그

역사 속으로 028

제1전시실

서울의 선사

01 문명의 기원

01-1 불의 발견, 구석기문화 035

01-2 농경의 시작, 신석기문화 042

02 백제의 여명

02-1 권력의 출현, 청동기문화 047

02-2 여러 나라의 성장 055

18 BCE ~ 475 CE

475 CE 이후

제2전시실

왕도 한성

01 백제의 건국

01-1 나라를 세우다 089

02 더 큰 나라로

02-1 위례성에서 한성으로 103

02-2 땅을 잇고 물길을 열다 168

| **역사와 설화** | 189

03 백제사람의 삶

03-1 어떻게 살았을까 _ 의·식·주 195

03-2 어떻게 살았을까 _ 사상·풍속 222

03-3 영원히 사는 곳, 무덤 225

03-4 철, 강한 나라를 만들다 232

04 글로벌 백제

04-1 백제, 바다로 257

04-2 백제, 동아시아를 품다 258

04-3 백제의 배 280

제3전시실

삼국의 각축

01 삼국, 한강으로

01-1 삼국, 한강에서 만나다 291

01-2 고구려, 아리수를 건너다 292

01-3 신라, 마침내 한강으로 320

02 한성, 그 후

02-1 다시 강한 나라가 되다 _ 한성에서 웅진으로 333

02-2 문화의 꽃을 피우다 _ 웅진에서 사비로 345

에필로그

서울, 세계로! 미래로! 360

도판목록

한성백제박물관을 설계하며

3차
2차
1차

서울 = 백제

01 백제의 터전에서
02 아! 풍납동토성_2천 년의 타임캡슐

01

백제의
터전에서

서울의 동부지역에는 선사~고대유적이 밀집 분포한다. 한강 남쪽 강동구, 강남구, 송파구에는 각각 신석기, 청동기, 백제유적이 다수 분포하며, 한강 북쪽 광진구에는 고구려·신라유적이 많다. 모두 귀중한 한국의 문화유산이지만, 서울의 역사적 정체성이 가장 뚜렷하게 드러나는 것은 역시 백제의 5백 년 수도였던 한성 관련 유적이다.

『삼국사기三國史記』 등의 기록에 따르면, 백제는 졸본부여에서 무리를 이끌고 남쪽으로 내려온 온조왕이 기원전 18년에 세운 나라이다. 첫 도읍은 한강 남쪽의 위례성慰禮城이었으며, 나중에 도읍을 확장하고 한성漢城으로 이름을 바꾸었다. 한성은 북성北城과 남성南城으로 구성되었는데, 북성은 지금의 풍납동토성, 남성은 지금의 몽촌토성에 비정된다. 한성에 살던 사람들은 죽어서 남쪽 구릉 너머 강가에 묻혔다. 그 곳은 지금의 석촌동고분군이 있는 지역이다.

풍납동토성은 한강 옆 평지에 흙으로 쌓은 성이며, 몽촌토성도 한강변까지 뻗은 남한산 줄기의 끝자락 능선을 다듬고 메워 만든 성이다. 풍납동토성을 인근의 높은 산이나 하늘에서 내려다보면 마치 강가에 잠시 정박한 옛 나무배처럼 보인다. 금방이라도 한강을 따라 바다로 흘러내려갈 듯한 모습이다.

본래 풍납동토성과 몽촌토성 바로 옆으로는 한강이 큰 섬(잠실)을 감싸며 두 줄기로 흘렀다. 1970년대에 잠실섬 일대를 개발하면서 한강본류인 남쪽 물줄기를 메우고 지류인 북쪽 물줄기를 더 넓게 만들었다. 대대적인 토목공사로 지형이 크게 바뀌면서 생겨난 것이 지금의 석촌호수이다.

석촌호수가 한강의 중심 물줄기이던 시절, 백제의 국립묘지로서 왕릉이 즐비했던 석촌동고분군도 강가에 있었다. 석촌동고분군은 인근의 가락동고분군, 방이동고분군과 연결되며 하나의 큰 무덤떼를 이루었으나 도시개발로 모두 훼손되어 지금은 흔적조차 찾을 수 없다. 그래도 아직 서울에는 한국의 표지적 선사~고대유적이 곳곳에 남아있다. 서울 동남부지역 항공사진을 통해 서울이 백제의 5백 년 수도였으며, 1만 년을 거슬러 올라가는 타임캡슐임을 실감할 수 있다.

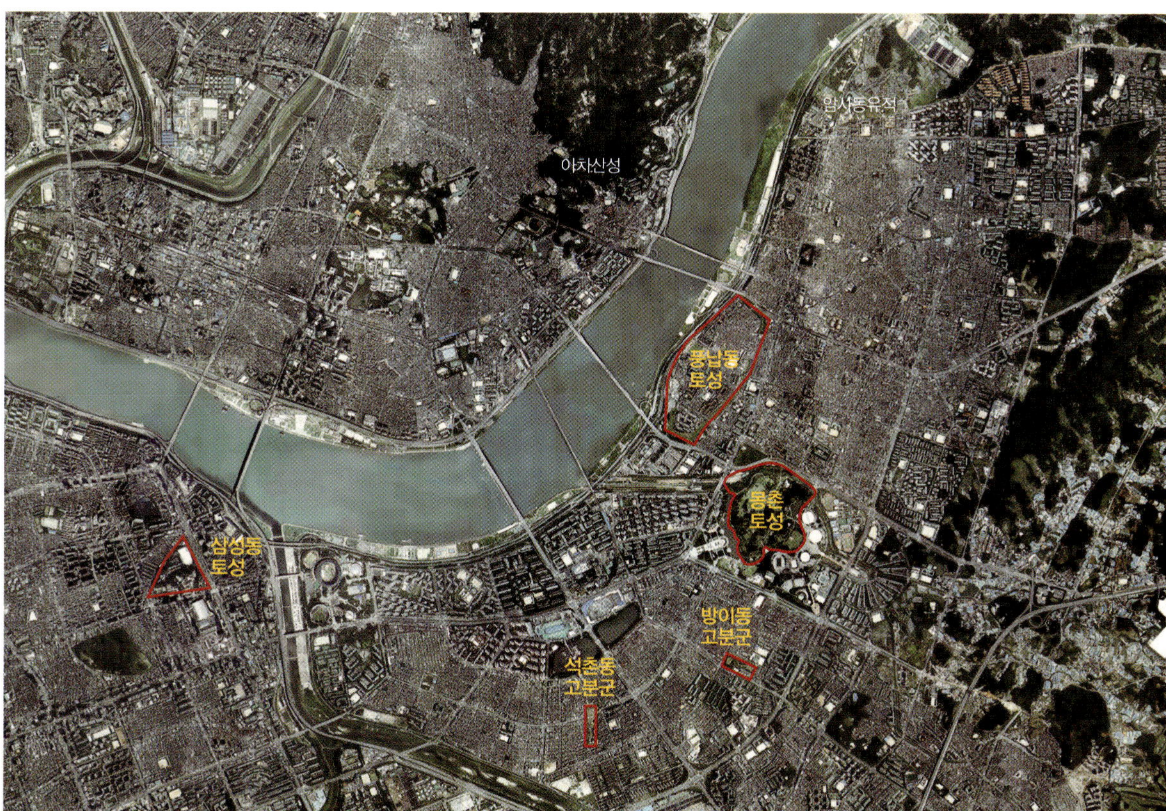

서울의 백제 왕도 유적

02

아! 풍납동토성
2천 년의 타임캡슐

풍납동토성(사적 제11호)은 서울시 송파구에 위치한다. 평지에 흙으로 쌓은 고대의 성 중 한국에서 가장 규모가 크다. 백제의 첫 왕성(위례성)이자 도성(한성)으로 하늘에서 내려다보면 배 모양을 띤다. 성의 북서쪽에는 한강이 흐르고 동쪽에는 얕은 구릉 너머로 남한산 줄기가 우뚝 솟아 있다. 남쪽으로는 드넓은 평야가 펼쳐져 『삼국사기』에 기록된 위례성의 위치에 대한 설명과 일치한다.

국립문화재연구소가 1997년 이래 해마다 성 안팎을 조사하고 있다. 1999년과 2011년 동쪽 성벽 발굴조사 결과 성벽은 너비 43m, 높이 11m 이상으로 밝혀졌으며, 한강과 맞닿은 서쪽 성벽이 오래 전에 무너져서 지금은 전체 둘레 3.5㎞ 중 약 2.2㎞만 남아 있다. 성 안의 면적은 약 878,678㎡이며, 궁궐 · 도로 · 우물 · 궁궐창고 등이 확인되었다. 성벽 바깥에는 큰 해자가 성벽을 둘러싸고 있었다.

풍납동토성 원경(2006) | 국립문화재연구소

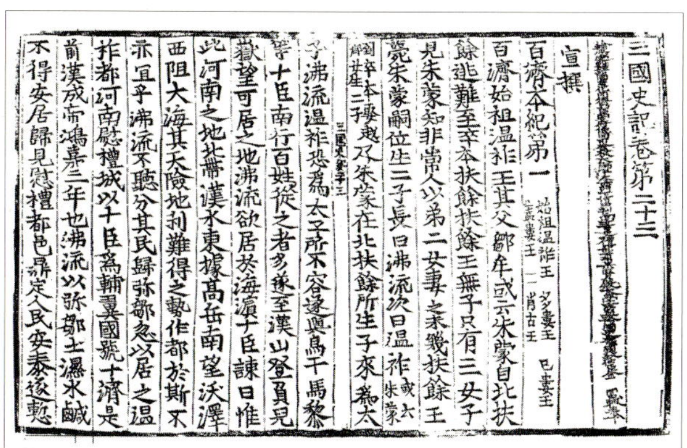

三國史記卷第二十三
宣撰
百濟本紀第一 始祖溫祚王 多婁王 己婁王 蓋婁王 肖古王
百濟始祖溫祚王其父鄒牟或云朱蒙自北扶
餘逃難至卒本扶餘扶餘王無子只有三女子
見朱蒙知非常人以第二女妻之未幾扶餘王
薨朱蒙嗣位生二子長曰沸流次曰溫祚或云朱蒙
到卒本娶越郡女生二子 及朱蒙在北扶餘所生子來爲太
子沸流溫祚恐爲太子所不容遂與烏干馬黎
等十臣南行百姓從之者多遂至漢山登負兒
嶽望可居之地沸流欲居於海濱十臣諫曰惟
此河南之地北帶漢水東據高岳南望沃澤
西阻大海其天險地利難得之勢作都於斯不
亦宜乎沸流不聽分其民歸彌鄒忽以居之溫
祚都河南慰禮城以十臣爲輔翼國號十濟是
前漢成帝鴻嘉三年也沸流以彌鄒土濕水鹹
不得安居歸見慰禮都邑鼎定人民安泰遂慙

『삼국사기』 권23 백제본기

풍납동토성 어떻게 쌓았나 - 축조방법

풍납동토성은 한강변에 흙으로 쌓은 큰 성이다. 하늘에서 내려다보면 서북-동남쪽이 긴 배 모양이기 때문에 금방이라도 한강을 따라 바다로 흘러내려갈 것 같은 모습이다. 발굴조사 결과 성 밖이 성 안에 비해 4m 이상 낮았다. 성 바깥에는 물이 흐르는 큰 해자를 만들어 전쟁 때 적들이 쉽게 성벽에 접근하지 못하도록 하였고, 성 안쪽에는 좁고 얕은 도랑을 만들어 비가 올 때 물이 흐르도록 하였다.

1999년과 2011년, 두 차례 성벽을 발굴조사하였는데, 성벽은 세 차례에 걸쳐 증축한 것으로 드러났다. 증축은 성벽 안쪽만 하고 바깥쪽은 하지 않았다. 성벽 쌓는 기술은 지점에 따라 조금씩 달랐다. 즉, 흙을 시루떡처럼 다져쌓는 판축법版築法은 모든 지점에서 확인되었으나, 흙을 쌓는 도중 나뭇가지·나뭇잎 등을 깔아두는 부엽법敷葉法은 몇몇 지점에서만 확인되었다.

성벽의 안팎에는 흙이 흘러내리지 않도록 작은 강돌을 덮었다. 강돌은 처음 성벽을 쌓을 때와 마지막 성벽을 쌓을 때 덮었다. 처음 성벽을 쌓을 때 성벽 안팎의 중간까지 강돌을 덮었는데 바깥쪽 성벽의 가장 위쪽 강돌 사이에는 큰 판석이 일정 간격으로 놓여 있다. 판석 위쪽은 성벽을 가파르게 쌓아 사람이 쉽게 기어오르지 못하게 하였다. 안쪽 성벽의 마지막 성벽 가장 아래에는 큰 돌을 다듬어 2~3단의 축대를 정연하게 쌓았다.

한국과 중국의 고대 도성은 대체로 강을 끼고 있는 평지에 흙으로 성을 쌓았다. 중국의 경우에는 전국시대(475BCE~221BCE) 제齊나라·노魯나라·조趙나라 등의 왕성·도성이 대표적인 사례이며, 우리나라의 경우에는 평양의 낙랑토성, 고구려 국내성(초기), 백제 풍납동토성, 신라 월성 등이 대표적이다.

다져쌓기: 판축법版築法

판축법은 흙을 시루떡처럼 층층이 다져쌓는 방식을 말한다. 풍납동토성의 경우 성을 쌓기 전 땅을 고르기 위해 개흙을 대략 50㎝ 두께로 깔고, 그 위에 다시 모래 성분이 많은 진흙을 20㎝ 정도 깔았다. 그리고 여러 종류의 진흙을 번갈아 두껍게 쌓아가며 사다리꼴의 성벽을 만들었다. 판축법은 중국 하남성河南省, 정주鄭州 백가장百家莊에서 발견된 상商: 2070BCE~1600BCE나라 때의 토성에서 이미 나타난다. 백제는 이 판축법을 왜(일본)로 전하였다.

풍납동토성 동쪽 성벽 절개조사(2011) | 국립문화재연구소

나뭇잎 깔기: 부엽법敷葉法

나뭇잎 깔기敷葉法는 성벽이나 제방을 쌓을 때 나뭇잎, 나뭇가지, 나무껍질 등을 깔고 흙을 쌓는 방식이다. 땅의 기초가 단단하지 못한 곳에서 사용하는 기술이며, 지진 등에 잘 견디는 것으로 알려져 있다. 풍납동토성 일부 구간에서 개흙을 10㎝ 정도 두께로 쌓은 뒤 나뭇잎이나 나뭇가지 등을 1㎝ 정도 깔고 다시 개흙을 덮는 과정을 10여 차례 반복한 것이 확인되었다.

중국에서는 안휘성安徽省의 안풍당安豊塘이라는 한漢나라 때 저수지 제방에서 발견되었으며, 한국에서는 김제 벽골제, 부여 나성 등의 사례가 알려져 있다. 이러한 기술은 백제를 통해 왜(일본)로 전해져 큐슈九州의 미즈키水城·키쿠치죠鞠智城 성벽, 오사카大阪의 카메이龜井·사야마이케狹山池 제방 등에 적용되었다.

판축법과 부엽법 유적

풍납동토성 어떻게 지켰나 - 방어시설물

토성의 주요 방어시설로는 성벽 외에도 해자垓子, 목책, 망대, 치雉 등이 있었을 것으로 본다. 풍납동토성 성벽은 안쪽을 완만하게 쌓고 바깥쪽을 가파르게 쌓아 바깥쪽에서 성벽을 오르기 어렵게 하였다. 성벽 바깥쪽에 강처럼 물이 흐르도록 파놓은 해자는 매우 넓고 깊어 다리나 배를 이용하지 않고는 성벽에 접근할 수 없었다.

목책은 성벽 바깥쪽 아래 부분에 끝을 날카롭게 깎은 나무기둥을 울타리처럼 땅에 박아 설치하는 것을 말한다. 목책을 설치함으로써 적은 쉽게 성벽에 다가설 수 없다. 몽촌토성의 성벽 바깥쪽에서 목책이 확인되었으므로 풍납동토성에도 목책이 있었을 것으로 추정한다.

풍납동토성의 동남쪽 모서리와 서남쪽 모서리는 성벽이 유독 바깥쪽으로 튀어나와 있어 치雉의 흔적일 가능성이 높다. 치는 성벽을 기어오르는 적을 옆에서 공격하기 위해 성벽 일부를 바깥쪽으로 돌출시킨 것이다.

풍납동토성에는 망대도 있었을 것으로 추정한다. 몽촌토성과 부여 부소산성 등의 사례를 참조하면, 성벽과 내부의 높은 곳에 망대를 만들어 성 안팎의 상황이나 적의 침입 등을 감시하였을 것이다.

풍납동토성 어떻게 옮겼나 - 성벽단면 전사

475년 백제가 도읍을 웅진으로 옮긴 뒤부터 백제의 한성(풍납동토성)은 버려졌다. 무려 1천 5백여 년간 홍수와 비바람에 흙이 파이고 흘러내려 성벽이 크게 낮아진데다 주변에 아파트 등 높은 건물이 많아서 지금은 예전의 위용을 찾을 수 없다. 서울시는 풍납동토성의 원래 모습을 알 수 있도록 2011년 성벽 자른 면斷面의 흙을 얇게 떼어 박물관 로비에 옮겨 놓았다. 성벽 자른 면에서 흙을 얇게 떼어내는 것을 전사轉寫라고 한다.

전사는 발굴현장에서 하였으며 수지 바르기→거즈 붙이기→유리섬유 붙이기→한지 붙이기→FRP 바르기 순서로 작업하였다. 수지가 마르면 거즈는 단단한 판처럼 변한다. 이것을 토층에서 떼어내면 거즈에 흙이 2~3㎜ 두께로 붙어 있다. 이를 작업실로 옮겨 한지를 제거하고 표면을 정리하여 다듬었다.

박물관 로비에 너비 43m, 높이 11m의 철골을 세우고 그 위에 전사한 토층을 붙였다. 세 차례에 걸쳐 증축한 것을 보여주기 위해 토층은 10㎝ 씩 단차를 두었다. 앞에 위치한 토층이 처음 쌓은 성벽이며 뒤로 갈수록 나중에 쌓은 성벽이다. 성벽이 무너져 훼손된 곳은 모형으로 원래의 모습을 재현하였다.

풍납동토성의 재발견

백제 건국 이후 수백 년 동안 백제왕은 지금의 풍납동토성에서 살았다. 20세기 말까지 그 사실은 잘 알려지지 않았으나, 1997년 이래 지금까지 꾸준히 이어진 발굴조사를 통해 풍납동토성이 『삼국사기』의 위례성이라는 사실이 밝혀지고 있다.

조선의 실학자 정약용이 백제 초기 왕성인 위례성은 경기도 광주에 있었다고 주장한 뒤, 1925년 대홍수 때 풍납동토성 안에서 청동으로 만든 초두鐎斗: 다리가 있고 자루가 달린 솥와 귀걸이, 토기, 구슬 등이 발견되면서 풍납동토성은 백제 왕도로 알려지고 사적으로도 지정되었다. 1964년 서울대학교가 토성 안 일부 지점을 시굴 조사했을 때 백제 성터임을 증명해 줄 흔적이 발견되지 않자 풍납동토성에 대한 관심이 낮아졌다. 그러던 중 1997년 1월 초 성벽을 측량 조사하던 선문대학교 이형구 교수팀이 성벽 안쪽 아파트 공사현장에서 백제 그릇조각들을 발견하고 이를 문화재청에 신고하였다. 이후 지속적인 발굴조사를 통해 풍납동토성이 백제의 궁궐이 있던 왕성임을 확인했으며, 홍수 등으로 인해 성 안에 흙이 4~5m 두께로 쌓여있음을 알게 되었다.

지금까지 풍납동토성에서는 궁궐 일부와 관청, 민가, 도로, 우물, 궁궐창고, 환호環壕: 둘러 판 도랑 등 다양한 유구가 발견되었으며 수만 점의 유물이 출토되었다. 1999년과 2011년 두 차례에 걸친 국립문화재연구소의 동쪽 성벽 발굴 조사 결과, 성벽은 너비 43m, 높이 11m를 넘는 규모이며 판축법과 부엽법 등의 토목기술을 활용했음을 확인하였다.

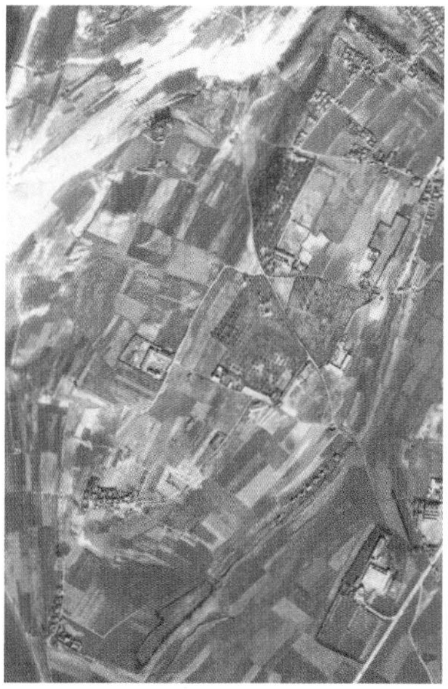

1966년

1972년

1990년

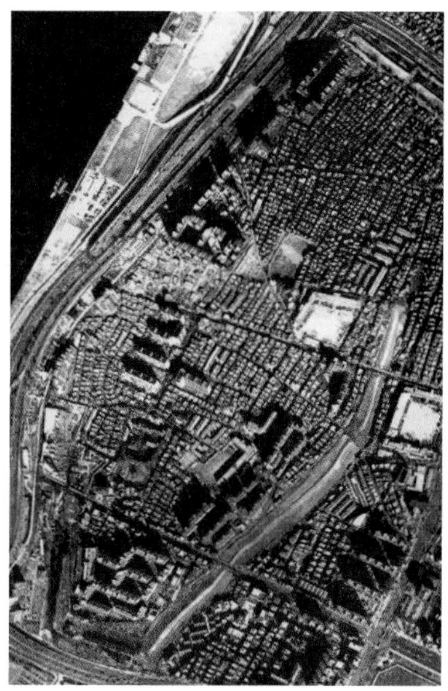

2000년

풍납동토성의 어제와 오늘

풍납동토성 내부 전경 | 국립중앙박물관

풍납동토성 동쪽 성벽 원경(동→서) | 국립중앙박물관

프롤로그
역사 속으로
사람과 도구
Human and Tool
人和工具 | 人と道具
사람은 다른 동물과 달리 새로운 도구를 만들어 사용하는 능력을 지니고 있다. 도구를 통해 인류는 일반적인 진화의 단계를 뛰어넘어 특별한 존재가 될 수 있었다. 사람이 신체적 한계를 넘어 꿈을 실현할 수 있게 한 도구의 역사는 곧 인류 문명의 발달사이다.
Unique among all species, humans have the ability to make and use tools. Humans could have superiority over other animals. with using tools. The history of tools, which have helped humans to overcome their physical limitations and realize their dreams, is the history of the development of human civilization.
人类不同于动物，拥有制作使用工具的能力。使用工具让人类超过进化的阶段，成为与众不同的存在。工具使得人类克服身体上的限制，实现了梦想，工具的历史可谓是人类文明的发展史。
人類は動物と異なり、道具を製作して使用する能力を持っている。道具によって人類は進化の段階を飛び越え、特別な存在となった。人類の身体的限界を克服し、夢を実現してきた道具の歴史は、すなわち人類文明の発達史である。
한강_크고 넓은 강

서울의 선사
우통수
검룡소
골지천
송천
오대천
평창강
주천강
하동천
북한강
구석기시대 유적
신석기시대 유적
청동기시대 유적
한성백제기 유적

한강

크고 넓은 강

한강은 크고 넓은 강이다. '한'은 한국말로 크다는 뜻이다. 한반도 중부를 가로질러 흐르는 한강은 전체 길이가 약 481.7㎞이고 남한강과 북한강으로 나뉜다. 남한강의 발원지는 태백산의 고목샘, 태백의 검룡소儉龍沼, 오대산의 우통수于筒水, 대덕산 등이다. 북한강의 발원지는 북한의 금강산이다. 북한강과 남한강은 양수리에서 만나 본류를 이루며 서울을 지나 서해로 흘러든다.

지질은 화성암, 퇴적암, 변성암 등 다양하며 지형은 크게 범람원(홍수 때 물에 잠기는 낮은 땅)과 구릉 및 산악지대로 구분된다. 예부터 중·하류의 구릉지대와 낮은 범람지대에서 농사를 많이 지었다.

이러한 환경을 갖춘 한강유역에는 구석기시대부터 사람들이 살았다. 이곳에 수도를 둔 첫 나라는 백제이다. 백제는 지금의 서울에 수도를 정하고 한강 이남지역을 본격적으로 발전시켰다. 이후 한강유역은 고구려와 신라 땅이 되었다가 고려 때에는 3경의 하나인 남경南京이 서울에 설치되었다. 조선이 한양을 수도로 정한 뒤에는 주로 4대문 중심의 강북지역이 발전하였으며, 1970년대부터 강남지역이 개발되어 오늘에 이르렀다.

한강의 또 다른 이름

한강은 삼국시대 초기에는 대수帶水로도 불렀으며, 백제는 욱리하郁里河 또는 한수漢水, 고구려는 아리수阿利水라고 불렀다. 신라는 한강 상류를 이하泥河, 하류를 왕봉하王逢河라 불렀고 한강을 한산하漢山河 또는 북독北瀆이라고도 했다.

고려 때는 큰 물줄기가 맑고 밝게 뻗어 내리는 긴 강이란 뜻으로 열수洌水라고 하였다. 조선 때에는 경강京江이라고도 했는데, 실제로 'Seoul River'(서울 강)라는 표현이 외국 문헌에 나오기도 한다. 이러한 여러 옛 이름들은 차츰 사라지고 지금은 한강으로 부른다.

한강에 대한 기록은 『삼국사기』, 『동국여지승람』, 『연려실기술』, 『세종실록 지리지』, 『고려사 지리지』, 『팔도지리지』, 『택리지』 등에 있다.

한강의 물줄기

제1전시실

서울의 선사

01 문명의 기원

02 백제의 여명

01

문명의 기원

01-1.

불의 발견, 구석기문화

구석기시대는 인류 전체 역사에서 99.9%를 차지한다. 빙하기와 해빙기가 되풀이되는 환경 속에서 사람들은 도구를 만들고 불을 사용하기 시작했다. 한국의 구석기시대는 전기(70만 년 전~13만 년 전), 중기(13만 년 전~4만 년 전), 후기(4만 년 전~1만 년 전)로 구분한다. 구석기 유적은 1930년대 함경북도 동관진에서 처음 확인되었고, 남한에서는 1964년 공주 석장리에서 처음으로 발굴 조사되어 많은 유물이 출토되었다.

한강 상류의 단양·제천·충주·양구·춘천·양평·광주 등지에서 전기부터 후기까지의 유적이 골고루 발견되었다. 서울에서는 면목동·역삼동·가락동·암사동·상일동 등지에서 구석기 유물이 발견되었다.

구석기시대 사람들은 주로 채집과 사냥을 통해 먹을거리를 마련하였으며 이곳저곳으로 이동하면서 동굴에서 살거나 들판에서 막집을 짓고 생활하였다. 서울에서 발견된 구석기 유물은 주먹도끼·몸돌 등이 있다. 구석기시대 사람들은 직접떼기·모루떼기·간접떼기·눌러떼기 등의 다양한 방식으로 돌 도구를 만들었다. 이 시기에 사용한 석기로는 주먹도끼·찍개·밀개·긁개·뚜르개·망치·홈날·새기개(조각칼)·몸돌·격지 등이 있다.

001 **몸돌** 石核
서울 세곡동 | 길이 12.4

002 **여러면석기** 多角面圓球
서울 오곡동 | 길이 9.2

003 **주먹도끼** 兩面核石器
서울 오금동 ǀ 길이 10.2

004 **주먹도끼** 兩面核石器
서울 풍납동 ǀ 길이 14.4 ǀ 한신대학교박물관

005 **외날찍개** 單面器
여주 연양리 | 길이 11.9 | 국립중앙박물관

006 **양날찍개** 兩面器
여주 연양리 | 길이 16.5 | 국립중앙박물관

007 **긁개** 削器
남양주 호평동 | 길이 6.5 | 경기문화재연구원

008 **뚜르개** 石錐
광주 삼리 | 길이 6.7 | 경기문화재연구원

009 **슴베찌르개** 有莖尖器
광주 삼리 | 길이 5.1 | 경기문화재연구원

010 **새기개** 彫器
광주 삼리 | 길이 3.5 | 경기문화재연구원

구석기문화 유적 분포도

서울에서 구석기 유물이 발견된 곳

면목동, 하일동, 오금동, 세곡동, 삼성동, 오곡동, 신림동, 망우동, 가락동, 역삼동, 서대문, 암사동, 상일동, 풍납동

한반도의 구석기인

	시기	발견된 곳	특징
역포인		북한 평양 대현동	· 호모 하이델베르겐시스 · 7~8세 정도의 어린아이 · 두개골에서 눈두덩 부위의 3요소인 미간 · 눈두덩 · 눈확 바깥 삼각부가 서로 구분되지 않고 하나로 뭉쳐 둑처럼 생긴 불룩이가 형성되었는데, 이는 현대인과 다른점임 · 이마가 뒤로 상당히 넘어가고, 콧마루가 넓고, 윗머리뼈가 평평함
용곡인	4만 5천 년 ~ 4만 3천 년 전	북한 평양 용곡동굴	· 호모 사피엔스 · 두개골과 팔다리뼈가 발견되었는데, 분석결과 키는 167~175㎝, 두개골 용량 1,650cc · 이마가 발달하고 높고 둥그스름한 특징의 현대적인 두개골이지만, 원시적인 형태의 석영석기들과 함께 발견됨 · 석기, 뼈연모, 짐승뼈 등을 비롯하여 불 땐 자리가 함께 발굴됨
승리산인		북한 덕천 승리산동굴	· 호모 사피엔스 · 35세 정도의 남자 · 턱뼈의 가운데 이음새에 안불룩점이 있고, 턱신경 구멍자리의 높이도 현대인보다 큰 편임
덕천인	4만 년 전	북한 덕천 승리산 동굴 제4층	· 호모 네안데르탈렌시스 · 어금니 2개와 빗장뼈 발견
만달인	1만 2천 년 ~ 1만 년 전	북한 평양 만달동굴	· 호모 사피엔스 · 25~30세 정도의 남자, 두개골 용량 1,676cc · 두개골의 전반적인 발달형태, 눈두덩 모양, 아래턱 등 특징이 현대인과 큰 차이 없음 · 머리뼈의 귀높이가 123㎜로 높은 편임 · 함께 출토된 동물뼈로는 원숭이, 복작노루 등 따뜻한 기후에서 사는 동물이 포함되어 있어 당시 환경을 짐작할 수 있음 · 가공한 흔적의 석기도 함께 발견됨

한국인의 조상

최근 아시아에 있는 73개 민족의 유전자를 분석한 결과, 아시아인의 조상은 약 6~7만 년 전 아프리카 동부를 출발해 인도 북부를 지나 남아시아에 정착한 것으로 추정된다. 약 4~5만 년 전 동남아시아 지역에서 다시 이동하여 북방의 기마민족과 남방의 농경민족 등으로 나뉘었다. 이 중 북쪽으로 이동한 무리가 만주 지역을 거쳐 한반도로 이동해 왔다고 한다. DNA 분석 결과로만 보면 한국 사람은 남방계와 북방계가 대략 6대 4의 비율로 섞여 형성되었다고 한다.

한반도 인류진화과정

한반도의 구석기사람

역포인
북한 평양 대현동
- 7~8세 정도의 어린 아이
- 미간·눈두덩·눈확 바깥 삼각부가 서로 구분되지 않음

4만 5천~4만 3천 년 전

용곡인
북한 평양 용곡동굴
- 키 167~175㎝. 두개골 용량 1,650cc
- 석기·뼈연모·짐승뼈 등의 유물과 불 땐 자리가 함께 발굴됨

승리산인
북한 덕천 승리산동굴
- 35세 정도의 남자. 현대인보다 체구가 큼

4만 년 전

덕천인
북한 덕천 승리산동굴 제4층
- 어금니 2개와 빗장뼈 발견

1만 2천~1만 년 전

만달인
북한 평양 만달동굴
- 25~30세 정도의 남자. 두개골 용량 1,676cc
- 원숭이, 복작노루 등 따뜻한 기후에 사는 동물이 함께 발굴됨

01-2.

농경의 시작, 신석기문화

1만 년 전 빙하시기가 끝나고 기후가 따뜻해지자 사람들은 한 곳에 머물며 농사를 짓고 토기를 만들기 시작했다. 이를 신석기문화라고 한다. 한국의 신석기시대는 기원전 8천 년경에 시작되었다.

신석기시대 사람들은 물가에 움집을 만들어 마을을 이루고 정착생활을 하였다. 돌을 갈아 날을 세운 간석기를 썼으며 사냥과 물고기 잡이를 하고 개, 돼지, 소 등도 길렀다.

신석기시대 사람들은 조, 기장 등을 재배하여 식량을 확보하였다. 고양시 일산유적에서 조와 볍씨, 진주 상촌리와 옥천 대천리유적에서는 조·피·수수·기장·보리·밀·콩 등이 확인되었다. 이밖에 부산 동삼동에서 조와 기장, 창녕 비봉리에서 조가 수습되었다.

세계의 곡물재배 역사

밀·보리	나일강, 유프라테스강과 티그리스강 지역(기원전 9천 년경)
옥수수	멕시코 지역(기원전 6천 년경)
쌀	중국(기원전 6천 년경), 태국(기원전 4천 5백 년경)

토기제작

신석기시대 사람들은 손으로 흙을 빚어 그릇 모양을 만든 다음 야외 가마露天窯에서 500~600℃ 이하의 온도로 토기를 구워 사용하였다. 빗살무늬토기櫛文土器가 주류를 이루며, 그 밖에 덧무늬토기隆起文土器, 눌러찍은무늬토기押印文土器, 그은무늬토기押捺文土器 등이 있다.

빗살무늬토기는 표면에 뾰족한 도구를 가지고 새기거나 그어서 만든 여러 가지 무늬가 들어가 있는 토기이다. 토기 모양은 대체로 바닥이 뾰족하게 생긴 뾰족 밑尖底 형태이며 일부는 바닥이 평평한 모양도 있다.

석기제작

신석기시대의 간석기는 화살촉을 제외한 대부분의 경우 날 부분만 갈고 나머지는 거친 상태로 그대로 둔 것이 많다. 간석기의 종류는 화살촉을 비롯하여 도끼·창·그물추·작살·낫, 갈돌과 갈판·공이·원반 모양의 돌·격지 등이 있다.

한강유역의 신석기 문화

유구	유적
집터	서울 암사동, 영종도 는들·젓개마을, 삼목도, 연천 삼거리, 남양주 호평, 인천 을왕동, 시흥 능곡, 안산 신길, 기흥 농서리, 화성 석교리
조개더미	인천 시도, 오이도, 영종도, 용유도, 소연평도, 대연평도, 을왕동
야외 집석유구	시도, 암사동, 미사동, 삼목도, 영종도 송산·는들·젓개마을, 용유동, 남양주 호평
토탄층 및 포함층	일산, 평택 현화리·원정리

*출처 : 『한성백제사』 1

신석기문화 주요 유적 분포도

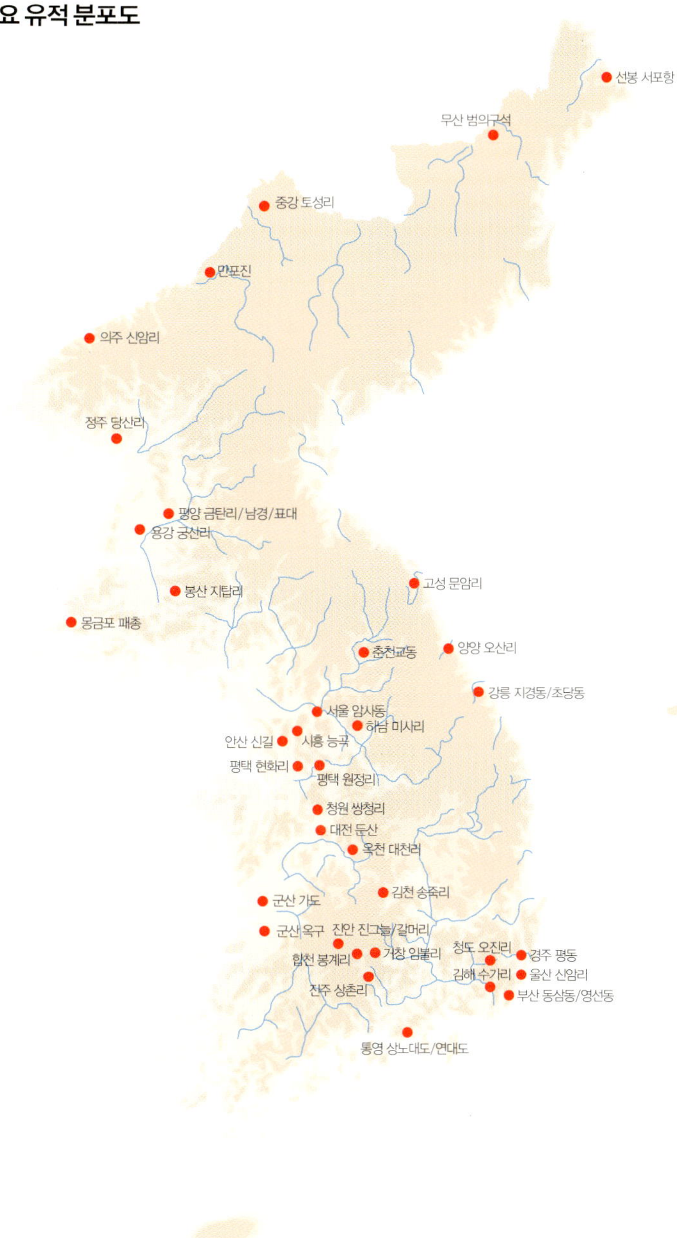

011 바리 鉢形土器
서울 암사동 | 높이 7.9 | 국립중앙박물관

012 빗살무늬토기 櫛文土器
서울 암사동 | 높이 39.0 | 국립중앙박물관

013 **그물추** 漁網錘
서울 암사동 | 길이 4.3 외 | 국립중앙박물관

014 **갈돌** 碾石棒, **갈판** 碾石
서울 암사동 | 길이 18.1, 42.8 | 국립중앙박물관

02

백제의 여명

02-1.

권력의 출현, 청동기문화

기원전 3,500년경 사람들은 청동기를 만들기 시작했다. 주로 검·창 등 다양한 무기류, 거울과 방울 등의 의기류儀器類, 끌·도끼·조각칼 등의 공구류 따위를 만들었다. 청동기 사용으로 사회는 지배하는 사람과 지배받는 사람들로 계급이 나뉘고 전쟁이 자주 일어났으며 국가가 출현하였다.

한국의 청동기시대는 기원전 2,000년경부터 기원전 1,500년경 사이에 시작되었다. 청동기시대 사람들은 농사를 짓고 더욱 발달된 간석기를 두루 사용했으며 민무늬토기無文土器를 만들었다. 또한 낮은 구릉이나 평지에 마을을 이루고 살았으며 죽은 뒤에는 고인돌무덤支石墓, 돌널무덤石棺墓, 독무덤甕棺墓 등에 묻혔다. 한국에서 청동기문화를 배경으로 등장한 최초의 국가는 기원전 15세기경의 고조선이다.

청동기 제작기술

청동靑銅, bronze은 구리에 주석·아연·납 등을 섞어 만든 것으로, 주석을 10% 이상 섞는데 많이 넣을수록 단단해진다. 납은 표면의 마감처리를 위해 사용했고, 아연을 더 넣으면 색깔이 더욱 푸른 빛을 띤다. 한국의 청동기는 무기가 대부분이고, 그 밖에 공구工具·의기儀器·꾸미개裝身具·수레말갖춤車馬具 등이 있다. 무기는 처음에 비파형동검을 많이 만들었는데, 중국 동북부의 요령지역에서 기원했다고 해서 요령식동검으로도 부른다. 비파형동검은 기원전 5세기 무렵에 이르러 폭이 좁아지고 길이가 길어진 형태의 세형동검으로 변화하였다. 세형동검은 특히 한반도에서 많이 출토되어 한국식동검으로도 부른다.

청동기는 구리 등을 녹여 거푸집에 부어 만들었다. 비파형동검시기에는 비파형동검과 부채모양도끼의 거푸집을 많이 만들었으며, 세형동검시기에는 검·투겁창·꺾창·거울·도끼·끌·낚시바늘 등의 거푸집을 사용하여 대량 생산하였다. 한국의 청동기는 주석 함유량이 대략 20% 안팎이다.

토기와 석기

청동기시대 사람들은 민무늬토기를 사용했다. 민무늬라는 이름은 그릇 표면에 무늬가 거의 없기 때문에 붙인 이름이며, 바탕흙에 모래·장석 등이 많이 섞여 매우 거친 느낌을 주는 것이 특징이다. 대개 누른색이나 붉은색을 띠며, 표면을 문질러 반질반질하게 윤기를 내는 것도 있다. 지역과 시기마다 모양이 달라서 압록강유역에서는 미송리식토기와 공귀리식토기, 평안도에서는 팽이형토기, 함경도에서는 구멍무늬토기孔列文土器, 한반도 중·남부지역에서는 역삼동식토기, 가락동식토기, 송국리식토기 등이 많이 출토된다. 대개 납작밑이며, 역삼동식은 함경도의 구멍무늬토기, 가락동식은 미송리식과 공귀리식 토기의 영향을 많이 받은 것으로 보인다.

청동기시대에도 사람들은 주로 석기를 사용했다. 종류는 검·창·화살촉 등의 무기, 반달돌칼 등의 농기구, 갈돌·갈판·숫돌·방추차·그물추 등의 생활용구로 나눌 수 있다. 무기류인 마제석검은 대개 비파형동검을 본떠 만들었으며, 화살촉은 슴베가 없는 삼각만입촉三角灣入鏃에서 슴베가 있는 유엽형석촉柳葉形石鏃으로 발전하였다. 반달돌칼은 곡물을 수확할 때 사용하던 돌칼인데, 삼각형으로 생긴 것이 가장 늦은 단계에 해당한다. 돌도끼는 나무자루에 묶어 사용했으며, 홈이 파인 유구석부有溝石斧가 표지적이다. 한국의 세형동검문화는 일본의 청동기문화 형성에 큰 영향을 미친 것으로 알려진다.

최초의 국가, 고조선古朝鮮

한국 최초의 국가인 고조선은 청동기문화를 배경으로 성립하였다. 고조선을 대표하는 유물은 비파형동검과 미송리식토기이다. 무덤으로는 고인돌무덤支石墓과 돌널무덤石棺墓이 있다. 이를 통해 고조선의 세력 범위를 추정할 수 있다. 이 중 비파형동검은 중국의 랴오허遼河강을 중심으로 요령지방에서 한반도로 확산되어 요령식동검이라고도 하며, 지린성吉林省 일대에서도 일부 확인된다.

기원전 5세기 무렵을 전후하여 비파형동검은 세형동검(한국식동검)으로 교체되고 중국 전국시대 철기문화의 영향으로 고조선 사회는 더욱 발전하였다. 그 후 기원전 194년경 중국 연燕나라 지역에서 살던 위만衛滿이 망명한 뒤 준왕準王을 내쫓고 왕위에 오름으로써 위만조선이 성립하였다. 위만조선은 기원전 108년에 한漢나라의 공격을 받아 멸망하였다.

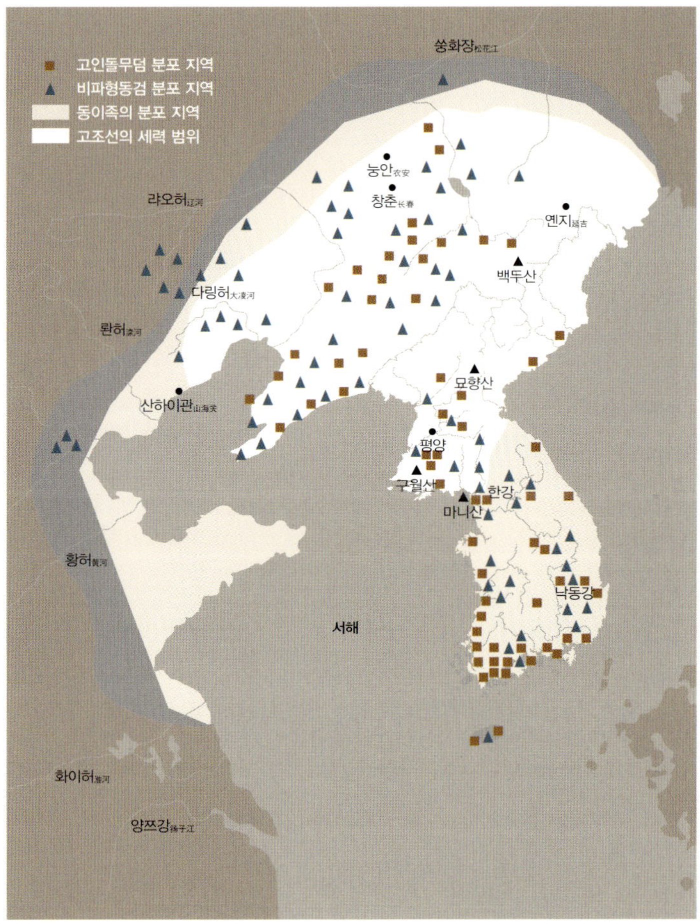

청동기문화 유적 분포도

015 **항아리** 壺
서울 가락동 | 높이 33.9 | 고려대학교박물관

016 **가락동식토기** 可樂洞式土器
서울 가락동 | 높이 42.2 | 고려대학교박물관

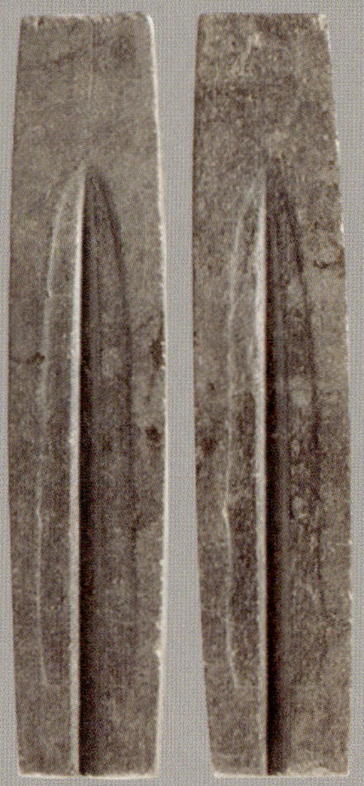

017 **청동검 거푸집** 銅劍鎔范
용인 초부리 | 길이 27.8 | 국립중앙박물관

청동검 거푸집(복원)

018 **투겁창** 銅鉾
서울 응암동 | 길이 18.6 | 국립중앙박물관

청동거울 거푸집(복원)

019 **청동거울 거푸집** 銅鏡鎔范
황해도 맹산 | 너비 20.2 | 국립중앙박물관

020 세형동검 細形銅劍
길이 34.0 외

021 **뼈화살촉** 骨鏃
길이 14.5 외

022 **간돌창** 磨製石槍
길이 14.0, 19.2

023 **간돌검** 磨製石劍
길이 27.2, 25.5

024 **간돌검** 磨製石劍
서울 명일동 | 길이 17.5
고려대학교 박물관

02-2.

여러 나라의 성장

청동기시대 후기에 사람들은 철로 무기와 농기구 등 다양한 도구를 만들었다. 철로 만든 무기로는 검·창·화살촉 등이 있고, 농기구로는 낫·괭이·보습 등이 있다. 이로 인해 정복전쟁은 더욱 활발해지고 농업 생산력이 더욱 증가하였다.

우리나라에서 철기를 사용하기 시작한 것은 기원전 5세기 경이다. 이 시기에 들어 덧띠토기를 만들었으며 사람들이 죽으면 돌무지무덤積石墓·돌널무덤石棺墓·돌덧널무덤石槨墓·독무덤甕棺墓 등에 묻혔다. 청동기문화를 배경으로 등장하였던 국가는 철기 사용과 함께 비약적으로 발전하였다. 기원을 전후하여 우리나라에는 부여·고구려와 함께 삼한에 속한 여러 나라가 있었다. 특히 서울지역에서는 마한 연맹체에 속한 백제국이 성장하였다.

철기 제작기술

철의 원료는 철광석鐵鑛石이나 사철沙鐵이다. 철을 얻기 위해서는 먼저 점토로 만든 용광로에 원료와 숯을 층층이 넣고 불을 지핀다. 여기에서 얻어진 쇳덩이는 불순물이 많기 때문에 또 다른 용광로에서 달구거나 녹여 강철이나 쇳물을 만든다. 이렇게 만들어진 쇳물로 주조鑄造하거나 강철로 단조鍛造하여 철기를 만들 수 있다.

주조	쇳물을 거푸집에 부어 만드는 방법인데, 주조를 위해서는 도가니와 거푸집이 필요하다. 주조법을 사용하면 대형의 철기를 대량 생산할 수 있으나, 비교적 쉽게 깨어지는 단점도 있다. 이러한 주조철기로는 도끼나 솥이 있다.
단조	강철을 달구고 망치로 두들겨 원하는 모양을 만드는 방식으로, 망치·집게·끌·모루돌 등을 만들어 연장으로 사용한다. 단조법을 통해 만들어진 철기는 비교적 강도가 높지만 같은 모양으로 대량 생산하기는 어렵다. 주로 검과 창을 이러한 방법으로 만들었다.

삼한은 한반도 중남부지역에 있었다. 삼한이란 마한馬韓·진한辰韓·변한弁韓을 말하며 각각은 여러 소국들이 모여 연맹체를 이루었다. 마한은 54개의 소국으로 이루어졌고 오늘날의 경기도·충청도·전라도 지역에, 진한과 변한은 각각 12개 소국으로 이루어졌으며 오늘날의 경상도 지역에 있었다.

한강유역은 마한에 속하였다. 마한을 이루고 있는 소국의 하나인 목지국은 기원전 3세기경부터 천안 일대를 기반으로 성장하였으며 마한을 대표하였다. 목지국은 당시 한반도 서북부에 있던 낙랑군·대방군과의 교역을 주도하며 3세기 전반까지 많은 나라를 이끌었다. 이후 한강유역에서 철기문화를 기반으로 성장한 백제국은 목지국을 대신하여 점차 마한지역을 통합해 나갔다.

• 마한의 소국들

원양국爰襄國	아림국兒林國
모수국牟水國	사로국駟盧國
상외국桑外國	내비리국內卑離國
소석색국小石索國	감해국感奚國
대석색국大石索國	만로국萬盧國
우휴모탁국優休牟涿國	벽비리국辟卑離國
신분고국臣濆沽國	구사오단국臼斯烏旦國
백제국伯濟國	일리국一離國
속로불사국速盧不斯國	불미국不彌國
일화국日華國	지반국支半國
고탄자국古誕者國	구소국狗素國
고리국古離國	첩로국捷盧國
노람국怒藍國	모로비리국牟盧卑離國
월지국月支國 목지국目支國	신소도국臣蘇塗國
자리모로국咨離牟盧國	막로국莫盧國
소위건국素謂乾國	고랍국古臘國
고원국古爰國	임소반국臨素半國
막로국莫盧國	신운신국臣雲新國
비리국卑離國	여래비리국如來卑離國
고비리국古卑離國	초산도비리국楚山塗卑離國
신흔국臣釁國	일난국一難國
지침국支侵國	구해국狗奚國
구로국狗盧國	불운국不雲國
비미국卑彌國	불사분사(야)국不斯濆邪國
감해비리국監奚卑離國	원지국爰池國
고포국古蒲國	건마국乾馬國
치리국국致利鞠國	초리국楚離國
염로국冉路國	

기록 속의 마한: 마한의 풍속

3세기 후반에 중국에서 편찬된 『삼국지三國志』「동이전東夷傳」에는 마한의 풍속에 관한 기록이 있다. 저자인 진수陳壽가 중국의 역사를 기록하면서 부수적으로 소개한 것인 만큼 당시 중국인의 선입견이 적지 않아 그 내용을 모두 그대로 믿기는 어렵지만, 대체로 이방인의 눈에 비친 특이한 풍속 정도로는 이해할 수 있다.

- 마한사람들은 초가에 흙방土室을 만들어 사는데, 그 모양은 마치 무덤과 같으며, 문은 위에 있다. … 장례에는 관은 있으나 곽은 쓰지 않는다. 소나 말을 탈 줄 몰라서 소와 말을 모두 장례에 써버린다.
  居處作草屋土室 形如冢 其戶在上…其葬有棺無槨 不知乘牛馬 牛馬盡於送死.

- 구슬을 재산과 보물로 여겨 옷에 꿰매 장식하거나 목에 걸고 귀에 달지만, 금과 은, 무늬 있는 비단과 수를 놓은 비단은 보물로 여기지 않는다.… 머리카락을 틀어 묶고 상투를 드러내는데, 마치 예리한 병기와 같다. 베로 만든 도포를 입고 발에는 가죽신을 신고 다닌다.
  以瓔珠爲財寶 或以綴衣爲飾 或以縣頸垂耳 不以金銀錦繡爲珍…魁頭露紒 如炅兵 衣布袍 足履革蹻蹋

- 항상 5월에 씨를 다 뿌리면 귀신에게 제사를 지내는데, 무리지어 모여서 노래 부르고 춤추며 술을 마시기를 밤낮 없이 한다. 춤출 때에는 수십 명이 함께 일어나서 서로 따라가며 땅을 밟고 구부렸다 들었다 하면서 손과 발로 서로 맞추는데, 그 율동과 가락이 탁무와 비슷하다. 10월에 농사일을 다 마치고 나서도 역시 똑같이 한다.
  常以五月下種訖 祭鬼神 群聚歌舞 飮酒晝夜無休 其舞 數十人俱起相隨 踏地低昂 手足相應 節奏有似鐸舞 十月農功畢 亦復如之.

- 그곳의 남자들은 때때로 문신을 한다.
  其男子時時有文身.

- 마한에는 별다른 진귀한 보석은 나지 않고, 동물과 풀·나무는 대략 중국과 같다. 큰 밤이 생산되는데, 그 크기가 배만큼 크다. 또 꼬리가 가는 닭이 있는데, 그 꼬리 길이는 모두 5자尺 남짓 된다.
  無他珍寶 禽獸草木略與中國同 出大栗 大如梨 又出細尾雞 其尾皆長五尺餘.

마한문화의 특징

마한 사람들은 경질무문토기와 타날문토기를 사용하였다. 경질무문토기는 깊은 바리 모양이 많으며 타날문토기는 항아리 모양이 많다. 철기는 중국 한漢나라의 제작기술 영향을 받아 청동과 철기를 붙여 만든 화살촉鐵莖銅鏃·검·창 등의 무기류, 삽날·낫·도끼 등의 농공구류를 만들어 사용하였다.

사람들은 땅을 조금 파고 지은 움집에서 살았다. 집모양은 철자凸字 혹은 방형方形이며 집안에는 아궁이와 온돌이 있었다. 사람이 죽으면 도랑 돌린 움무덤周溝土壙墓, 흙무지무덤墳丘墓, 움무덤土壙墓, 독널무덤甕棺墓 등에 묻혔다. 백제국에서는 이 무덤들을 모두 사용하였다.

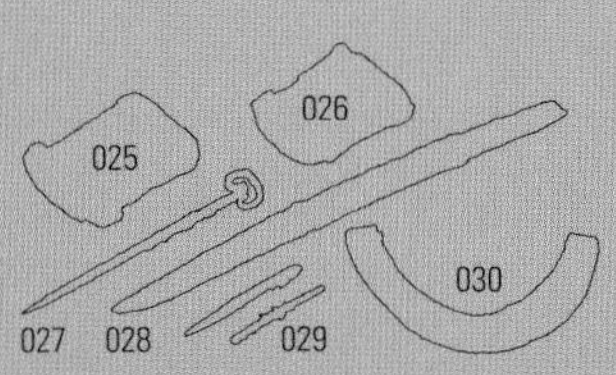

025 쇠도끼 鐵斧
가평 대성리 10호 집자리 | 길이 10.5
국립중앙박물관

026 쇠도끼 鐵斧
가평 대성리 10호 집자리 | 길이 10.1
국립중앙박물관

027 고리달린 송곳 環頭錐
가평 대성리 10호 집자리 | 길이 21.5
국립중앙박물관

028 쇠손칼 鐵刀子
가평 대성리 10호 집자리 | 길이 40.5
국립중앙박물관

029 쇠끌 鐵鑿
가평 대성리 10호 집자리 | 길이 (좌)8.6
국립중앙박물관

030 삽날 鐵耜
가평 대성리 10호 집자리 | 길이 18.5
국립중앙박물관

031 **자귀** 鐵手斧
가평 대성리 14호 집자리 | 길이 7.3
국립중앙박물관

032 **삽날** 鐵耜
가평 대성리 10호 집자리 | 길이 15.3
국립중앙박물관

033 **쇠낫** 鐵鎌
가평 대성리 1호 집자리 | 길이 24.1
국립중앙박물관

034 **쇠솥** 鐵釜
가평 대성리 42호 구덩이 | 높이 8.3
국립중앙박물관

035 쇠화살촉 鐵鏃
가평 대성리 4호 집자리 | 현 길이 3.8
국립중앙박물관

036 쇠화살촉 鐵鏃
가평 대성리 2호 집자리 | 길이 7.4
국립중앙박물관

037 쇠도끼 鐵斧
가평 대성리 10호 집자리 | 길이 10.2
국립중앙박물관

038 쇠화살촉 鐵鏃
가평 대성리 4호 집자리 | 길이 5.1
국립중앙박물관

039 쇠화살촉 鐵鏃
가평 대성리 4호 집자리 | 길이 5.0
국립중앙박물관

040 쇠화살촉 鐵鏃
가평 대성리 10호 집자리 | 길이 4.8
국립중앙박물관

041 **낚시바늘** 鐵絲
가평 대성리 14호 집자리 | 길이 3.8 | 국립중앙박물관

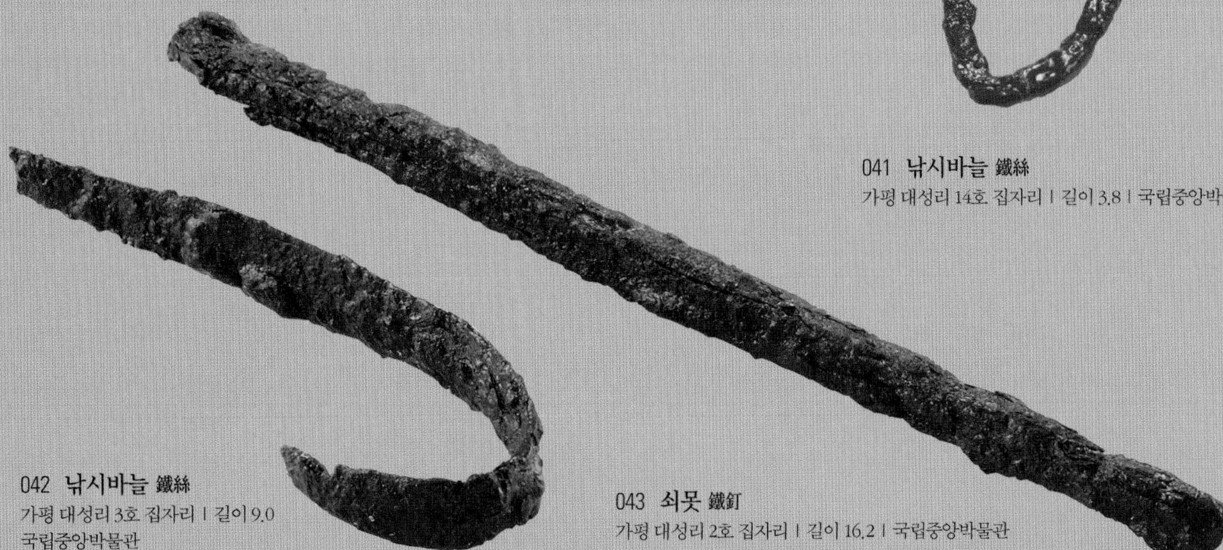

042 **낚시바늘** 鐵絲
가평 대성리 3호 집자리 | 길이 9.0
국립중앙박물관

043 **쇠못** 鐵釘
가평 대성리 2호 집자리 | 길이 16.2 | 국립중앙박물관

044 **쇠손칼** 鐵刀子
가평 대성리 2호 집자리 | 길이 11.9 | 국립중앙박물관

045 **쇠손칼** 鐵刀子
가평 대성리 12호 집자리 | 길이 15.6 | 국립중앙박물관

046 **가락바퀴** 紡錘車
가평 대성리 4호·10호 집자리 | 지름 6.0 외 | 국립중앙박물관

047 경질무문토기 硬質無文土器
가평 대성리 23호 구덩이 | 높이 19.3 | 국립중앙박물관

048 경질무문토기 硬質無文土器
가평 대성리 5호 집자리 | 높이 25.1 | 국립중앙박물관

049 항아리 壺
가평 대성리 23호 구덩이 | 높이 14.4 | 국립중앙박물관

050 항아리 壺
가평 대성리 23호 구덩이 | 높이 27.2 | 국립중앙박물관

051 **세발토기** 三足器
가평 대성리 19호 집자리 | 높이 5.3 | 국립중앙박물관

052 **항아리** 短頸壺
가평 대성리 10호 집자리 | 높이 15.1 | 국립중앙박물관

053 **사발** 盌
가평 대성리 25호 집자리 | 높이 6.3 | 국립중앙박물관

054 **화분형토기** 花盆形土器
가평 대성리 49호 구덩이 | 높이 18.9 | 국립중앙박물관

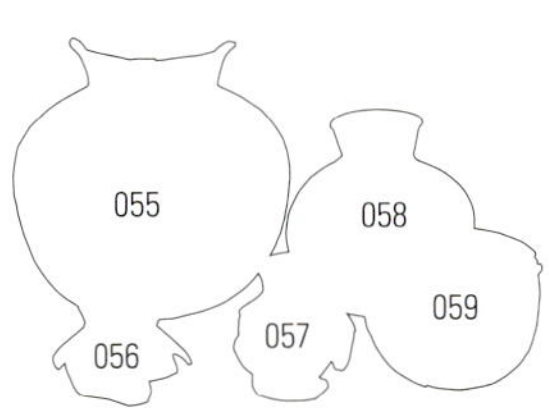

055 **항아리** 短頸壺
가평 대성리 10호 집자리 | 높이 32.7 | 국립중앙박물관

056 **항아리** 短頸壺
가평 대성리 10호 집자리 | 현 높이 9.2 | 국립중앙박물관

057 **항아리** 平底壺
가평 대성리 8호 집자리 | 높이 14.1 | 국립중앙박물관

058 **항아리** 短頸壺
가평 대성리 10호 집자리 | 높이 23.0 | 국립중앙박물관

059 **화분형토기** 盆形土器
가평 대성리 10호 집자리 | 높이 13.9 | 국립중앙박물관

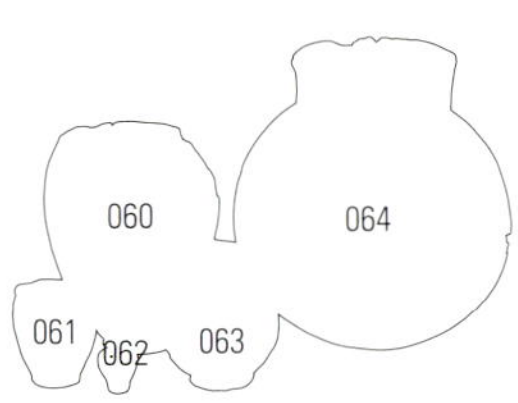

060 **경질무문토기** 硬質無文土器
가평 대성리 4호 집자리 | 높이 28.0 | 국립중앙박물관

061 **경질무문토기** 硬質無文土器
가평 대성리 1호 집자리 | 높이 12.1 | 국립중앙박물관

062 **소형토기** 小形土器
가평 대성리 2호 집자리 | 높이 5.1 | 국립중앙박물관

063 **경질무문토기** 硬質無文土器
가평 대성리 6호 집자리 | 높이 16.1 | 국립중앙박물관

064 **항아리** 短頸壺
가평 대성리 4호 집자리 | 높이 38.8 | 국립중앙박물관

065 **귀 달린 항아리 兩耳附壺**
가평 항사리 가지구 2호 집자리 | 높이 11.9 | 고려문화재연구원

066 **귀때토기 注口土器**
김포 양촌 1지점 D구역 3호 흙무지무덤 | 높이 15.3 | 고려문화재연구원

067 **경질무문토기_뚜껑** 硬質無文土器_蓋
가평 항사리 나지구 23호 집자리 | 높이 6.8 | 고려문화재연구원

068 **경질무문토기_항아리** 硬質無文土器_壺
가평 항사리 나지구 23호 집자리 | 높이 11.4 | 고려문화재연구원

069 **경질무문토기_항아리** 硬質無文土器_壺
가평 항사리 나지구 23호 집자리 | 높이 17.3 | 고려문화재연구원

070 **구슬 玉**
가평 대성리 10호 집자리 | 지름 0.5 외 | 국립중앙박물관

071 **구슬 玉**
용인 신갈동 5호 도랑 돌린 움무덤 | 지름 0.6 외 | 국립중앙박물관

072 **구슬 玉**
오산 수청동 2호 무덤 | 지름 1.7 외 | 국립중앙박물관

073 **구슬** 玉
오산 수청동 1, 2호 무덤 | 지름 1.7 외 | 국립중앙박물관

074 **구슬** 玉
오산 수청동 1호 무덤 | 지름 0.4 외 | 국립중앙박물관

075 **구슬 玉**
김포 양촌 2-11 추가 1지점 | 지름 0.8 외 | 한강문화재연구원

076 **구슬 玉**
김포 양촌 1지점 H구역 2호 홈무지무덤 | 지름 0.9 외 | 고려문화재연구원

077 **구슬 玉**
가평 항사리 가지구 7호 집자리 | 지름 0.4 외 | 고려문화재연구원

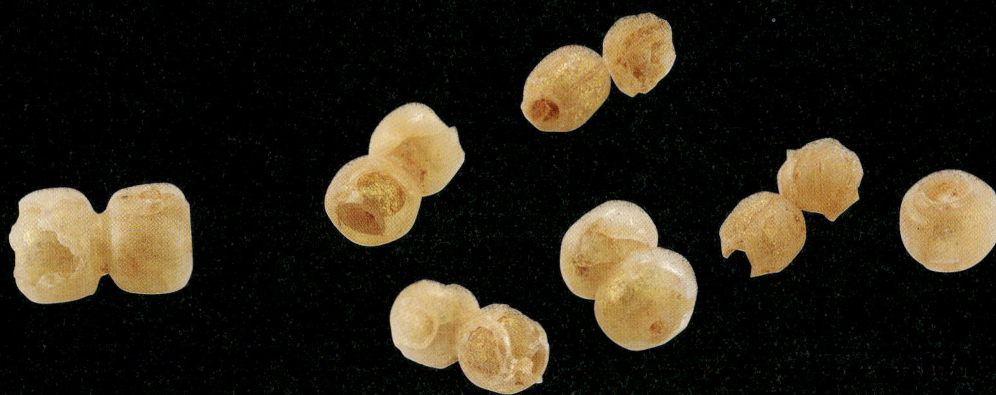

078 **금박유리구슬 金箔琉璃玉**
김포 양촌 1지점 H구역 2호 흙무지무덤 | 지름 0.4 외
고려문화재연구원

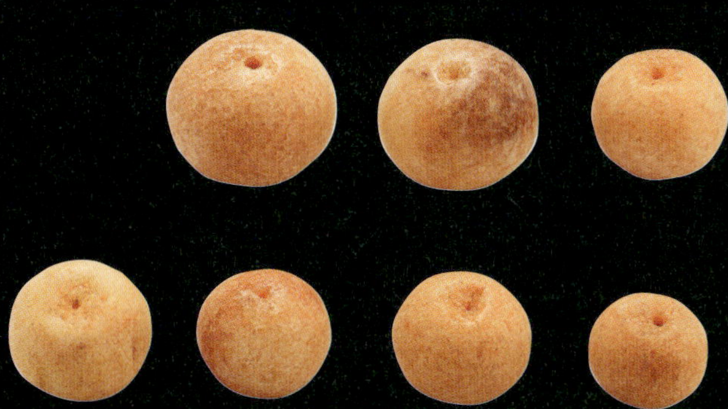

079 **구슬 玉**
김포 2-9지점 원삼국시대 2호 흙무지무덤 | 지름 2.1 외
한강문화재연구원

080 **대롱옥** 管玉
김포 양촌 2-9지점 6구역 1호 도랑 돌린 덧널무덤 | 길이 2.6 외 | 한강문화재연구원

081 **구슬** 玉
김포 양촌 2-9지점 5호 구덩이 | 지름 0.9 외 | 한강문화재연구원

082 **구슬** 玉
김포 양촌 2-11 추가 1지점 | 지름 1.0 외 | 한강문화재연구원

083 **구슬** 玉
김포 양촌 2-11 추가 2지점 | 지름 1.0 외 | 한강문화재연구원

084 **구슬** 玉
김포 양촌 3지점 나구역 5호 홈무지무덤 | 지름 1.4 외 | 고려문화재연구원

085 청동말모양허리띠고리 靑銅馬形帶鉤
길이 9.8

길이 7.2

길이 7.6

길이 12.1

086 청동호랑이모양허리띠고리 靑銅虎形帶鉤

087 화살촉 青銅鏃·鐵莖銅鏃
길이 19.9 외

제2전시실

왕도 한성

01 백제의 건국
02 더 큰 나라로
03 백제사람의 삶
04 글로벌 백제

제2전시실

왕도 한성

기원전 18년, 졸본부여를 떠나 남쪽으로 내려온 온조일행이 서울에 도착했다. 그리고 한강 남쪽의 위례성에서 백제를 건국하였다. 백제는 기원후 660년까지 존속하였고, 도읍은 한성(서울)-웅진(공주)-사비(부여)로 바뀌었다. 온조왕부터 의자왕까지 31명의 왕이 즉위하였으며 전성기인 제13대 근초고왕 때에는 영토가 북쪽으로 지금의 황해도에서부터 남쪽으로 전라도와 제주도까지 이르렀다.

서울이 수도였던 한성도읍기(18BCE~475CE)는 백제 전체 역사의 73%를 차지한다. 493년간 21명의 왕이 즉위하였는데, 이 시기에 백제는 최대의 전성기를 맞아 마한세력을 통합하고 고대국가의 기반을 확립하였다. 이웃한 가야와 밀접하게 교류하였으며 대외적으로는 중국晋·宋, 일본倭 등 주변 여러 나라와 적극적인 외교 관계를 펼치는 등 동아시아 문화교류의 중심에 있었다.

백제 국호

백제百濟라는 나라 이름은 '많은 사람이 바다를 건너왔다'는 뜻의 백가제해百家濟海 또는 '백성들이 즐거이 따랐다'는 백성락종百姓樂從에서 비롯되었다고 한다. 성왕 때 잠시 남부여南扶餘로 나라이름을 바꾸었으며 『삼국사기』에는 십제十濟, 『삼국지』에는 백제국伯濟國, 『일본서기日本書紀』에는 위례국慰禮國이라는 이름으로 나온다.

백제의 또 다른 이름으로는 응준鷹準, 응유鷹遊, 나투羅鬪가 있다. 고려시대의 저작인 『제왕운기帝王韻紀』에 백제가 "국호를 남부여라고 한 적이 있으며, 응준 혹은 나투라고 칭하기도 했다"는 대목이 있는데, 응준은 새의 일종인 '매'를 뜻하며 나투는 백제가 신라와 다투었기 때문에 붙여진 이름이다. 또 『삼국유사三國遺事』에는 신라가 선덕왕 14년(645)에 건립한 황룡사 9층탑의 제5층에 신라가 경계해야 할 적대국으로서 응유鷹遊를 적어놓았다는 기록이 있는데, 응유와 응준은 같은 뜻이다.

삼국의 나라 이름

백제百濟	십제十濟, 백제伯濟, 남부여南扶餘 위례국慰禮國, 응준鷹準, 응유鷹遊, 나투羅鬪
고구려高句麗	고려高麗, 구려句麗 · 句驪, 맥구려貊句麗, 무구리畝久理Mug-lig, 배크리Bökli
신라新羅	사라斯羅, 사로斯盧, 신로新盧, 서라벌徐羅伐, 서벌徐伐, 시라尸羅, 계림鷄林 알신라Alshilla, 베실라Beshilla, 바실라Bashilla

백제사 연표

왕대	왕(재위기간)	연도	주요사건
1	온조왕(18BCE~28CE)	18BCE(온조왕 원년)	위례성慰禮城에 도읍하여 나라를 세우다 여름 5월 동명왕묘를 세우다
2	다루왕(28~77)	37CE(다루왕 10)	겨울 10월 흘우屹于를 좌보左輔로 삼고, 진회眞會를 우보右輔로 임명하다
		38(다루왕 11)	가을에 흉년이 들어 백성들의 술 빚는 것을 금하다
3	기루왕(77~128)	89(기루왕 13)	여름 6월 지진에 민가가 무너져 많은 사람이 죽다
		116(기루왕 40)	여름 6월 열흘간 내린 큰 비에 한강漢江이 넘치고 민가가 무너져 떠내려가다
4	개루왕(128~166)	132(개루왕 5)	봄 2월 북한산성을 쌓다
		155(개루왕 28)	겨울 10월 신라의 아찬阿飡 길선吉宣이 반역을 꾀하다 발각되자 도망쳐오다
5	초고왕(166~214)	187(초고왕 22)	여름 5월 왕도의 우물과 한수漢水가 모두 마르다
		208(초고왕 43)	가을 가뭄으로 흉년이 들어 도적이 많이 일어나자 왕이 백성들을 위로하고 보살피다
6	구수왕(214~234)	220(구수왕 7)	겨울 10월 왕성 서쪽 문에 불이 나다
		221(구수왕 8)	가을 8월 한수 서쪽에서 군사를 사열하다
7	사반왕(234)		
8	고이왕(234~286)	243(고이왕 10)	봄 정월 큰 제단을 설치하여 하늘과 땅, 산과 내에 제사를 지내다
		260(고이왕 27)	봄 정월 좌평제佐平制와 관등제官等制를 정비하다
		261(고이왕 28)	봄 정월 초하룻날 왕이 남당南堂에 앉아 나랏일을 돌보다
		262(고이왕 29)	봄 정월 부패한 관리와 도둑은 장물의 3배를 징수하고 다시는 관리가 될 수 없게 하다
9	책계왕(286~298)	286(책계왕 원년)	아차성阿且城과 사성蛇城을 수리하다
		298(책계왕 13)	가을 9월 한漢과 맥貊의 침입을 막다가 왕이 죽다
10	분서왕(298~304)	304(분서왕 7)	봄 2월 낙랑의 서쪽 현縣을 습격하여 빼앗다 겨울 10월 낙랑태수가 보낸 자객에게 왕이 살해되다
11	비류왕(304~344)	312(비류왕 9)	봄 2월 왕이 홀아비와 과부, 고아, 자식 없는 노인 등 스스로 살아갈 수 없는 자들에게 곡식을 3석씩 나누어 주다
		320(비류왕 17)	가을 8월 왕궁 서쪽에 활 쏘는 단射臺을 쌓고, 매월 초하루와 보름에 활쏘기를 익히다
		333(비류왕 30)	여름 5월 왕궁에 불이 나서 민가까지 번지다 가을 7월 왕궁을 수리하다
12	계왕(344~346)		
13	근초고왕(346~375)	369(근초고왕 24)	봄 3월 가야를 거쳐 남쪽 땅 끝 침미다례忱彌多禮를 복속하다 가을 9월 고구려가 2만 군사로 침입하자 태자 수近仇首를 보내 크게 물리치다 겨울 11월 한수 남쪽에서 군사를 사열할 때 황색 깃발을 사용하다
		371(근초고왕 26)	겨울 왕이 태자와 함께 평양성을 공격하여 고구려 고국원왕을 죽이다 도읍을 한산漢山으로 옮기다
		372(근초고왕 27)	여름 6월 동진東晉으로부터 '진동장군 영낙랑태수鎭東將軍 領樂浪太守'에 책봉되다 가을 9월 왜倭에 칠지도七支刀와 칠자경七子鏡을 보내다
14	근구수(375~384)	377(근구수왕 3)	겨울 10월 왕이 3만 군사로 고구려 평양성을 공격하다
		382(근구수왕 8)	봄부터 6월까지 비가 오지 않아 굶주린 백성이 자식을 팔기에 이르니 곡식을 풀어 구제하다
15	침류왕(384~385)	384(침류왕 원년)	가을 9월 동진에서 외국 승려 마라난타摩羅難陀가 오자 왕이 예우하여 맞이하다
		385(침류왕 2)	봄 2월 한산에 절을 세우고, 10인의 승려를 두다
16	진사왕(385~392)	386(진사왕 2)	봄 15세 이상의 나라 사람을 뽑아 북쪽 국경에 관문을 설치하다
		391(진사왕 7)	봄 정월에 왕궁을 수리하고, 연못과 산을 만들어 신기한 새와 화초를 기르다
		392(진사왕 8)	가을 7월 고구려 광개토왕이 쳐들어와 북쪽 국경의 10여 성을 함락시키다
17	아신왕(392~405)	396(아신왕 5)	고구려군이 한성에 쳐들어오자 왕의 아우와 대신 10인을 볼모로 보내다
		397(아신왕 6)	여름 5월 왜와 우호를 맺고 태자 전지腆支를 보내다
		403(아신왕 12)	봄 2월 왜의 사신이 오자 왕이 후하게 맞이하다
		404(아신왕 14)	가을 8월 아직기를 왜에 보내 말 기르는 기술과 학문을 전하다
18	전지왕(405~420)	405(전지왕 원년)	봄 2월 왕인을 왜에 보내 천자문과 논어를 전하다
		408(전지왕 4)	봄 정월 왕의 아우 여신餘信을 상좌평上佐平에 임명하고, 군사업무와 나랏일을 돌보게 하다
		416(전지왕 12)	동진으로부터 '사지절 도독 백제제군사 진동장군 백제왕使持節 都督 百濟諸軍事 鎭東將軍 百濟王'에 책봉되다
		418(전지왕 14)	여름 왜에 흰 면포 10필을 보내다
19	구이신(420~427)		
20	비유왕(427~455)	428(비유왕 2)	봄 2월 왕의 누이 신제도원新齊都媛과 7인의 여성婦女을 왜에 보내다

		434(비유왕 8)	봄 2월 신라에 좋은 말 2필을 보내다 가을 9월 다시 흰 매를 신라에 보내다 겨울 10월 신라가 질 좋은 금과 밝은 구슬로 답례하다
		447(비유왕 21)	여름 5월 왕궁 남쪽 연못에 수레바퀴와 같은 불이 일어나 밤새 타오르다
		450(비유왕 24)	봄 정월 송宋에서 역법易林과 점치는 도구式占, 휴대용 쇠뇌腰弩를 구해오다
21	개로왕(455~475)	461(개로왕 7)	여름 4월 왕의 아우 곤지昆支가 왜로 가던 도중 무령왕이 태어나다
		472(개로왕 18)	가을 8월 위魏에 사신을 보내 군사를 요청하다
		475(개로왕 21)	가을 9월 왕도 한성漢城이 고구려에게 함락되다
22	문주왕(475~477)	475(문주왕 원년)	겨울 10월 도읍을 웅진熊津으로 옮기다
		476(문주왕 2)	여름 4월 탐라국耽羅國이 토산물을 바치다
		477(문주왕 3)	여름 4월 왕의 아우 곤지가 귀국하다 가을 7월 왕의 아우 곤지가 죽다 가을 9월 병관좌평兵官佐平 해구解仇가 도적을 시켜 왕을 살해하다
23	삼근왕(477~479)	477(삼근왕 원년)	13세에 즉위하여 군사업무와 나랏일을 해구에게 위임하다
		478(삼근왕 2)	봄 해구가 반란을 일으키자 왕이 군사를 보내 죽이다
24	동성왕(479~501)	493(동성왕 15)	봄 3월 신라에 혼인을 청해 이찬伊湌 비지比智의 딸을 왕비로 맞다
		494(동성왕 16)	가을 7월 고구려가 신라 견아성犬牙城을 포위하자 왕이 군사를 보내 구원하다
		501(동성왕 23)	겨울 12월 왕이 사냥을 나갔다가 사비泗沘 마포촌馬浦村에서 자객에게 살해되다
25	무령왕(501~523)	501(무령왕 원년)	40세에 아우 동성왕을 이어 즉위하다
		510(무령왕 10)	봄 정월 제방을 수리하고 놀고먹는 자들을 농사짓게 하다
		513(무령왕 13)	여름 6월 오경박사五經博士 단양이段楊爾를 왜에 보내다
		521(무령왕 21)	겨울 11월 양梁에 '고구려를 여러 차례 물리치고 다시 강한 나라가 되었다'고 알리자 '사지절 도독 백제제군사 영동대장군 백제왕使持節 都督 百濟諸軍事 寧東大將軍 百濟王'에 책봉되다
		523(무령왕 23)	봄 2월 왕이 한성에 행차하다
26	성왕(523~554)	529(성왕 7)	겸익謙益이 천축天竺에서 돌아와 계율 중심의 백제 불교를 열다
		538(성왕 16)	봄 도읍을 사비泗沘로 옮기고, 나라 이름을 남부여南扶餘로 고치다
		541(성왕 19)	봄 3월 양梁에 사신을 보내 열반경涅槃經 등의 불교 경전, 모시박사毛詩博士, 기술자와 그림 그리는 사람 등을 요청하다
		551(성왕 29)	신라와 함께 한강유역의 고구려군을 몰아내다
		552(성왕 30)	겨울 10월 왜에 노리사치계怒利斯致契와 함께 불상 및 경전을 보내다
		554(성왕 32)	가을 7월 신라의 관산성管山城을 공격하다가 왕이 전사하다
27	위덕왕(554~598)	567(위덕왕 13)	아버지 성왕의 명복을 비는 능사陵寺에 사리를 봉안하고 탑을 세우다
		577(위덕왕 23)	봄 2월 15일 죽은 왕자를 위해 왕흥사王興寺에 사리를 봉안하고 탑을 세우다
		581(위덕왕 28)	겨울 10월 수隋로부터 '상개부의동삼사 대방군공上開府儀同三司 帶方郡公'에 책봉되다
28	혜왕(598~599)		
29	법왕(599~600)	599(법왕 원년)	겨울 12월 살생을 금지하고, 민가에서 기르는 매를 풀어주며 고기잡이·사냥하는 도구를 태우다
		600(법왕 2)	봄 정월 왕흥사를 세우고 승려 30인을 두다
30	무왕(600~641)	602(무왕 3)	겨울 10월 승려 관륵觀勒이 왜에 역서와 천문지리서, 기문둔갑술을 전하다
		621(무왕 22)	겨울 10월 당唐에 사신과 함께 과하마를 보내다
		634(무왕 35)	봄 3월 왕궁 남쪽에 20여 리의 물을 끌어와 못을 파고 섬을 만드니, 방장선산方丈仙山과 같았다
		639(무왕 40)	봄 정월 29일 왕후 사택씨沙宅氏가 미륵사彌勒寺 서탑에 사리를 봉안하고 왕의 장수와 왕실의 안녕을 기원하다
31	의자왕(641~660)	642(의자왕 2)	가을 8월 장군 윤충允忠이 신라의 대야성大耶城을 공격하여 함락시키다
		648(의자왕 8)	봄 3월 신라 서쪽의 10여 성을 빼앗고 당과 관계를 끊다
		660(의자왕 20)	가을 7월 13일 나羅·당唐연합군에 왕도 사비성이 함락되다 가을 7월 18일 왕과 태자가 항복하고 백제가 멸망하다
	부흥운동기(660~663)	660	복신福信과 도침道琛은 주류성周留城, 흑치상지黑齒常之는 임존성任存城에서 부흥군復興軍을 일으키다
		661	가을 9월 왜로부터 왕자 부여풍扶餘豊이 귀국하여 부흥군을 이끌다
		663	가을 8월 나·당연합군에 백제부흥군과 왜 구원군이 백강白江에서 크게 패하다 가을 9월 임존성이 함락되고 부흥운동이 실패하다

01

백제의 건국

01-1.

나라를 세우다

백제가 건국한 시기

『삼국사기』「백제본기」에는 백제 건국 연대가 전한前漢 성제成帝의 홍가鴻嘉 3년(18BCE)이라고 적혀 있다. 대한제국 시기까지 이에 대한 이의는 없었다. 그러다 일제강점기에 츠다 소우키치津田左右吉가 『일본서기』 기사를 근거로 온조왕부터 계왕(344~346)까지의 왕실 계보를 전설이라고 주장하였다. 이후 일본인 사학자들이 『삼국사기』의 신빙성을 본격적으로 의심하고 부인하기 시작했다. 반면, 그들은 『삼국지』 한전韓傳에 더욱 주목하였다. 이마니시 류今西龍는 『삼국지』 한전에 열거된 마한 54국 중 백제국伯濟國에 주목함으로써 백제의 기원을 3세기 말경으로 파악하고, 4세기의 백제 역사에 대해서는 『일본서기』와 『광개토왕릉비문』을 통해 재구성하려 했다. 근초고왕 이전은 물론 이후에 대해서도 『삼국사기』를 통해서는 실상을 파악하기 어렵다고 본 것이다.

『삼국사기』 초기 기사를 통째로 믿지 않게 되자 사료 부족 현상이 더욱 심해졌다. 이에 몇몇 간단한 중국 사료를 징검다리 삼아 작가적 상상력으로 백제의 국가형성과정을 설명하려는 시도가 있었다. 오타 료太田亮는 『삼국사기』의 백제 왕실계보가 조작되었다는 전제 하에 고이왕부터 계왕까지는 왕이 아닌 왕족이며 근초고왕 이전 왕들의 재위년수는 근초고왕부터 구이신왕까지의 재위년수를 기초로 조작 산출한 것이라고 주장하였다. 시라토리 쿠라키치白鳥庫吉는 서기 285년경에 모용慕容씨가 부여를 격파하자 왕족 일부가 남하해 한韓의 백제伯濟와 연합함으로써 백제百濟를 만들었다고 추론하였다. 4세기 초까지의 백제사를 아예 거론하지 않거나 생략한 사람도 있다. 이들은 한결같이 중국 사서에 기재된 중국왕조와 동이東夷의 교섭기사에 주목하고 그를 통해 백제 역사를 전설시대와 역사시대로 나누었다. 그리하여 근초고왕 이전의 계보는 허구라는 인식에 암묵적으로 동의하였다. 그러나 이러한 인식은 적극적인 『삼국사기』 사료 비판에서 나온 것이 아니라 한일관계사를 통해 일본의 왕실계보를 복원하려는 연구방법론의 일환이었기 때문에 처음부터 한계를 안고 있었다.

이병도는 『삼국사기』의 초기 기록을 무시하는 일본인 학자들의 사료관에 의문을 제기하고 대안을 제시하였다. 그는 『주서周書』를 비롯한 중국사서에 백제의 시조로 나오는 구태仇台의 옛 음이 고이古尒와 같다는 사실에 착안하여 고이왕(234~286)이야말로 백제의 실질적 시조라고 보았다. 서기 246년에 한이 대방군의 기리영崎離營을 공격하자 낙랑군과 대방군이 함께 한을 토벌했다는 『삼국지』의 기록은 고이왕 13년(246)에 낙랑군과 대방군이 고구려를 치는 사이 백제가 낙랑의 변방주민을 습격해 빼앗았다가 낙랑태수가 분노하자 돌려주었다는 『삼국사기』의 기록과 같은 사건을 달리 표현한 것이라고 주장하였다. 그리고 고이왕 27년조에 실린 6좌평佐平·16관품官品 제정 기사를 근거로 삼아 국가조직 정비를 유추하였다. 이와 같은 이병도의 사료관은 이후 한국고대사학계의 큰 줄기가 되었다. 특히, 백제 고이왕이 기리영 침공 주체였다는 해석은 백제가 늦어도 3세기 중엽에 상당한 세력을 형성했다는 시각으로 이어졌다.

이기백은 백제의 왕실계보를 검토함으로써 이병도의 사료관을 입증하려 하였다. 그리하여 제8대 고이왕부터 제12대 계왕까지는 형제상속으로 왕위가 계승되었고, 제13대 근초고왕부터 제17대 아신왕까지는 과도기이며, 제18대

전지왕부터 부자상속제가 확립되었다고 추정하였다. 그리고 부자상속으로 왕위를 계승했다고 기록된 시조 온조왕부터 제6대 구수왕까지의 계보는 조작된 것이라고 결론지었다.

고이왕대를 백제사의 획기로 간주하는 시각은 김철준과 이기동에게로 이어졌다. 다만, 국가 형성 과정에 대한 해석은 저마다 조금씩 달라서 2~3세기경 유이민이 남하하여 건국하기까지의 과정을 시대상황 속에서 추론해보는가 하면, 이른바 기마민족설과 왕실교대론에 입각해 백제의 단계적 발전을 구체적으로 왕실 계보에 적용하기도 하였다. 특히, 이기동은 고이왕이 재위하던 3세기 중엽에 마한족의 백제국이 성읍국가에서 연맹왕국 단계로 비약하였고, 4세기 무렵에는 다시 고구려계통의 온조집단이 남쪽으로 내려와 백제국을 정복했을 것으로 추론하였다.

기마민족설의 영향은 이도학의 만주백제설로 이어졌다. 그는 백제가 정복국가적 성격을 띠었으며 1세기경과 4세기경 두차례에 걸쳐 정복세력이 국가를 세우고 왕실을 교체했다고 추론하였다. 특히 4세기에는 아직 만주지역에 남아있던 일파가 남쪽으로 이동해 백제의 새로운 왕실로 거듭났다고 주장하였다. 백제의 연원을 부여에서 찾고 만주지역에서의 활동을 구체적으로 상정한 점이 이기동 및 일본학계의 시각과 다르다.

이처럼 한국고대사학계는 3세기의 고이왕대에 주목함으로써 『일본서기』에 근거해 4세기의 근초고왕대를 백제사의 실질적 기점으로 삼은 일본학계의 편견을 비판하였다. 그러나 기본적으로 연구방법이 같고 주로 이용하는 사료가 같은 상태에서 약간의 관점 차이만으로는 기존의 편견으로부터 자유로울 수 없었다. 그런 점에서 고고학적 검증과 고찰이 필요했다.

김원룡은 고구려·백제·신라 삼국이 기원전 1세기에 건국했다는 『삼국사기』 기록을 긍정적으로 평가하였다. 그는 낙랑군 영역을 대동강유역에 한정하였다. 낙랑·대방군은 삼한에 대한 정치·군사적 구속력을 갖지 못한 일종의 조계지租界地에 불과했으므로 삼국이 성장하는데 큰 걸림돌이 되지 못했다는 것이다. 그리고 서울의 풍납동토성 내부에서 민무늬토기가 다량 출토되었으므로 성벽 축조시기를 기원 전후까지 올려볼 수 있다고 하였다. 백제의 수도부근에 있던 둘레 3.5㎞의 평지토성이 기원 전후에 쌓은 것이라면 기원전 18년에 건국했다는 기록을 못 믿을 이유도 없다는 논리이다. 이처럼 고고자료를 통해 『삼국사기』 기록을 입증하려는 태도는 이후 최몽룡에게 이어졌으며 풍납동토성 발굴을 주도한 조유전·윤근일·신희권 등에게 영향을 주었다. 풍납동토성 발굴조사의 계기를 만든 이형구도 조사결과와 기록이 일치한다고 보았다.

『삼국사기』 초기 기록에 대한 고고학계의 긍정적인 태도는 문헌사학계의 연구방법론과 관점 변화를 촉진시켰다. 천관우는 천편일률적인 접근법과 선입견에서 벗어날 것을 촉구하며 온조왕대의 영역 획정기사를 입증하려 하였다. 그는 백제왕실 계보를 우태優台 - 비류沸流 - 고이古爾계와 주몽朱蒙 - 온조溫祚 - 초고肖古계로 나눈 다음 왕실이 교체되었거나 경쟁했을 가능성이 있다고 지적하였다. 온조왕 때의 강역이 지금의 경기지역을 넘어섰으며, 기마병과 새로운 철기문화가 그 기반이었다는 논리는 이후 박찬규·김병남에게 영향을 주었다. 그리고 박현숙·최범호·오순제·이용빈 등의 지지를 얻었다.

이종욱은 인류학의 신진화주의를 원용해 『삼국사기』 편년을 입증하려 하였다. 국가발전단계론에 따라 기원전 1세기에 부여·고구려방면에서 이주해온 온조집단이 한강유역에 자리잡아 십제十濟를 건국하였으며 곧 미추홀세력을 병합한 뒤 백제百濟로 나라 이름을 바꾸고 주변의 여러 작은 나라들을 거느리는 정치세력으로 성장했다고 보았다. 이러한 해석의 배경에는 『삼국지』 한전에 담긴 중화주의가 삼국시대 초기 역사를 제대로 전달하지 못했다는 시각, 그리고 한군현 때문에 오히려 삼한지역에서 국가가 더 빨리 성장했다는 시각이 작용한다. 한군현이 백제의 국가성장을 촉진했다는 관점에는 신형식이 동의하였다.

백제의 국가 형성 및 성장에 관한 논의가 깊어질수록 연구자들의 관점이 더욱 뚜렷하게 두 가지로 갈라졌다. 하나는 『삼국사기』를 기준으로 『삼국지』를 의심하는 관점이며, 다른 하나는 『삼국지』의 시대상에 따라 『삼국사기』 이용을 최소화하려는 관점이다. 한동안 둘 사이의 거리는 점점 더 멀어져 갔다. 그러나 곧 절충점이 제시되었다.

노중국은 『삼국지』와 『삼국사기』가 각기 장점을 갖고 있지만 한계도 명확하므로 어느 한쪽에 치우치면 실상을 파악하기 어렵다고 보았다. 그는 두 사서의 시대상으로부터 조금 더 자유로워지자고 제안하고, 대신 인류학의 연구성과인 국가발전단계론에 따라 두 사서의 내용을 재배치하는 방법을 택하였다. 그리하여 읍락邑落단계→소국小國단계→소국연맹小國聯盟단계→부체제部體制단계→고대국가단계라는 발전과정을 설정하고, 그에 맞추어 『삼국사기』 초기 기사를 재편성하였다. 『삼국사기』 분해론으로 명명한 이 방법은 바야흐로 국가발전단계론이 우리 학계에서 비교적 안정적인 이론으로서 인정받았음을 의미한다. 그러나 이미 김철준·이기백·천관우·이종욱·김정배 등이 나름의 방식으로 한국사에 적용하였던 해석법인 만큼 얼마든지 자의적 변용이 가능한 이론으로 평가될 여지도 남겼다.

자의적 판단의 범위가 비교적 넓다는 지적에도 불구하고 노중국의 제안은 큰 반향을 일으켰다. 구체적인 해석은 조금씩 차이가 있지만, 기본적으로 이도학·김기섭·문안식·강종원 등도 분해론의 범주에서 크게 벗어나지 못했다. 이러한 경향은 고고학 쪽으로도 확산되었다. 그리하여 『삼국사기』 초기 기록에 긍정적이던 기존의 태도와 사뭇 다른 해석들이 제출되었는데, 한강유역에서 백제의 출발점을 대략 3세기 무렵으로 본다는 공통점이 있다. 박순발·권오영·김무중·성정용 등이 대표적이다.

분해론은 『삼국사기』 초기 기록을 신뢰하려는 시각에도 영향을 미쳤다. 건국시기는 대략적으로 인정하고 내용만 조금 조정하자는 것이다. 『삼국사기』와 『삼국지』 동이전은 편찬 동기와 목적이 서로 다르므로 『삼국사기』에서는 초기 백제사의 줄거리를 취하고 『삼국지』에서는 한반도의 사회상과 한중외교사를 취해 보완 연결하자는 제안에 따라 김수태, 정재윤, 윤용구 등이 마한 속에서 백제국의 성장과정을 다루었다.

백제의 건국시기에 관한 논쟁은 치열했다. 그리고 지금도 여전하다. 그런데도 아직 터널의 끝이 보이지 않는 것은 국가의 개념을 정의하고 각종 자료에 적용하는 작업이 더디게 진행된 데다 자의적인 해석도 적지 않았기 때문이다. 새로운 연구방법론과 관점을 확보하지 못하고 인접학문의 이론과 연구성과를 나름대로 원용하는 데에만 관심을 기울인 점도 문제이다. 다만, 앞으로 풍납동토성·몽촌토성·석촌동 고분군 등 백제의 주요 유적과 인근지역을 지속적으로 발굴조사하고 자료를 충실히 정리하며 연구를 진척시킨다면 조만간 터널의 끝을 찾을 수 있으리라 기대한다.

건국설화에서 백제의 첫 도읍은 하남위례성이다. 하남河南이란 '한강의 남쪽'이라는 뜻이다. 그렇다면 위례성慰禮城은 무슨 뜻일까? 이에 대해서는 여러 가지 해석이 있다.

첫째, '울타리'라는 견해이다. 조선 후기에 정약용이 위례와 위리圍哩의 음이 같다는 점에 착안해 나무울타리를 세우고 흙을 쌓아 만든 담이라고 풀이한 뒤 많은 학자가 뒤따랐다. '울잣' 혹은 '우리재', '우리', '울타리' 등 다양하게 풀이된다.

둘째, '한강'이라는 견해이다. 『삼국사기』「백제본기」 개로왕 21년조에 나오는 욱리하郁里河, 광개토왕릉비문의 아리수阿利水 등과 마찬가지로 한강의 이두吏讀식 다른 이름이라는 것이다.

셋째, '왕성王城' 내지 '대성大城'이라는 견해이다. 위례는 왕을 뜻하는 백제어 어라하於羅瑕의 '어라'처럼 왕 혹은 크다大라는 뜻을 지닌다는 것이다.

한강 남쪽의 위례성이 지금의 어디인지를 두고 그동안 많은 논의가 있었다. 1990년대 중반까지는 몽촌토성설이 가장 유력했다. 그러나 1997년에 풍납동토성을 발굴조사하면서부터 상황이 크게 달라졌다. 풍납동토성 조사 결과가 여러 부분에서 몽촌토성 조사 성과를 압도했기 때문이다.

풍납동토성 안에서는 말각방형 및 육각형 수혈집자리, 기와를 사용한 집자리 등 생활유구가 많이 발견되었다. 그리고 집자리를 감싸 도는 듯한 3중 환호環濠도 발견되었다. 시기적으로 가장 앞선 층위는 말각방형 집자리와 3중 환호이다. 발굴조사단은 풍납동식 민무늬토기에 타날문토기의 기술유형이 본격적으로 도입되는 시기에 말각방형 집자리와 3중 환호가 조성되었다면서 기원전 1세기에서 기원후 2세기 사이에 해당한다고 발표하였다. 그리고 그보다 조금 늦은 육각형 집자리가 대체로 2~3세기대에 집중되며, 나머지 몇몇 유구는 4~5세기대에 속한다고 보았다. 즉, 기원 전후한 무렵 말각방형 집자리에 거주하는 초기 백제 주민들이 환호를 건설하였고, 늦어도 2세기경에는 풍납동토성을 축조함으로써 환호를 폐기하였다는 것이다. 이러한 발굴조사보고를 중용하면 『삼국사기』「백제본기」는 비교적 신뢰도가 높으며, 한강 남쪽의 위례성은 풍납동토성이라는 결론을 얻게 된다.

풍납동토성 가지구 3중 환호 전경 (2001) | 국립문화재연구소

그러나 위의 편년안에 이의를 제기하는 연구자도 적지 않다. 1999년 9월부터 2000년 5월까지 풍납동토성 내부의 경당지구를 발굴한 한신대학교박물관은 1,200여 평의 범위 내에 속한 유구를 모두 3세기 후반~5세기 후반으로 편년하였다. 또, 3세기 전반경에 출현하는 타날문 깊은바리 및 계란모양토기가 환호 내부에서 출토된 점에 근거하여 환호는 대략 3세기 전반~중엽에 폐기되었고, 토성은 3세기 중엽 이후에야 축조되었다고 추정한 견해도 있다. 그렇다면 『삼국사기』 「백제본기」의 초기 기록은 신뢰도가 낮아지며, 위례성을 다른 곳에 비정해야 한다.

어떤 경우이든, 풍납동토성이 3중 환호를 대체했다는 사실은 매우 중요하다. 적어도 한강 남쪽에서는 풍납동 일대에 주민들이 가장 먼저 밀집 거주하였고, 그것이 백제의 국가 형성 내지 발전 과정을 시사한다고 볼 수 있기 때문이다. 즉, 3중 환호를 방어시설로 이용하던 주민들이 2세기 혹은 3세기경에 토성을 축조함으로써 새로운 형태의 방어체계를 구축했다는 것이다. 이는 곧 새로운 정치체제의 출현을 의미한다. 다만 3중 환호를 과연 국가단계와 연계시킬 수 있는가 하는 점과 3세기경의 풍납동토성도 둘레 3.5㎞의 대규모였을까 하는 점을 우선 밝혀야 한다.

3중 환호에 살던 사람들이 풍납동토성을 쌓았다는 해석은 『삼국사기』의 온조설화 내용과 다소 차이가 있다. 설화에서는 졸본부여로부터 남하한 온조집단이 주민이 거의 없던 한강유역에 닿자마자 강 남쪽에 위례성을 세운 것처럼 묘사하였다. 그러나 지금까지의 발굴조사 결과에 따르면, 3중 환호와 그 내부의 말각방형 집자리 단계는 초기 백제라고 지칭할 수 있을 정도로 이후의 단계와 분명히 이어진다. 3중 환호 단계와 풍납동토성 단계는 계기적 발전 양상을 보이는 것이다. 이는 종래 널리 알려진 백제의 정복국가적 이미지와도 조금 다른 모습이다.

풍납동토성 나지구 3중 환호 전경 (2001) | 국립문화재연구소

백제의 도읍이 오랫동안 한강유역에 있었다는 사실에 대해서는 고려시대부터 이미 의문의 여지가 없었다. 무엇보다 한산의 위치가 분명했기 때문이다. 『삼국사기』 지리지에 의하면, 신라의 한주漢州는 본래 고구려의 한산군漢山郡으로서 신라가 차지한 뒤 경덕왕景德王때 한주로 이름을 바꾸었는데 고려시대의 광주廣州에 해당한다. 이로써 삼국시대의 한산은 지금의 경기도 광주시에 위치한 남한산을 가리키며, 온조왕이 "한산 아래에 목책을 세우고 위례성의 민호民戶를 옮겼다"는 온조왕 13년 기사는 지금의 남한산 아래로 백제가 도읍을 옮겼다는 뜻이라고 믿게 되었다.

그렇다면 한산 아래로 도읍을 옮기기 전의 위례성은 어디였을까? 고려·조선시대의 학자들은 대개 직산稷山: 충남 천안시의 위례산성에 주목하였다. 그러니까 온조가 지금의 위례산성에서 나라를 세우고 13년 만에 한산 아래로 자리를 옮겼는데, 한산 아래의 새 도읍이 바로 한강 남쪽의 위례성이라는 것이다. 그리고 근초고왕 무렵에는 한강 북쪽의 한산으로 도읍을 다시 옮기고 한성이라 불렀노라고 풀이하였다.

백제의 위례성이 직산에 있었다는 막연한 믿음에 본격적으로 의문을 제기한 사람이 다산 정약용丁若鏞이다. 그는 『삼국사기』 「백제본기」 온조왕 13년 기사를 예로 들며 첫 도읍은 낙랑·말갈과 가까운 곳이며 "어제 순행을 나가 한수 남쪽을 보니"라고 했으므로 첫 도읍은 한강 북쪽에 있어야 한다고 풀이했다. 그러면서 한강 남쪽의 위례성을 하남위례성이라 했으니 한강 북쪽의 위례성은 하북위례성이라고 주장하였다. 이후 고산자 김정호도 온조가 나라를 세운 위례성은 한강유역이라고 생각했다.

그러나 한국의 근대 역사학을 선도한 일본인 학자들은 하북위례성에 전혀 관심을 기울이지 않았다. 츠다 소우키치津田左右吉는 위례성과 한산을 모두 남한산성에 비정하였는데, 이는 위례성이 곧 하남위례성이라고 생각했기 때문이다. 이마니시 류今西龍는 하남위례성을 광주, 한산을 남한산에 비정하고 하남위례성에서 한산으로 도읍을 옮겼다고 추정하였다. 아유카이 후사노신鮎貝房之進은 고고학적 관점에서 풍납동토성을 하남위례성으로 간주하였다. 이들이 백제의 천도과정을 소상히 밝히지 않은 것은 그만큼 관심이 적었던 탓도 있지만, 무엇보다 『삼국사기』 초기 기사를 믿지 않고 부정적으로 바라봤기 때문이다. 『일본서기』를 기준으로 백제는 근초고왕 무렵부터 실질적인 역사가 시작된다고 막연히 믿었던 탓에 온조왕 때의 천도기사는 나중에 지어낸 이야기라고 여긴 것이다.

해방 이후 한국의 역사학계는 일본 학자들의 방법론을 따랐다. 그러나 내용은 많이 달라졌다. 이병도는 정약용의 추론을 지지하였다. 다만, 한강 남쪽의 위례성이 곧 한성이라고 보는 등 세부적으로는 조금 다르다. 그는 하북위례성을 세검동 계곡 부근에 비정하고 하남위례성과 한성은 광주 춘궁리春宮里일대라고 단언하였다. 이로써 춘궁리라는 지명이 본격적으로 쓰이기 시작했지만 실상은 큰 차이가 없는 편이다.

고려시대 이래 많은 사람들이 한강 남쪽의 위례성을 광주 내지 광주고읍 혹은 남한산성에 비정하였다. 땅이름은 조금씩 다르지만, '광주≧광주고읍≧남한산성'이기에 기본적으로 발상과 근거는 같다. 조선시대 광주의 읍치는 남한산 북쪽 기슭에 있었으므로 광주 읍치가 곧 위례성의 터전이라는 발상이 팽배했다. 그런데 조선 후기에 광주 읍치가 남한산성 안으로 옮겨지자 온조왕이 남한산성에서 나라를 세웠다는 이야기가 생겼다. 이처럼 한강 남쪽의 위례성을 광주고읍이나 남한산성에 비정하는 견해는 기본적으로 같은 발상에서 나온 것임을 알 수 있다.

발상의 전환은 김영수에 의해 이루어졌다. 그는 한강 북쪽의 위례성이 임진강 남쪽 고양 부근에 있었을 것이며, 한강 남쪽의 위례성과 한성은 광장진 대안의 한남토성지漢南土城址일 것이라고 주장하였다. 한남토성지란 지금의 풍납동토성이다. 김영수의 견해는 독창적이면서도 백제 도성제 연구의 핵심을 정확히 짚었다는 점에서 시사하는 바가 매우 크다. 백제의 초기 중심지를 한강유역이 아닌 임진강유역에서 찾으려는 시도는 수십 년이 지나 각종 고고자료를 보탠 뒤에야 새삼 동조자를 만났으며, 풍납동토성을 한강 남쪽의 위례성과 한성의 유지로 꼽은 것도 역시 수십 년 뒤에야 본격적으로 논의되기 시작했다. 김영수는 단순한 상식선의 지명 비정에 그치던 위례성 문제를 북방세력의 남하·이주라는 역사적 배경과 유적 중심의 고고학적 관점에서 재해석하고 새로운 접근법을 모색함으로써 백제사 연구 수준을 한층 향상시켰으나 추론 과정과 방법이 조금 거칠고 임진강을 언급한 것이 당시로선 다소 엉뚱해서인지 별다른 호응을 얻지는 못했다.

김영수의 제안 이후에도 학계의 추론은 지극히 평이한 방향으로 흘렀다. 이홍직은 한강 남쪽의 위례성을 춘궁리 일대, 한성과 한산을 남한산성에 비정하였다. 이는 위례성을 한성과 같은 곳으로 보던 이병도의 견해를 조금 수정한 것인데, 이로써 지금의 하남시 춘궁동일대에 주목하는 견해가 한동안 대세를 이루었다.

1970년대부터 서울시를 중심으로 지역 개발이 활기를 띠자 고고학의 역할과 기여도가 더욱 높아졌다. 자연히 유적을 구체적으로 지목하며 논증하려는 노력도 늘었다. 당시 이성산성에 주목하거나 몽촌토성을 위례성과 연관지은 견해는 모두 단순 추론이지만 고고학의 위력이 발휘될 조짐이었다.

몇 차례의 조사를 거쳐 1980년대에는 석촌동고분군이 백제의 왕실 묘역으로 인정받았다. 그러자 인근의 백제 유적들이 새삼 주목받았다. 김정학은 한강 남쪽의 위례성을 풍납동토성, 한산을 남한산성에 각각 비정하며 부근 유적에 주목하라고 제안하였다. 차용걸은 몽촌토성이 석촌동고분군으로부터 불과 2㎞정도 떨어져있다는 사실을 새삼 강조하면서 위례성과 한성이 모두 몽촌토성과 이성산성 사이에 해당하리라고 추정하였다. 그는 특히 역사지리적 관점에서 중랑천유역의 지형조건에 주목하고 하남위례성으로부터 한나절 거리에 위치했을 하북위례성의 터전이라고 지목했는데, 역사학과 고고학을 유연하게 혼용한 결과인지라 적지 않은 반향을 일으켰다.

88 서울 올림픽 유치 여파로 1983년부터 몽촌토성을 발굴조사하게 되자 많은 자료가 쏟아졌다. 그리고 몽촌토성은 가장 유력한 하남위례성의 흔적으로 평가받기 시작했다. 성주탁은 그간의 발굴조사 성과를 적극 활용하며 몽촌토성-공산성-부소산성으로 이어지는 도성체계를 구성하고 주변 나라 도성과의 비교를 통해 검증하려 하였다. 그리하여 하남위례성을 몽촌토성, 춘궁리 일대를 한성에 각각 비정하였으며, 한산은 남한산성 혹은 이성산성이 유력하다고 추정하였다. 같은 시기에 발표된 최몽룡·권오영의 생각도 거의 같았다. 다만, 한산을 이성산성으로 확정하고 하북위례성→하남위례성→한산→한성의 천도과정을 추론한 점이 다소 다를 뿐이다.

김기섭은 기본적으로 성주탁의 연구방법을 크게 벗어나지 못했다. 그리하여 하북위례성을 중랑천 일대에서 찾고 하남위례성은 몽촌토성에 비정하였다. 다만, 한성에 대해서는 해석이 크게 달랐다. 한강 남쪽의 위례성을 기준으로 근초고왕 때 도성 범위를 확대한 것이 한성이라고 풀이하였다. 중국 춘추전국기의 도성들처럼 한성도 왕성王城=南城과 거민성居民城=北城으로 구성되었으며, 주축인 거민성에는 관청을 비롯한 주요시설과 별도의 왕궁까지 있었으리라 추정하였다. 그러나 얼마 뒤 김기섭은 백제가 처음부터 한강 남쪽의 위례성에서 시작했으며, 한성을 구성한 남성(몽촌토성)과 북성(풍납동토성) 가운데 북성이 위례성이었다고 견해를 수정하였다. 이러한 해석은 몽촌토성을 늦어도 3세기 후반에 쌓았다는 발굴조사단의 편년을 부정하고 4세기 무렵으로 축조시기를 조정하려는 시도이므로 논란의 여지가 있다.

이도학도 한강 남쪽의 위례성을 몽촌토성에 비정하고 한성을 위례성이 확대된 것으로 이해하였다. 그는 몽촌토성을 왕성, 풍납동토성을 이궁성離宮城이라 부르고, 한산을 북한산성에 비정하였다. 즉, 근초고왕 때 고구려를 압박하기 위해 한강 남쪽의 위례성에서 한강 북쪽의 한산으로 도읍을 옮겼다가 나중에 다시 위례성을 확대한 한성으로 되돌아왔다는 것이다.

강인구는 『삼국사기』의 온조설화를 근거로 삼아 하북위례성은 애초부터 없었다고 풀이하였다. 그리고 고고학적 입장에서 위례성은 풍납동토성, 한산은 뚝섬지구, 한성은 몽촌토성에 각각 비정하였다. 풍납동토성의 입지조건과 규모 및 구조, 뚝섬에서 발견된 금동불상, 몽촌토성의 입지조건과 발굴성과 등을 참작한 결과였다. 처음에 한강 남쪽의 위례성에서 나라를 세우고 나중에 왕의 거처를 한성으로 옮겼으며, 근초고왕 때 한강 북쪽의 한산으로 도읍을 옮겼다가 곧 한성으로 되돌아왔다는 해석이다.

이형구는 위례성이 곧 한성이라는 관점에서 백제의 왕성은 오직 풍납동토성뿐이라고 주장하였다. 문헌자료는 물론 유적의 입지·규모·구조 등을 감안할 때 풍납동토성이 백제의 왕성이며, 몽촌토성은 유사시를 대비한 산성으로서 군성軍城이기에 왕성일 수 없다고 단언하였다. 이형구의 주장과 실증해 보이려는 불굴의 노력은 풍납동토성 발굴 및 보존에 큰 영향을 미쳤으며, 김태식의 적극적인 지지를 얻었다.

1990년대 후반부터 풍납동토성은 일약 백제 도성제의 핵심으로 떠올랐다. 성벽 절개조사를 통해 판축한 성벽의 높이가 대략 11m 안팎, 하부 폭은 최소 43m라는 사실이 밝혀지고, 토성 안에서 대형건물지와 최고급의 유물들이 속속 출토되었기 때문이다. 이제 더 이상 논란의 여지는 없을 듯했다. 어느덧 풍납동토성이 백제의 도읍으로서 대세를 이루고 있었다.

그래도 박순발은 몽촌토성을 백제의 초기 왕성으로 추정하였다. 그는 몽촌토성 발굴조사를 주도한 경험에 기초하여 몽촌토성의 축성시기를 늦어도 3세기 중엽 이전으로 조정하고, 다른 한편으로는 풍납동토성의 축성 시기를 3세기 중엽 이후로 판단하였다. 풍납동토성보다 몽촌토성을 먼저 쌓았다는 것이다. 풍납동토성을 발굴조사한 문화재연구소의 편년안과 비교하면 무려 3세기 가량이나 차이가 나므로 당연히 학계에 논란이 일었다. 결론은 아직 내려지지 않았지만, 한성시기 백제 유적과 유물의 편년이 아직 안정적이지 않다는 사실을 새삼 지적한 셈이다.

여호규는 위례성을 풍납동토성, 한산과 한성을 몽촌토성에 각각 비정하였다. 위례성을 달리 부른 이름이 하남위례성이고, 한산과 한성은 같은 곳이며, 천도과정도 위례성→한산→위례성 순이었다고 주장하였다.

풍납동토성 발굴조사를 주도한 신희권은 위례성을 풍납동토성에 비정하고, 한성을 남성과 북성의 합칭으로 이해하였다. 북성을 풍납동토성, 남성을 몽촌토성으로 인식한 점은 김기섭·이도학·박순발 등과 같지만, 남성(몽촌토성)의 기능을 유사시에 대비한 군성으로 한정하고 풍납동토성이 줄곧 백제 도성의 주축이었음을 강조하였다.

이상, 위례성에 대한 학계의 논의를 간단히 정리해보았다. 연구자의 의견이 제각기 달라 한데 묶어내기 어렵지만 일종의 흐름이랄까 대체적인 경향은 찾을 수 있다. 1980년대까지만 해도 대체로 백제가 한강 북쪽에서 건국한 다음 한강 남쪽으로 도읍을 옮겼다고 이해하였지만, 1990년대부터는 한강 남쪽의 위례성이 백제의 출발지라고 풀이하는 연구자가 다수이다. 그리고 하남위례성의 위치에 대해서는 1970년대까지 춘궁리 일대가 가장 유력했으나, 1980년대에 몽촌토성이 자주 거론되었고, 1990년대부터는 풍납동토성에 이목이 집중되고 있다. 이러한 흐름은 무엇보다 고고학의 성장과 유적 발굴성과에 힘입은 것으로서, 문헌사학의 한계와 앞으로의 지향점을 암시해주고 있다.

십제十濟와 백제百濟

백제는 마한馬韓 54국의 하나인 백제국伯濟國이 커진 나라이다. 건국설화에는 기원전 18년에 졸본부여 왕녀와 주몽 사이에서 태어난 온조가 백제를 세웠다고 전한다. 온조는 형 비류와 함께 졸본부여에서 오간烏干·마려馬黎 등 열 명의 신하와 백성들을 이끌고 남쪽으로 내려와 한산漢山에 이르렀다. 형제는 부아악負兒嶽에 올라 나라를 세울 만한 땅을 살폈는데, 비류는 미추홀彌鄒忽을 선택하였고, 온조는 한강 남쪽의 위례성에서 백제를 세웠다. 이를 통해 백제는 부여·고구려 등의 북방계통과 마한 등의 남방계통 주민으로 구성된 나라임을 알 수 있다.

『삼국사기』

편찬연대	고려 인종 23년(1145)
편 찬 자	김부식 외 10인
분 량	50권
비 고	백제본기(6권)

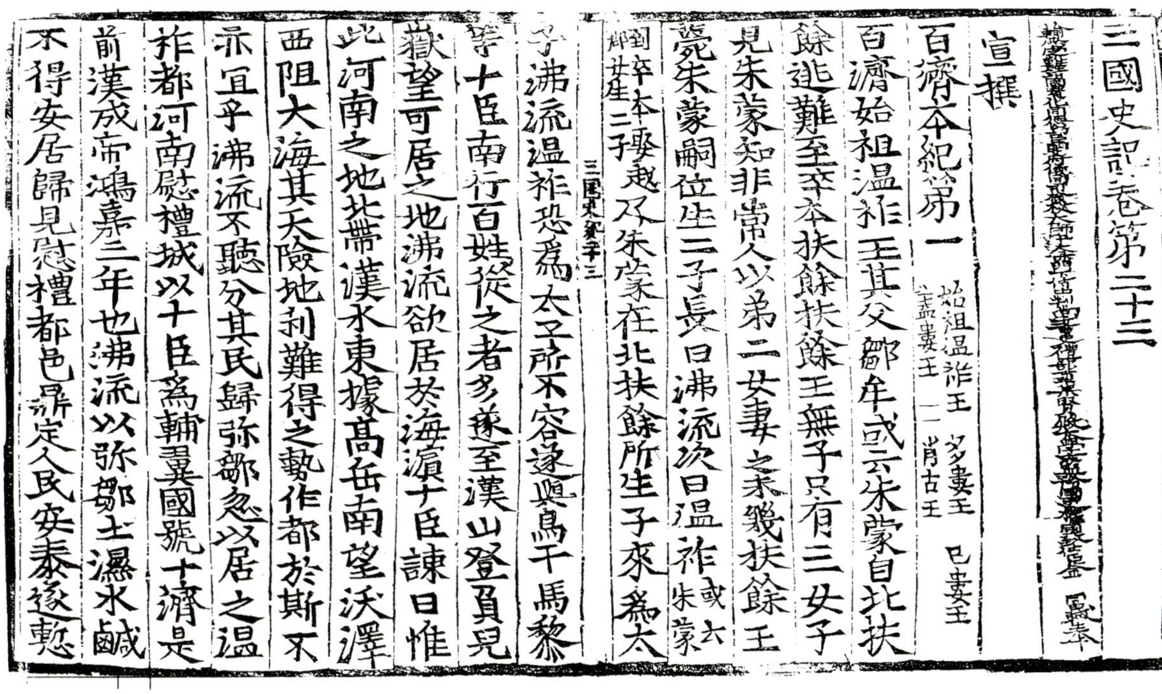
三國史記卷第二十三
宣撰
百濟本紀第一 始祖溫祚王 多婁王 己婁王 蓋婁王 肖古王
百濟始祖溫祚王其父鄒牟或云朱蒙自北扶
餘逃難至卒本扶餘扶餘王無子只有三女子
見朱蒙知非常人以第二女妻之未幾扶餘王
薨朱蒙嗣位生二子長曰沸流次曰溫祚或云朱蒙
到卒本娶越郡女生二子及朱蒙在北扶餘所生子來爲太
三國史記卷第二十三
子沸流溫祚恐爲太子所不容遂與烏干馬黎
等十臣南行百姓從之者多遂至漢山登負兒
嶽望可居之地沸流欲居於海濱十臣諫曰惟
此河南之地北帶漢水東據高岳南望沃澤
西阻大海其天險地利難得之勢作都於斯不
亦宜乎沸流不聽分其民歸彌鄒忽以居之溫
祚都河南慰禮城以十臣爲輔翼國號十濟是
前漢成帝鴻嘉三年也沸流以彌鄒土濕水鹹
不得安居歸見慰禮都邑鼎定人民安泰遂慙

백제의 시조 온조왕은 … 한수 남쪽의 위례성에 도읍을 정하고 열 명의 신하를 보좌로 삼아 국호를 십제十濟라 하였다. 이 때가 전한前漢 성제成帝 홍가鴻嘉 3년(18BCE)이었다. … 백성들이 즐겨 따랐다 百姓樂從고 하여 국호를 백제百濟로 고쳤다.

(『삼국사기』 권23 백제본기1, 시조 온조왕 즉위년)

『삼국지』

편찬연대	290년경
편 찬 자	진수陳壽
분 량	65권
비 고	「위서」 동이전

『삼국지』에 백제는 3세기 중엽까지 마한 54개 소국小國 중 하나인 백제국伯濟國으로 나온다. 이에 백제는 2~3세기 무렵에 건국되었다고 추정되기도 한다.

<韓>在帶方之南 東西以海爲限 南與倭接 方可四千里 有三種 一曰馬韓 二曰辰韓 三曰弁韓 辰韓者 古之辰國也 馬韓在西 其民土著 種植 知蠶桑 作綿布 各有長帥 大者自名爲臣智 其次爲邑借 散在山海間 無城郭

有爰襄國·牟水國·桑外國·小石索國·大石索國·優休牟涿國·臣濆沽國·伯濟國·速盧不斯國·日華國·古誕者國·古離國·怒藍國·月支國·咨離牟盧國·素謂乾國·古爰國·莫盧國·卑離國·占離卑國·臣釁國·支侵國·狗盧國·卑彌國·監奚卑離國·古蒲國·致利鞠國·冉路國·兒林國·駟盧國·內卑離國·感奚國·萬盧國·辟卑離國·臼斯烏旦國·一離國·不彌國·支半國·狗素國·捷盧國·牟盧卑離國·臣蘇塗國·莫盧國·古臘國·臨素半國·臣雲新國·如來卑離國·楚山塗卑離國·一難國·狗奚國·不雲國·不斯濆邪國·爰池國·乾馬國·楚離國 凡五十餘國 大國萬餘家 小國數千家 總十餘萬戶

辰王治月支國 臣智或加優呼臣雲遣支 報安邪踧支濆臣離兒不例拘邪 秦支廉之號 其官有魏率善·邑君·歸義侯·中郎將·都尉·伯長.

한은 대방의 남쪽에 있다. 동쪽과 서쪽이 바다로 끝나고 남쪽은 왜와 맞닿아서 사방 4천리 정도이다. 세 종류가 있으니 첫째는 마한, 둘째는 진한, 셋째는 변한이다. 진한은 옛날의 진국이다. 마한은 서쪽에 있다. 그 백성들은 토착생활을 하며 곡식을 심고 누에치기와 뽕나무를 가꿀 줄 알며 무명을 만든다. 각각 우두머리가 있어서 세력이 큰 자는 스스로를 신지라고 부르고, 그 다음은 읍차라고 한다. 흩어져서 산과 바다 사이에 살며, 성곽은 없다. 원양국, 모수국, 상외국, 소석색국, 대석색국, 우휴모탁국, 신분고국, 백제국, 속로불사국, 일화국, 고탄자국, 고리국, 노람국, 월지국(목지국), 자리모로국, 소위건국, 고원국, 막로국, 비리국, 고비리국, 신흔국, 지침국, 구로국, 비미국, 감해비리국, 고포국, 치리국국, 염로국, 아림국, 사로국, 내비리국, 감해국, 만로국, 벽비리국, 구사오단국, 일리국, 불미국, 지반국, 구소국, 첩로국, 모로비리국, 신소도국, 막로국, 고랍국, 임소반국, 신운신국, 여래비리국, 초산도비리국, 일난국, 구해국, 불운국, 불사분사(야)국, 원지국, 건마국, 초리국 등 모두 50여국이 있다. 큰 나라는 만여 가이고 작은 나라는 수천 가이니, 모두 합쳐 십여 만 호이다. 진왕은 월지국(목지국)을 다스린다. 신지에게 높여 부르는 이름으로 신운견지보 안야척지분 신리아부례 구야진지렴이라고 덧붙여 부르기도 한다. 관직으로는 위솔선·읍군·귀의후·중낭장·도위·백장이 있다.

(『삼국지』 권30 위서 동이전 한조)

088 **덧띠토기** 粘土帶土器
화성 발안리 1호 널무덤 | 높이 16.2
국립중앙박물관

089 **검은간토기** 黑陶長頸壺
화성 발안리 1호 널무덤 | 높이 18.7
국립중앙박물관

090 **덧띠토기** 粘土帶土器
화성 발안리 2호 널무덤 | 높이 14.3
국립중앙박물관

091 **검은간토기** 黑陶長頸壺
화성 발안리 2호 널무덤 | 높이 16.8
국립중앙박물관

092 **잔 盞**
화성 발안리 32호 구상유구 | 높이 9.8
국립중앙박물관

093 **덧띠토기 粘土帶土器**
가평 대성리 6호 집자리 | 높이 8.1
국립중앙박물관

094 **뚜껑 蓋**
화성 동학산 2호 환호 | 높이 7.6
국립중앙박물관

095 **덧띠토기 粘土帶土器**
화성 동학산 2호 환호 | 높이 22.1
국립중앙박물관

096 **덧띠토기 粘土帶土器**
화성 동학산 4호 환호 | 높이 11.7
국립중앙박물관

097 **굽다리접시 豆形土器**
화성 동학산 2호 환호 | 높이 11.0
국립중앙박물관

02

더 큰 나라로

02-1.

위례성에서 한성으로

『삼국사기』「백제본기」 온조왕 14년조에는 "가을 7월에 한강 서북쪽에 성을 쌓고 한성의 주민을 나누어 살게 하였다"는 기사가 있다. 위례성을 어느 결에 한성으로 바꿔 부른 것이다.

이후 한성이라는 이름은 4세기 이후의 기사에서만 나타난다. 비류왕 24년(327)에 내신좌평 우복優福이 북한성北漢城에서 반란을 일으켰다는 기사, 아신왕이 한성 별궁에서 태어났다는 기사, 전지왕이 즉위할 때 한성인 해충解忠이 도움을 주었다는 기사, 개로왕 21년에 한성이 함락되고 왕이 죽임을 당하였다는 기사 등이 그것이다. 온조왕 때 기사에 주로 나오는 이름은 위례성인데, 그 중 온조왕 14년 · 25년조에만 한성이라는 이름이 나온다. 그리고 나머지 한성이라는 이름은 적어도 300년 뒤인 비류왕 때부터 빈번하게 나타나기 시작한다. 그래서 온조왕 때의 한성이라는 이름은 다소 생뚱한 느낌마저 준다.

그러고 보면 『삼국사기』「백제본기」에서 온조왕과 아신왕 사이의 400년 가까운 기간에는 왕성·도성의 이름이 거의 나타나지 않는다. 그냥 도성·왕도·왕성 등의 보통명사만 보일 뿐이다. 이는 백제의 중심지 이름이 중국식으로 바뀌는 과정을 시사하며, 위례성과 마찬가지로 한성도 왕이 사는 곳을 뜻하는 보통명사가 고유명사로 변한 것일 개연성을 높여준다. 마침 한성은 '큰 성大城'을 중국식으로 바꾼 이름에 불과하다는 점에서 왕성·대성을 뜻하는 위례성과 통하는 면이 있다. 위례성과 한성은 같은 곳을 달리 부른 이름일 수 있는 것이다.

위례성에서 한성으로의 명칭 변화

번호	왕 이름	시기	연대	명칭
1	온조왕	즉위년	18 BCE	하남위례성河南慰禮城, 위례慰禮
		8	11	위례성慰禮城
		13	6	왕도王都
		13	6	위례성慰禮城
		14	5	한성漢城
		17	2	위례성慰禮城
		25	7 CE	한성漢城
		41	23	위례성慰禮城
2	기루왕	13	116	도성都城
3	초고왕	22	187	왕도王都
4	구수왕	7	220	왕성王成
		9	222	왕도王都
5	책계왕	즉위년	286	위례성慰禮城
6	비류왕	13	316	왕도王都
		24	327	북한성北漢城
7	아신왕	즉위년	392	한성漢城
8	전지왕	〃	405	한성漢城
		2	406	한성漢城
9	개로왕	21	475	한성漢城
10	문주왕	즉위년	475	한성漢城

〈위례성에서 한성으로의 명칭 변화〉표는 온조왕 때의 도성관련 기사가 매우 혼란스럽다는 사실을 보여준다. 위례성→왕도→한성의 변화 양상을 예고하듯 압축해서 보여주기 때문이다. 이는 아무래도 온조왕 기사의 기년에 문제가 많다는 사실과 연관지어 이해할 필요가 있는데, 4세기 이후의 사건을 마치 건국 초기의 일인 양 소급 기재한 『삼국사기』「백제본기」의 한계가 다시 한번 드러났다고 볼 만하다. 다만, 없던 사실을 조작해낸 것이 아니라 시행 주체를 바꾸고 시기를 소급시킨 정도라는 점에서 시사성은 충분히 인정된다.

위례성에서 한성으로 이름을 바꾸었다면, 이는 한화漢化정책의 결과라고 할 수 있다. 우리 역사에서 한화정책이란 보통 중국의 선진적인 제도와 문화에 대한 이해가 더욱 깊어지자, 그에 맞추어 자신들의 정치구조를 개혁하는 과정에서 드러나는 일종의 정치적 제스츄어로서 해석된다. 따라서 위례성에서 한성으로의 변화는 단순한 명칭 변경이 아니라 백제 도성제의 변화를 의미한다.

한성은 위례성과 달리 구조가 독특했다. 다음의 『삼국사기』 기록들은 모두 한성의 독특한 구조를 단편적으로 알려준다.

ⓐ 처음에 한성 별궁에서 태어났을 때 신비로운 광채가 밤을 밝히었다.(아신왕 즉위년)

ⓑ 가을 9월에 고구려 왕 거련巨璉이 군사 3만 명을 이끌고 와서 왕도 한성을 에워쌌다. 왕은 성문을 닫고, 나가 싸우지 못하였다. 고구려인이 군사를 네 갈래로 나누어 협공하였다. 또 바람을 타고 불을 놓아 성문을 불태우니, 인심이 매우 불안해져서 간혹 나가서 항복하려는 자도 있었다. 왕이 궁색해져 어찌할 바를 몰라 기병 수십을 거느리고 성문을 나가 서쪽으로 달아나니, 고구려인이 쫓아가 살해하였다.(개로왕 21년)

ⓒ 이때에 이르러 고구려의 대로對盧인 제우齊于·재증걸루再曾桀婁·고이만년古爾萬年 등이 군사를 거느리고 와서 북성北城을 공격하여 7일 만에 빼앗고 남성南城으로 옮겨 공격하니, 성 안이 매우 두려워하였다. 왕이 나가 도망가자 고구려 장수 걸루 등이 왕을 보고는 말에서 내려 절한 다음 왕의 얼굴을 향해 세 번 침을 뱉으며 그 죄를 헤아리고, 포박하여 아차성阿且城 아래로 보내 죽였다.(개로왕 21년)

위의 기록 중 ⓐ는 한성에 정궁과 별궁이 따로 있었음을 시사한다. ⓑ를 통해서는 고구려 군대를 한성에서 맞아 싸울 정도로 한성이 군사적 기능을 겸하였음을 알 수 있다. 이는 외적이 침입했을 때 왕이 주변의 산성으로 대피하여 농성하는 이른바 산성 중심의 도성방어체제와 크게 다른 방식이다. ⓑ의 상황을 자세하게 부연 설명한 ⓒ는 한성이 남·북 2개의 성으로 구성되었음을 알려준다.

한성의 구조와 관련하여 가장 주목되는 것은 ⓒ이다. ⓑ의 "고구려가 한성을 공격하여 함락시키고 왕을 사로잡았다"라는 내용을 ⓒ에서는 "고구려가 북성을 공격하여 7일 만에 빼앗자 남성의 왕이 도망가다 사로잡혔다"로 자세하게 풀어놓았는데, ⓑ의 한성과 ⓒ의 북성·남성이 서로 대응하기 때문이다. 이는 마침 『일본서기』 권14 웅략기 20년조의 백제기百濟記에 이르기를, "개로왕 을묘년 겨울에 이리(고구려)의 대군이 와서 대성大城을 7일 낮 7일 밤 동안 공격하여 왕성이 함락되니 마침내 위례를 잃었다. 국왕과 대후, 왕자 등이 모두 적의 손에 죽었다"는 기사와 대비할 경우 북성=대성, 남성=왕성이라는 등식을 성립시키기도 한다. 북성은 크고 남성은 상대적으로 작았던 것이다.

한성이 북성과 남성을 합한 이름이라고 할 때, 이에 걸맞는 사례로서 중국 고대의 도성을 예시할 수 있다. 특히, 통일을 목표로 열국이 치열하게 경쟁한 전국시대의 도성 중 한단고성邯鄲故城·임치고성臨淄故城·연하도고성燕下都故城 등은 둘레 10여 ㎞가 넘는 백성 주거용 대성과 비교적 작은 규모의 왕성을 합한 이름이다. 그런데 특이한 점은 대성 속에 왕성이 있는 이른바 내성외곽內城外郭의 형태가 아니라, 대성의 바깥 서남쪽에 왕성이 연접하거나臨淄故城 대성으로부터 60m 혹은 1㎞ 가까이 멀리 떨어진 산기슭에 왕성이 위치한다邯鄲故城는 것이다. 지형을 적절히 이용함으로써 북위北魏·당唐의 도성처럼 방위에 크게 구애되지 않았으며, 왕성을 비교적 높은 지대에 배치하였다는 점도 위 3성의 공통된 특징이다.

조趙의 한단성은 내성이 평지의 곽성 바깥으로 나와 구릉성 산지에 따로 축조되어, 아예 곽성을 대북성大北城, 내성을 조왕성趙王城이라고 부른다. 제齊의 임치성도 비슷하여 북쪽의 낮은 지대에 대성, 서남쪽 높은 지대에 소성營邱城으로 엄밀히 구분된다. 따라서 한단성이란 보통 대북성과 조왕성을 합한 이름이며, 조금 더 범위를 좁히면 일반 백성들이 거주하던 대북성을 주축으로 조왕성을 포함한 이름이라고 할 수 있다. 임치성도 대성을 중심으로 소성을 포괄하는 이름이다. 내성외곽의 개념이 비교적 분명한 중국에서는 외곽을 기준 삼아 성곽의 이름을 정하는 것이 원칙이기 때문이다.

한단고성 등의 구조를 백제의 한성에 적용하면, 『삼국사기』의 북성과 남성은 한단성의 대북성과 조왕성에 각각 대응하는 것으로 볼 수 있다. 그리고 『일본서기』의 대성과 왕성도 '대성 남쪽의 왕성'일 개연성이 높음을 알 수 있다. 그렇다면 백제의 북성은 관청과 각 계층의 주거지가 몰려있던 이른바 거민성居民城으로서 대규모의 곽성이며, 남성은 왕을 비롯한 핵심 지배층이 거주하던 높은 지대의 왕성이 되는 셈이다. 그리고 이 둘을 합한 것이 바로 한성이다.

사료 ⓐ에 나오는 별궁이 어디에 있었는지는 분명치 않다. 남성이 왕성이므로 별궁은 북성에 있어야 하지만, 백제의 도성 운영이 세부적인 면까지도 한단성·임치성과 같았는지는 단언하기 어렵다. 백제 한성의 북성·남성 체제가 고구려의 국내성國內城·환도산성丸都山城처럼 유사시에 왕이 산성으로 피신하여 방어하는 이른바 산성중심의 방어체계를 변형한 것이라면, 한성의 정궁은 오히려 북성에 세워졌을 개연성이 있다.

정궁이 어느 쪽에 있었든 한성의 중심은 북성이었다. 그것은 왕궁의 위치에 관계없이 한단성에서는 북성, 임치성에서는 대성이 각각 주축이었다는 사실을 통해 유추할 수 있다. 백제의 경우도 『삼국사기』의 북성·남성을 『일본서기』의 대성·왕성에 직접 대입하여 북성=대성, 남성=왕성으로 이해할 수 있는데, 대성은 한성 그 자체를 의미한다.

백제의 한성을 구성한 북성과 남성은 각각 지금의 풍납동토성과 몽촌토성에 비정된다. 두 토성 사이의 거리는 불과 700m 정도이며, 그 사이에 펼쳐진 평지를 작은 내가 구불구불 가로지를 뿐이다. 풍납·몽촌토성으로부터 남쪽 3㎞ 범위 이내에 백제 지배층의 묘역으로 알려진 석촌동·가락동고분군이 위치한다. 그리고 한강유역에서 큰 성大城이라는 이름에 걸맞는 성곽을 찾아보면 풍납동토성이 단연 돋보인다. 이러한 모든 점들이 풍납동토성을 대성, 곧 한성의 북성으로 간주케 하며, 몽촌토성이 그와 연계된 남성임을 입증한다.

그런데 한성이 북성과 남성으로 이루어졌다는 사실은 한성시대 말기인 개로왕대의 상황을 토대로 추출한 것인 만큼, 그 이전의 도성제를 설명하는 데에는 한계가 있다. 한성이 언제부터 남·북 2성으로 나뉘었는지를 밝혀야 한다.

중국 연하도고성의 경우, 대형 건물지가 밀집 분포한 동성東城의 축조연대가 일반주거지 및 농경지를 감싼 서성西城보다 조금 일찍 축조된 것으로 알려진다. 한단고성도 조왕성의 축조는 대북성 확장의 일환이라고 한다. 또, 조왕성 내에서도 서성은 구릉의 경사면에 걸치며 정방형의 구획을 보여주는 반면, 동성과 북성은 곳에 따라 성벽을 굴절시켰을 뿐 아니라 하천을 포함하는 등 서성에 잇대어 증축한 흔적이 뚜렷하다.

백제의 한성 또한 기존의 북성에 새로 남성이 덧붙여진 형태였을 것이다. 이러한 추정을 뒷받침하는 기록이 바로 『삼국사기』「백제본기」 근초고왕 26년조의 "도읍을 한산으로 옮겼다"는 기사이다. 위의 기사에 따르면, 근초고왕은 26년(371)에 고구려의 평양성을 공격해 고국원왕을 죽이는 큰 승리를 거두고 돌아와 한산으로 도읍을 옮겼다.

위의 기사에 대해 고구려의 대대적인 보복공격에 대한 방비로 해석하는 견해가 있다. 그러나 왕을 잃은 고구려가 곧바로 반격하기란 쉽지 않을 것이다. 그런데도 백제는 철수하자마자 서둘러 한겨울에 도읍을 옮겼으니 평범한 일은 아니다. 더욱이 근초고왕의 재위기간 내내 백제는 고구려와의 전투에서 승리하였고, 정치·문화적으로도 많은 치적을 남겼다. 그래서 근초고왕은 백제 역사상 가장 뛰어난 왕이라고 평가될 정도로 백제의 전성기를 구가한 인물이다. 이처럼 자신감이 넘치던 시절의 백제가 고구려의 보복이 두려워 일시적으로 도읍을 옮겼다고 보기는 어렵다.

근초고왕이 한산으로 도읍을 옮긴 것은 적극적인 북진정책을 펴기 위해서라고 보기도 한다. 당시 백제는 고구려에 대해 적극적인 공세를 폈으며, 그 결과 고구려와 조금이라도 더 가까운 한강 북쪽의 한산으로 도읍을 옮겼다는 것이다. 그러나 한겨울에 퇴각하자마자 아무런 준비 없이 도읍을 옮기기란 결코 쉬운 일이 아니기 때문이다. 여기의 한산이 지금의 서울지역을 벗어나지 못하는 곳이라면 그리 가까운 곳으로 굳이 도읍을 옮겨야 했는지 의문이 생긴다. 적어도 기록상으로는 근초고왕이 도읍을 옮긴 이후 고구려에 특별한 공세를 취했다고 볼 수 없다는 점도 주목된다.

근초고왕이 한산으로 도읍을 옮긴 뒤 다시 한성으로 돌아왔다는 기록은 없다. 이 때문에 한산이 곧 한성이며, 한성은 지금의 몽촌토성이라는 주장이 제기되기도 했다. 그러나 한산과 한성이 같을 수는 없다. 한산에는 절이 세워지고 책柵·산성과 같은 군사시설이 설치되었다. 그리고 여러 차례 왕이 가서 사냥했을 정도로 그 범위가 넓다. 이런 점을 감안해야 한다.

한산에는 한산성이 있었으므로, 이곳으로 도읍을 옮겼다고 볼 수도 있다. 그러나 근초고왕 26년조의 한산과 한산성·한성은 분명히 구분되는 이름이다. 따라서 왕이 한성으로 다시 옮겼다는 기사가 없는 이유를 설명하지 않으면 안 된다. 기사가 누락되었기 때문이라는 견해도 있으나, 천도는 국가적으로 매우 중대한 사안이므로 누락하기도 쉽지 않을 것이다. 신라의 경우, 자비마립간 18년(475)에 왕이 명활성明活城으로 옮겨 거주하였다가 소지마립간 10년(488)에 다시 월성으로 돌아온 사실이 『삼국사기』「신라본기」에 명확히 기재되어 있다.

여기에서 다시 생각해보아야 할 것은 근초고왕 26년 "도읍을 한산으로 옮겼다移都漢山"는 기사가 너무 짧다는 점이다. 그리고 전혀 다른 내용인 "왕이 군사를 이끌고 물러났다王引軍退"는 기사와 억지로 연결되어 있다는 점이다. 어느 달月에 도읍을 옮겼는지에 대한 설명도 없다. 『삼국사기』「고구려본기」에 의하면 고국원왕이 날아오는 화살에 맞아 죽은 것은 10월 23일인데, 「백제본기」에는 같은 사건이 단지 '겨울'에 일어난 것으로 되어 있다.

기록이 이처럼 엉성한 이유는 초기 기사 때문이다. 온조왕기를 비롯해 초기의 몇몇 왕대에 후대의 기록이 집중적으로 소급 적용된 탓이다. 앞에서 이미 지적하였듯이, 『삼국사기』「백제본기」의 시간 개념으로부터 조금만 벗어나면 우리는 온조왕기와 근초고왕기의 부분적 연관성뿐 아니라 온조왕기와 문주왕기의 연관성까지도 발견할 수 있다. 그런 점에서 온조왕 13년조의 '한산 아래에'는 근초고왕 26년조의 '한산으로'와 같은 맥락이라고 이해해야 한다. 즉, 근초고왕이 도읍을 옮긴 곳은 한산의 정상 근처에 있던 한산성이 아니라 '한산 아래'였던 것이다.

'한산 아래'란 사실상 한성과 같은 지역이다. 다만, 지형적으로 한산과 직접 연결되어 기존의 한성보다는 해발고도가 높은 곳이기 때문에 표현이 다를 수 있었다. 한산 자락에 기존의 대성보다 군사적 기능에 더욱 충실하면서도 왕의 권위를 나타낼 수 있는 또 하나의 성이 세워졌고, 이곳으로 근초고왕 26년경 왕이 거처를 옮긴 것이다. 이로써 이른바 북성과 남성으로 이루어진 새로운 형태의 한성이 출현했는데, 이는 고구려의 국내성-환도산성山城子山城으로 구성된 도성체제에서 안학궁安鶴宮-대성산성大城山城체제를 거쳐 장안성의 북성北城-내성內城-중성中城-외성外城체제로 발전하는 길목에 해당한다.

국내성과 환도산성의 성벽간 거리는 약 2.5㎞이고, 안학궁성과 대성산성은 약 1.2㎞ 떨어져 있다. 그런데 양원왕 8년(552)부터 쌓기 시작한 장안성 단계에 이르면 내성과 외성이 비록 서로 떨어져 있다 해도 하나의 성벽으로 연결되는 것이다. 이에 비추어보면 성벽간 거리가 대략 700m정도인 풍납동토성과 몽촌토성은 고구려의 장안성처럼 왕성과 거민성의 성벽이 서로 연결되기 전단계의 도성체제인 셈이며, 장차 이루어질 나성羅城 축조를 예고하는 일종의 신호탄이랄 수 있다. 근초고왕이 따로 지어진 왕성으로 거처를 옮길 수 있었던 것은 이제 왕과 왕실이 상당한 권위를 갖게 되었기 때문이다.

미사리~잠실 일대의 지형도 (1926)

한성은 북성과 남성 2개의 성으로 구성되었으므로 도시구획이 정연할 수 없었다. 더욱이 북성과 남성이 각각 지금의 풍납동토성과 몽촌토성에 해당한다고 할 때, 그 중심이 풍납동토성이든 몽촌토성이든 나중에 사비泗沘도성에서 실시된 5부部5항巷제도라든가 고구려와 신라의 조방제條坊制·방리제坊里制처럼 정연한 도시구획은 애당초 기대하기 어렵다. 왕이 남쪽에 있고 백성들이 북쪽에 거주하는 형태의 도성 구조 내에서는 북위北魏와 당唐의 도성제처럼 궁궐 남쪽으로 도로·관청·사찰·시장·주택 등을 구획할 수 없음은 물론 반대 방향으로도 정연하게 구획하기는 어려웠을 것이다.

바둑판처럼 도시를 구획하는 조방제는 백제가 나성을 쌓은 사비시대에도 실시되지 않았다고 보는 것이 일반적이다. 그러나 사비도성의 5부5항제와 나성 건설방식이 북위 낙양성洛陽城으로부터 영향을 받았다든가 중국 남조의 건강성建康城을 모방했다고 볼만한 부분이 있어, 적어도 조방제의 흔적만큼은 분명하게 찾을 수 있다. 그런데 한성시대의 도성제에서는 아직 그와 같은 흔적을 전혀 발견할 수 없다는 점이 가장 큰 특징이다. 사비 도성의 5부5항제를 백제가 엄격한 신분질서에 입각하여 주례周禮주의적 정치이념을 추구한 증거라고 해석하기도 하는데, 한성시대에는 아직 그와 같은 이념이 반영될 수 없었다고 보아야 한다.

백제의 도성이 2개의 성으로 구성된 중국 전국시대의 도성제를 따르게 된 데에는 당시의 정치·사회적 여건이 가장 큰 원인으로 작용하였을 것이다. 인구 밀도가 증가하고 사람들의 각종 욕구로 인해 경제 활동의 범위가 확대되면서 자연히 도시의 규모와 역할도 점점 커지게 되었다. 따라서 도시는 사람들이 활동하기에 편한 하천 근처의 평지를 지향할 수밖에 없었다. 그러나 이웃 나라와의 군사적 충돌이 불가피하였던 당시의 정치적 상황은 외적의 침입으로 나라가 위기에 빠졌을 때를 따로 대비케 하였다. 그 결과가 바로 산성 건설이다.

전쟁이 있을 때마다 도시의 거주민이 모두 피난해서는 곤란하므로, 평지에도 주요 시설을 감싼 성곽을 설치하였다. 그러나 인접한 세력과의 빈번한 전쟁으로 빚어진 위기감이 상존하는 상황에서 방어 면적이 넓고 성벽의 경사도가 비교적 완만한 평지의 토성은 상대적으로 안정감을 주지 못해 다소 불안하였다. 따라서 극소수의 지배층은 유사시에 좀더 효율적으로 방어하기 위해 도심에서 가까운 높은 지대에 또 하나의 성을 쌓고 때때로 거처하였다고 생각한다.

이와 같은 백제의 도성제가 중국의 전국시대 도성을 모방한 것인지, 아니면 시대 상황이 비슷해서 우연히 닮은 것인지는 단언하기 어렵다. 거의 500년에 달하는 시간적 거리감을 고려하면 우연의 일치였을 개연성이 더 높지만, 낙랑·대방군을 통해 유입된 중국계 백제인들이 중국의 고전적 사례를 소개하였을 가능성도 무시할 수 없다. 마침 백제의 성은 돌이 아닌 흙으로 쌓았다는 점에서 중국 성곽과의 공통점 내지 계통성을 인정할 수 있기 때문이다.

후대의 사비 도성처럼 정연한 도시 구획은 아닐지라도, 백제의 한성이 기본적으로 정치·경제·문화의 중심 도시였던 이상, 일정한 구획은 갖추었을 것이다. 지금까지 발견된 백제 지배층의 무덤은 모두 몽촌토성의 남쪽 가락동·석촌동·방이동일대에 분포하고 있어 능역陵域이랄까 공동묘지의 범위를 추측할 수 있다. 그렇다면 도시가 형성될 만한 곳은 몽촌토성의 북쪽과 동쪽뿐이다.

1926년에 조선총독부에서 발행한 지도春川~纛嶋를 보면, 몽촌토성의 북쪽에는 지금의 성내동-천호동-암사동으로 이어지는 야트막한 평지성 구릉이 형성되어 있고, 그 양 옆으로 꽤 넓은 논밭이 펼쳐진다. 풍납동토성은 몽촌토성으로부터 서북쪽으로 약 700m 정도 떨어져서 성벽 표시가 나 있는데, 성벽의 장축 방향이 한강의 물길과는 약 25°가량 동쪽으로 비스듬히 틀어진 탓에 서쪽 성벽 약 1㎞ 구간만 완전히 유실된 모습이다. 이와 같은 풍납동토성의 평면형태는 매우 교묘해서 평소 성벽과 한강이 접촉하는 부분을 최소화하면서도 물길을 자연스럽게 통제하고 있다. 그리고 따로 제방을 더 쌓지 않고도 동벽과 북벽 바깥으로 펼쳐진 드넓은 농경지를 안전하게 보호할 수 있음은 물론이다.

서울시 송파구 일대의 자연환경을 감안할 때, 남성(몽촌토성)과 그 서북쪽의 북성(풍납동토성), 그리고 북성의 동쪽에 펼쳐진 도로·취락·농경지 등이 지금 우리가 상상할 수 있는 한성시대 도성의 모습이다. 이러한 모습은 북위·당의 도성제는 물론 한漢의 도성과 비교해서도 큰 차이가 있다. 중국에서 가장 유사한 예는 앞에서 소개한 전국시대의 도성들인데, 남-북의 자오선子午線이 무시되고 아직은 정연한 도시구획을 찾기 어렵다는 점이 공통분모이다. 여기에는 도성을 통해 어떤 사상을 실현한다거나 형식을 추구하기보다 실질과 실용을 강조할 수밖에 없었던 당시의 시대상황이 반영되어 있다.

그러면 이제 조금 더 구체적으로 한성의 풍경을 상상해보자. 먼저, 한때의 왕성으로 추정되는 몽촌토성 내부에서 서로 교차하는 듯한 도로 흔적이 발견되었다. 그러나 여기에서도 남-북의 자오선이 강조되거나 조방條坊이 구획된 자취를 찾을 수는 없다. 그것은 몽촌토성의 입지조건과 외형을 통해 어느 정도 예상된 결과이다. 자연구릉의 지형 조건을 최대한 이용하여 쌓았기 때문에 성곽의 평면형태가 부정형으로 되었으며, 성 내부의 지면도 중앙의 몇몇 지점을 제외하고는 다소 불규칙한 요철을 이룬다. 이런 지형 조건에서 방향을 따져 건물을 정연하게 배치하기란 거의 불가능하다. 따라서 백제의 왕성에서조차 방향에 입각한 정연한 구획은 없었다고 볼 수 있다.

한성의 정궁이 북성과 남성 중 어느 쪽에 있었는지는 알 수 없다. 다만, 새로 지은 남성에 극소수의 지배층과 이들을 보좌하고 호위하는 사람들을 위한 시설이 있었음은 분명하다. 여러 관청 중에서 경부椋部를 비롯한 몇몇 관부官府의 부속 건물은 반드시 성 안에 건설되었을 것이다. 『삼국사기』「백제본기」 진사왕 7년(391)조의 "봄 정월에 궁실을 다시 고쳤으며, 연못을 파고 산을 만들어 기이한 새와 이상한 화초를 길렀다"는 기사와 비유왕 21년(447)조의 "여름 5월에 궁궐 남쪽의 연못 안에서 불이 났는데, 불꽃이 수레바퀴 같았으며 밤이 새어서야 꺼졌다"는 기사로 보아 4세기 말엽부터는 궁궐 내부에 연못이 있었음을 알 수 있다. 몽촌토성의 서남구역에서 확인된 연못지를 위의 기사와 대응시키기도 하지만, 궁궐에 걸맞는 건물지가 분명하게 확인되지 않아 아직은 단정하기 어렵다.

지금까지의 발굴 성과를 감안하면, 남성인 몽촌토성보다는 오히려 북성인 풍납동토성 쪽에 더 많은 국가 시설물이 배치되었을 개연성이 있다. 그것은 한성에 정궁과 별궁이 따로 있었다는 사실을 통해서도 어느 정도 추론할 수 있다. 아신왕의 아버지인 침류왕이 즉위한 다음 해에 죽었고, 숙부인 진사왕이 재위 8년 만에 죽었으니, 그 뒤를 이은 아신왕은 아마도 침류왕이 태자일 적에 태어났을 것이다. 그런데 그가 한성의 별궁에서 태어났다는 것은 태자가 평상시 별궁에 기거했음을 시사한다. 태자가 기거하는 별궁 주변에는 정치·경제·문화적으로 중요한 시설들이 늘어섰다고 보아도 좋을 듯하다.

풍납동토성 내부의 도시구조는 비교적 정연하였을 것이다. 현재 풍납동토성의 동쪽 성벽을 거의 같은 간격으로 뚫고 지나가는 4개의 도로가 모두 성문이었다고는 말할 수 없으나, 풍납동토성의 동쪽 바깥지역이 왕성인 몽촌토성의 북쪽 정면에 해당한다는 사실을 감안하면, 적어도 3군데 정도는 성문의 흔적이라고 보아도 좋을 듯하다. 성문이 거의 같은 간격으로 설치되었다는 것은 내부 구조가 어느 정도 정연하였다는 뜻이다. 다만, 성벽의 평면 모습이 방향성을 무시한 타원형에 가까운데다 각도마저 틀어져 있기 때문에 조방의 개념은 적용하기 어렵다. 성문이 동쪽에 몰려있고 동쪽보다 지대가 낮은 서쪽은 성벽이 한강과 접하고 있으므로, 풍납동토성 내부에 건설된 각종 궁宮과 관사官司는 아마도 몽촌토성과 가까운 남쪽에 더 많이 모여 있었을 것이다.

중국의 전국시대 도성처럼 백제의 북성 내부에는 일반인의 주거지도 있었다. 그러나 중국의 거민성은 성곽의 평균 둘레가 15㎞에 달하는 데 반해, 백제의 북성은 3.5㎞에 불과하여 많은 인원을 수용하기 어렵다. 따라서 상당수의 민가는 성곽 바깥에 있었을 것이다. 『삼국사기』「백제본기」 개로왕 21년조의 "백성의 집은 자주 강물에 무너지니"라는 기사가 그 사례이다. 고구려 국내성의 경우, 고구려 때의 대형 건물지가 성 내부는 물론 동문 바깥에서도 많이 발견되었는데, 일부 지배층이 성 바깥에서 거처하였다는 증거이다. 그렇다면 일반 민가와 농경지는 물론 각종 경제시설의 일부도 성 바깥에 배치되었음이 분명하다. 이러한 상황은 한성 역시 크게 다르지 않았을 것이다.

성곽의 바깥, 특히 풍납동토성의 동쪽지역에 주로 형성되었을 도시 내지 취락의 규모라든가 모습에 대해서는 자료가 전혀 없어 구체적인 복원이 불가능하다. 다만, 개로왕대에 벌인 대규모의 제방공사가 한강의 범람을 막기 위한 한 가지 방책일 뿐 아니라 점점 확대되는 도시의 정비까지 염두에 둔 것이라면, 늦어도 5세기 후반에는 백제 도성의 내·외부를 보다 체계적으로 구획하려는 노력이었다고 볼 수 있다.

1926년에 발행된 지도에는 풍납동토성의 동벽으로부터 200~400m 정도 떨어진 곳에 성벽과 평행하며 동북-서남방향으로 길게 이어진 도로 표시가 있다. 송파에서 시작된 도로는 동북방향으로 거의 직선처럼 뻗었는데, 몽촌토성의 서북쪽 성벽 곁을 지나 풍납동토성의 동벽과 거의 나란히 진행하여 성내동의 평지성 구릉으로 올라선 다음 야트막한 능선을 따라 고덕동 방면으로 나아간다. 고덕동에서부터는 한강변을 따라 선리로 이어지며, 이곳에서 비로소 방향을 바꿔 동남쪽의 미사리까지 연결된다. 그런데 이 길이 몽촌토성·풍납동토성에서 선리·미사리방면으로 가는 유일한 통로는 아니다. 성내동에서 둔촌동의 구릉에 오른 다음 능선을 따라 동북쪽의 상일동과 하남시 초이동 사이로 빠지고, 여기에서 다시 풍산동을 거쳐 미사리에 이르는 길이 또 있다. 결국, 고덕동 방면의 길과 둔촌동 방면의 길은 선리 혹은 미사리에서 서로 만나 하나로 이어지는 것이다.

그런데 이 두 도로는 모두 몽촌토성의 북쪽, 풍납동토성의 동쪽에 형성된 평탄지를 지나며, 또 풍납동토성의 동쪽 성문과도 연결된다. 몽촌토성의 북쪽에는 풍납동토성과 성내동의 평지성 구릉 사이에 펼쳐진 평야뿐 아니라 성내동과 둔촌동 사이로 뻗어나가 길동을 거쳐 멀리 명일동까지 길게 이어지는 계곡평야가 매우 넓게 펼쳐져 있다. 이처럼 풍납동토성 동쪽 성벽 바깥으로 성내동의 구릉 일부를 포함하며 둔촌동 구릉지대까지 형성된 평탄지의 총면적은 어림잡아도 풍납동토성 내부 면적의 3배를 웃돈다.

드넓은 평탄지의 거의 중앙에 성내동의 야트막한 구릉이 자리하고, 그 위 혹은 곁으로 두 도로가 지난다는 사실을 고려하면, 성 바깥의 취락은 지금의 성내동 일대에 집중적으로 형성되었을 개연성이 높다. 마침 성내동 구릉의 동쪽에는 서남쪽으로 흐르다가 성내천과 합한 다음 한강에 유입되는 작은 하천이 있어 생활과 농경에 매우 유용하였을 것이다. 그러나 성 바깥의 취락 혹은 도시가 크게 번성했다고는 보기 어렵다. 백제 한성시대의 도성은 도시 전체가 아닌 일부지역만 크게 감싼 형태이기에 성곽의 효용가치를 높이기 위해서도 주변지역에 대한 통제가 불가피하기 때문이다.

백제의 첫 도읍은 한강 남쪽의 위례성慰禮城이다. 위례성은 점점 발전하여 한성漢城으로 이름이 바뀌었다. 좁은 의미의 한성은 궁궐이 있던 북성北城과 별궁이 있던 남성南城 등 2개의 성을 가리킨다. 북성은 지금의 풍납동토성이며 남성은 지금의 몽촌토성이다. 넓은 의미의 한성은 두 성 바깥의 도시와 왕릉구역(석촌동고분군) 등 인근 지역도 모두 포함한다.
백제 때의 한성은 지금의 송파구와 강동구 일대이다. 성 안에는 각각 궁궐과 관청, 왕족 및 귀족들의 집과 군사시설, 일반민가 등이 있었다. 한성 바깥에는 일반 민가와 농경지, 각종 경제시설도 배치되었다. 한성 남쪽의 석촌동·가락동 일대에는 왕과 귀족, 일반인의 무덤이 조성된 공동묘지가 있었다.

한성의 풍경 가상 복원도

풍납동토성 (1960년대) | 국립문화재연구소

풍납동토성 (2006) | 국립문화재연구소

서울의 백제 유적 분포도

▶ 도성: 풍납동토성 / 몽촌토성

▶ 고분군: 석촌동고분군 / 가락동고분군 / 우면산돌방무덤 / (방이동고분군)

▶ 토성과 산성: 삼성동 토성 / 아단성阿旦城: 아차산성 / 멱절산 유적

▶ 집자리: 미사리와 암사동 백제 집자리

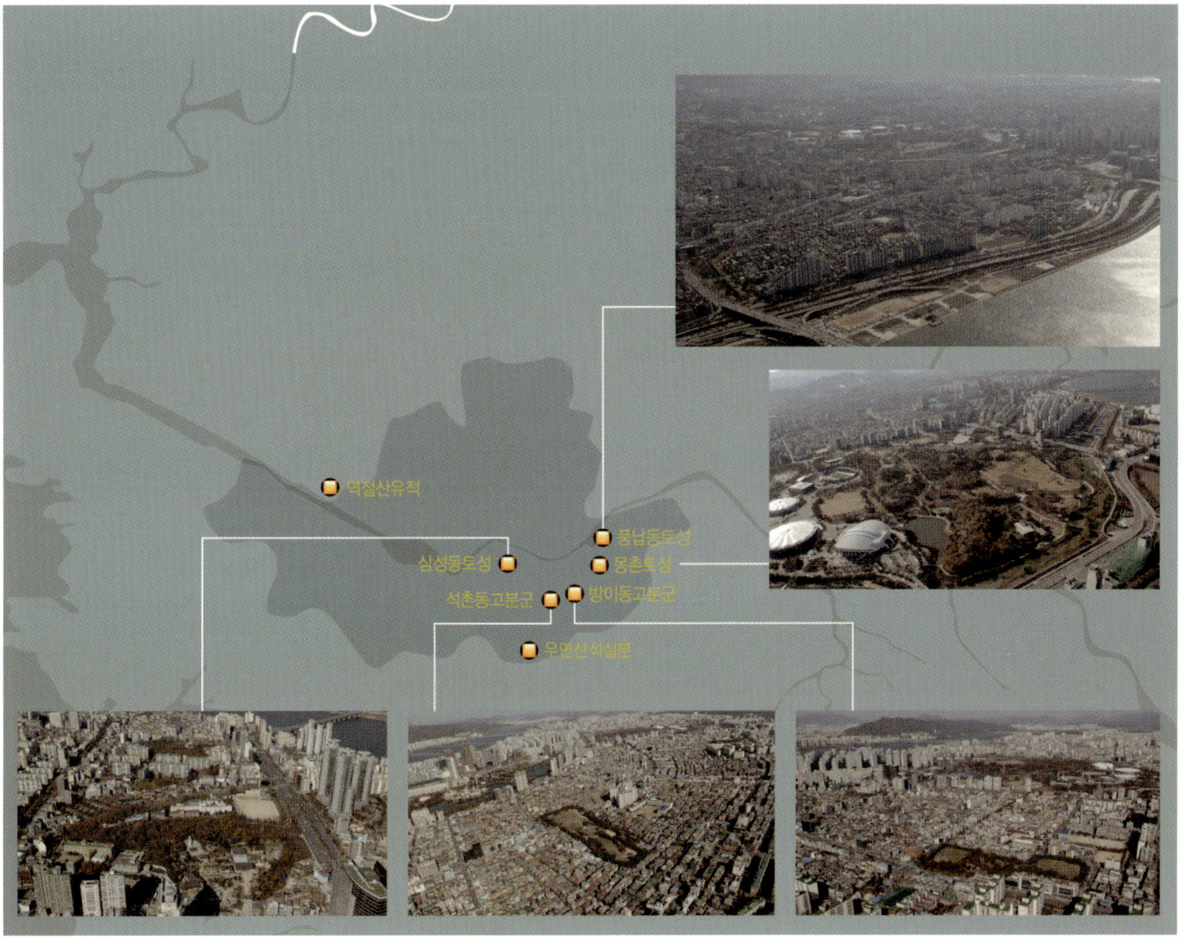

서울의 백제유적

풍납동토성 발굴

풍납동토성은 1964년 사적 제11호로 지정되었다. 성벽의 전체 둘레가 3.5㎞에 달하는 큰 규모였으나 지금은 2.2㎞ 정도만 남아 있다. 1964년 서울대학교박물관에서 성 내부를 시험 발굴하였고, 1976년부터 1978년에 걸쳐 서울시에서 북쪽 성벽에서 동쪽 성벽으로 이어지는 곳을 복원하였다. 1996년에는 선문대학교가 성벽을 측량 조사하였고 1997년부터 본격적인 발굴조사가 시작되어 지금까지 이어오고 있다.

풍납동토성 내부 발굴 조사는 국립문화재연구소와 한신대학교박물관이 하였다. 한신대학교박물관은 삼화지구와 경당지구를 발굴 조사하여 제사건물터, 우물, 제사관련 폐기장, 궁궐 창고 등 백제 궁궐 내부에 있었던 제사시설로 추정할 수 있는 주요 유구를 확인하였다. 국립문화재연구소는 미래마을 재건축부지, 풍납동토성 성벽·해자 등을 발굴 조사하여 도로, 대형 건물지, 일반 집자리, 배수로 등의 유구를 확인하였다.

지금까지 발굴 조사를 통해 백제 한성기 문화 복원에 매우 중요한 유물들이 다량 출토되었다. 건축·토목기술을 보여 주는 기와·초석·전돌·토관을 비롯하여 각종 토기류, 철기류, 장신구가 그것이다. 기와는 수막새, 수키와, 암키와가 출토되었으나 암막새는 출토되지 않았다. 막새 문양은 초화문·수면문·동전문·연화문 등이며, 암키와와 수키와 문양은 선문·격자문 등이다. 초석은 각진 원형과 각이 없는 타원형이며 각은 8각 또는 10각을 띤다. 완전한 원형으로 출토되지 않고 모두 반쪽만 출토되었다. 전돌은 장방형을 띠며 '직直'자가 적힌 것도 있다. 토관은 큰 것과 작은 것이 있다.

토기는 경질무문토기부터 회백색·회청색을 띠는 경질토기, 흑색마연토기, 중국 도자기류 등 다양하다. 삼한시기로 편년할 수 있는 경질무문토기·깊은바리·계란모양토기·시루·타날문 항아리 등을 비롯하여 굽다리접시·세발토기·뚜껑접시·항아리·긴목 항아리·곧은 입 항아리·큰입 긴목 항아리·접시·장군·병·그릇받침·뚜껑·사발 등 백제토기류가 모두 출토된다. 이 밖에 낙랑과 고구려, 가야, 왜 토기도 나왔다. 중국 도자기류는 왕실창고 건물로 추정되는 유구에서 대형이 다량 출토되었다.

철촉, 철모, 철착, 도자, 꺾쇠 등의 철기류도 집자리에서 출토되었다. 철기류는 일상생활에 사용하였던 것들로 공구류가 많다. 장신구류는 흙·돌·유리로 만든 구슬류와 귀걸이가 있다. 그 외 토제벼루·그물추·가락바퀴·돌절구, 각종 동물 뼈 등이 나왔다.

풍납동토성 발굴현황

발굴연도	발굴지점	유구 및 유물
1964	북쪽 성벽 인근지역	주거면 2개층 / 경질무문토기 등
1996	성벽 측량	각종 토기조각
1997	동쪽 성벽 인근 재건축부지 등	집자리·3중 환호·요지 / 세발토기·수막새·기와 등
1999~2000	동쪽 성벽	성벽 / 바리, 항아리 등
	경당연립 재건축부지	대형 건물지·집자리 / '대부大夫'가 새겨진 토기 등
	미래마을 재건축부지	불탄 흙, 기와무지 / 세발토기·큰독·굽다리접시·기와조각 등
	삼표산업 사옥부지	성벽 및 해자 / 경질무문토기
2001~2003	소규모 건축예정지	큰 항아리 등 백제유물층 발견
2004	강동 빌라부지	배수로를 포함한 유구, 해자와의 연결 가능성, 집자리 / 토기
	동쪽 성벽(해오름 APT)	목제유물 / 두레박·목기·토기
2006~2007	미래마을	도로·집자리 / 경질무문토기·막새·기둥장식 등
2008	경당지구 재발굴	제사유구, 우물 / 중국 도기류 등
2009~2011	미래마을	육각형 건물지 / 고구려계 토기 등
2011~현재	동쪽 성벽 및 해자	성벽, 해자 / 고구려토기, 항아리, 바리, 기와조각 등

① 아산병원 기숙사부지 (1996)
② 신우 1지구 재건축부지 (1997)
③ 남양연립 재건축부지 (1997)
④ 삼화연립 재건축부지 (1997)
⑤ 동성벽 절개조사 (1999)
⑥ 경당연립 재건축부지 (1999~2000)
⑦ 외환은행 직원 합숙소부지 (2000)
⑧ 미래마을 부지 (2000, 2003년 시굴, 2004~발굴조사)
⑨ 삼표산업 사옥 부지 (2003)
⑩ 풍납동336-1 재건축부지 (2004)
⑪ 풍납동410 재건축부지 (2004)
⑫ 아산병원 신관동 증축부지 (2005)
⑬ 풍납동토성 성벽 해자구간 (2011~2014)

풍납동토성 발굴 현황도

몽촌토성 발굴

몽촌토성은 남한산성 끝자락인 해발 45m 내외의 자연구릉을 이용하여 쌓은 토성이다. 전체 둘레 2,385m이고 형태는 남북 730m, 동서 570m의 마름모꼴이다. 동쪽에 작은 외성이 있으며 성 외곽에는 구릉 아래쪽을 따라 자연하천을 이용하여 만든 해자垓子가 있다. 몽촌토성은 1983년에 유적 정비 복원을 위한 시굴조사가 실시된 이후 1989년까지 여러 차례 발굴 조사를 실시하였다.

몽촌토성에서는 백제 한성기의 적심석을 갖춘 지상건물터, 판축 대지, 움집터, 저장구덩이, 연못터 등과 목책 등이 조사되었다. 출토된 유물은 대부분이 3세기 중·후반 이후의 토기류, 칼·화살촉 등의 철제 무기류, 뼈로 만든 갑옷, 기와류 등이다. 중국 동진東晉의 전문도기, 금동제 허리띠 꾸미개 외에 고구려 토기도 나왔다.

몽촌토성 발굴현황

발굴연도	발굴지점	유구 및 유물
1983	시굴 조사(약 15일)	목책 흔적으로 추정되는 기둥구멍 등
1984	시굴 조사(약 15일)	조선시대 건물터 / 백제 원통형 그릇받침, 중국 동진 자기 조각 등
1985	성 내부 발굴 조사(약 6개월)	저장구덩이 / 세발토기, 곧은 입 항아리, 중국 서진 전문도기, 금동제 허리띠 꾸미개, 뼈갑옷 등
1987	동북지구 발굴 조사(약 3개월)	중국 남조 자기벼루 조각, 백제 연화문와당 조각 등
1988	동남지구 발굴 조사(약 3개월)	고구려 토기 등
1989	서남지구 발굴 조사 (약 100일)	적심석을 포함하는 지상건물터, 판축대지版築臺地, 연못터 2개소 등
2014	서북지구 발굴 조사 (약 130일)	백제 도로, 집자리, 구덩이 등 / 통일신라시대 마을

뼈 갑옷

몽촌토성에서 출토된 동물 뼈로 만든 갑옷은 비늘갑옷札甲이다. 비늘갑옷은 동물 뼈 중 단단하고 두꺼운 부분의 조각들을 갈아서 구멍을 뚫어 꿴 다음 가죽 등에 매달아 만든 갑옷이다. 물고기 비늘처럼 매다는 낱낱의 뼈 조각, 즉 소찰小札은 가늘고 기다란 직사각형에 가깝다. 길이는 대부분 10㎝ 내외이나 15㎝인 것도 있고 너비는 2~4㎝이다.

몽촌토성 발굴 전경(1985년) | 서울대학교박물관

뼈갑옷(몽촌토성 85-4호 저장공) | 서울대학교박물관

풍납동토성과 몽촌토성 출토 토기 → 한성기 토기문화

백제의 여명기는 역사적으로 삼한시대에 해당한다. 풍납동토성에서 이 시기에 해당하는 토기가 많이 출토되었다. 삼한시대의 토기는 크게 경질무문토기와 타날문토기로 나뉜다. 경질무문토기는 이전 청동기시대의 무문토기 제작기술에 새로운 기술을 더하여 높은 온도로 더 단단하게 만든 토기로, 기원전 100년 무렵에 출현한 것으로 본다. 그 종류로는 아가리가 밖으로 벌어진 항아리外反口緣壺, 아가리가 안쪽으로 기운 항아리內反口緣壺, 시루甑, 뚜껑蓋, 사발盌 등이 있다. 타날문토기는 토기의 겉면에 무늬가 새겨진 토기로, 무늬는 대개 바둑판 모양의 격자문과 새끼줄 모양의 승문이다. 토기 종류는 일상생활의 음식조리에 사용되었던 적갈색의 깊은바리深鉢形土器, 계란모양토기長卵形土器, 시루甑, 동이罐와 저장에 유리한 회흑색의 둥근밑항아리圓底壺, 큰독大甕, 큰항아리大壺 등이 있다.

3세기 중엽이 되면 토기문화에 변화가 일어나 양식적으로 통일되어 간다. 겉면을 흑색으로 반들반들하게 연마하고 어깨에 기하학적 문양을 시문한 흑색마연토기黑色磨硏土器가 출현한다. 흑색마연토기黑色磨硏土器는 다른 토기와 달리 신분을 상징하는 위세품으로 추정한다. 이와 함께 입이 곧게 뻗은 곧은 입 항아리直口壺, 꼭지 없는 뚜껑, 큰입항아리廣口短頸壺, 사발盌 등이 출토된다. 그 후 굽다리접시高杯, 다리가 세 군데 달린 세발토기三足器, 큰입 긴목 항아리廣口長頸壺, 그릇받침器臺, 꼭지 있는 뚜껑有紐式蓋 등이 추가된다. 마지막으로 장군橫缶, 병甁, 바리모양 그릇받침鉢形器臺 등이 나타나 한성기 토기는 완성된다. 토기 중 세발토기는 백제의 영역임을 나타내는 지표가 되는 토기이다. 한성기의 토기는 회색 혹은 회백·회흑색을 띠고 표면에 자연유가 없는 토기가 많다. 이 시기에는 가마 내부 온도가 1,000~1,200℃ 정도가 되어야 만들어지는 회청색 경질토기가 등장하여 사비기까지 지속된다. 토기연구를 통해 백제의 영역변화, 문화 변화 등을 알 수 있다.

이러한 백제토기는 고구려나 신라 토기에 비해 문양장식이 없고 타날문이 오랫동안 새겨지며 실용성이 강조된 특징이 있다. 토기제작기술과 토기모양은 고구려, 낙랑, 중국의 영향을 받아 발전하였으며 이를 통해 백제의 활발한 대외교역을 엿볼 수 있다.

098 **청동초두** 靑銅鐎斗
전 서울 풍납동토성 | 높이 21.7 | 국립중앙박물관

099 **그릇받침 器臺**
서울 몽촌토성 I 구역 B지구 S1E1(83-NW구역)
높이 54.0 | 서울대학교박물관

100 **시루 甑**
서울 몽촌토성 87-2호 저장구덩이 | 높이 25.0 | 서울대학교박물관

101 **시루 甑**
서울 풍납동토성 현대연합주택부지 가-2호 집자리 | 높이 36.0

102 **시루 甑**
서울 풍납동토성 미래마을부지 가-14호 구덩이 | 높이 30.7

103 경질무문토기_항아리 硬質無文土器_壺
서울 풍납동토성 현대연합주택부지 나-2호 환호 | 높이 15.6

104 경질무문토기_항아리 硬質無文土器_壺
서울 풍납동토성 삼표산업부지 XIII층 | 높이 36.8

105 경질무문토기_항아리 硬質無文土器_壺
서울 풍납동토성 현대연합주택부지 가-1호 환호 | 높이 35.0

106 **깊은바리** 深鉢形土器
서울 풍납동토성 동성벽 A지점 중심토루하단 외벽 경계부 | 높이 17.3

107 **깊은바리** 深鉢形土器
서울 풍납동토성 현대연합주택부지 가-2호 집자리 | 높이 13.5

108 **깊은바리** 深鉢形土器
서울 풍납동토성 현대연합주택부지 가-유물포함층 중층 | 높이 24.0

109 깊은바리 深鉢形土器
서울 풍납동토성 대진・동산연립주택부지
나 트렌치 우물 내부 3단 | 높이 15.1

110 깊은바리 深鉢形土器
서울 풍납동토성 미래마을부지 가-3호 집자리 | 높이 10.2

111 깊은바리 深鉢形土器
서울 풍납동토성 대진・동산연립주택부지
나 트렌치 우물 내부 3단 | 높이 16.1

112 깊은바리 深鉢形土器
서울 풍납동토성 대진・동산연립주택부지
나 트렌치 우물 내부 2단 | 높이 16.0

깊은바리 深鉢形土器
서울 풍납동토성

113 **사발** 盌
서울 풍납동토성 현대연합주택부지 가-1호 집자리 | 높이 6.3

114 **사발** 盌
서울 풍납동토성 현대연합주택부지 가-2호 집자리 | 높이 7.0

115 **깊은바리** 深鉢形土器
서울 풍납동토성 현대연합주택부지
토기가마 | 높이 9.4

116 **깊은바리** 深鉢形土器
서울 풍납동토성 소규모주택 신축부지 289호 | 높이 18.2

117 **계란모양토기** 長卵形土器
서울 풍납동토성 현대연합주택부지
가-유물포함층 중상층 | 높이 36.5

118 **계란모양토기** 長卵形土器
서울 몽촌토성 87-유물폐기장 | 높이 40.5 | 서울대학교박물관

119 **계란모양토기** 長卵形土器
서울 풍납동토성 현대연합주택부지 가-유물포함층 하층 | 높이 36.8

120 **계란모양토기** 長卵形土器
서울 풍납동토성 미래마을부지 가-6호 집자리 | 높이 43.5

121 **계란모양토기** 長卵形土器
서울 풍납동토성 미래마을부지 가-6호 집자리 | 높이 41.8

122 큰입 긴목 항아리 廣口長頸壺
서울 몽촌토성 87-1호 집자리 | 높이 18.3
서울대학교박물관

123 큰입 긴목 항아리 廣口長頸壺
서울 풍납동토성 대진·동산연립주택부지
나 트렌치 우물 내부 4단 | 높이 22.7

124 **큰입 긴목 항아리 廣口長頸壺**
서울 풍납동토성 현대연합주택부지 가-동쪽 트렌치 | 높이 19.4

125 **큰입 긴목 항아리 廣口長頸壺**
서울 풍납동토성 현대연합주택부지
S5,8E0 북편 토기산포유구 | 높이 18.5

126 **큰입 긴목 항아리 廣口長頸壺**
서울 몽촌토성 85-2호 저장구덩이 | 높이 17.6
서울대학교박물관

127 **항아리** 壺
서울 풍납동토성 미래마을부지 가-2호 집자리 | 높이 25.8

128 **항아리** 短頸壺
서울 풍납동토성 현대연합주택부지
가-1호 구덩이 | 높이 32.2

129 **항아리** 短頸壺
서울 풍납동토성 미래마을부지 가-3호 집자리 상층 | 높이 40.0

130 **병** 甁
서울 풍납동토성 미래마을부지 가-4호 부뚜막 | 현 높이 21.1

131 **항아리** 短頸壺
서울 풍납동토성 미래마을부지 가-3호 집자리 상층 | 높이 38.9

132 **항아리** 短頸壺
서울 풍납동토성 미래마을부지 가-4호 집자리 | 높이 35.5

133 **항아리** 短頸壺
서울 풍납동토성 미래마을부지 가-7호 부뚜막 | 높이 39.0

134 **작은 항아리** 小壺
서울 풍납동토성 대진 · 동산연립주택부지
우물 내부 2단 | 높이 14.6

135 **항아리** 壺
서울 풍납동토성 현대연합주택부지
가-유물포함층 하층 | 높이 19.3

136 **항아리** 短頸壺
서울 풍납동토성 현대연합주택부지
유물포함층 중층 | 높이 33.4

137 '대부大夫'가 새겨진 곧은 입 항아리 '大夫'銘直口短頸壺
서울 풍납동토성 경당지구 9호 유구 | 높이 25.0 | 국립중앙박물관

138 '정井'이 새겨진 곧은 입 항아리 '井'銘直口短頸壺
서울 풍납동토성 경당지구 9호 유구 | 높이 25.1 | 국립중앙박물관

139 곧은 입 항아리 直口短頸壺
서울 몽촌토성 88-4호 저장구덩이 | 높이 26.0 | 서울대학교박물관

140 **그릇받침 器臺**
서울 풍납동토성 현대연합주택부지
가-유물포함층 중층 | 현 높이 29.6

141 **그릇받침 器臺**
서울 풍납동토성 미래마을부지
가-4호 집자리 | 현 높이 26.0

142 **그릇받침 器臺**
서울 몽촌토성 85-5호 저장구덩이 | 높이 46.5
서울대학교박물관

143 **굽달린 사발** 臺附碗
서울 풍납동토성 현대연합주택부지
가-S4W2 그리드 | 높이 4.9

144 **항아리** 壺
서울 풍납동토성 대진·동산연립주택부지
나 트렌치 우물 내부 2단 | 높이 15.6

145 **작은 항아리** 小壺
서울 풍납동토성 미래마을부지
가-3호 집자리 | 높이 7.0

146 **작은 항아리** 小壺
서울 풍납동토성 현대연합주택부지
가-유물포함층 중하층 | 높이 14.7

147 **항아리** 短頸壺
서울 풍납동토성 현대연합주택부지
가-33호 구덩이 | 높이 35.0

148 **크고 곧은 입 항아리 廣口直口壺**
서울 몽촌토성 87-1호 저장구덩이 | 높이 12.5 | 서울대학교박물관

149 **굽달린 합 臺附盒**
서울 몽촌토성 85-11-17피트 | 높이 25.9 | 서울대학교박물관

150 **합 盒**
서울 풍납동토성 현대연합주택부지 가-동쪽 트렌치 | 높이 8.3

151 **굽다리접시 高杯**
서울 풍납동토성 현대연합주택부지 가-S5E1 그리드 | 높이 7.4

152 **굽다리접시 高杯**
서울 풍납동토성 현대연합주택부지 S4E0 내 토기산포유구 | 높이 7.1

153 **굽다리접시 高杯**
서울 풍납동토성 경당지구 1호 유구 | 높이 8.4
한신대학교박물관

154 **굽다리접시 高杯**
서울 풍납동토성 소규모주택 신축부지 142-14호 | 높이 6.2

155 **굽다리접시 高杯**
서울 풍납동토성 미래마을부지 가-2호 집자리 | 높이 6.6

156 **굽다리접시 高杯**
서울 풍납동토성 현대연합주택부지 S4E0 내 토기산포유구 | 높이 5.8

157 **굽다리접시 高杯**
서울 몽촌토성 85-10호 저장구덩이 | 높이 7.6
서울대학교박물관

158 **병 瓶**
서울 풍납동토성 미래마을부지
가-1호 집자리 | 높이 12.8

159 **병 瓶**
서울 풍납동토성 미래마을부지
가-2호 폐기지 | 높이 12.6

160 **병 瓶**
서울 풍납동토성
소규모주택 신축부지 142-97호 | 높이 14.5

161 **병 瓶**
서울 풍납동토성 대진 · 동산연립주택부지
우물 내부 3단 | 높이 17.7

162 **사발 盌**
서울 풍납동토성 현대연합주택부지
가-2호 집자리 | 높이 4.2

163 **사발 盌**
서울 풍납동토성 현대연합주택부지
가-2호 집자리 내부 | 높이 7.8

164 **사발 盌**
서울 풍납동토성 현대연합주택부지
가-3호 집자리 | 높이 7.3

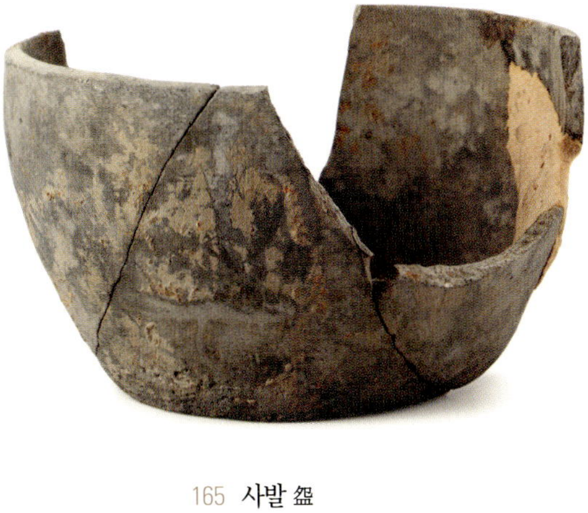

165 **사발 盌**
서울 풍납동토성 현대연합주택부지
가-2, 3호 환호 | 높이 8.8

166 **사발 盌**
서울 풍납동토성 현대연합주택부지 S5E1 그리드 | 높이 5.0

167 **사발 盌**
서울 풍납동토성 강동빌라부지 3호 구덩이 | 높이 4.8

168 **큰 접시 盤**
서울 풍납동토성 현대연합주택부지 가-유물포함층 하층 | 높이 7.4

169 **곧은 입 작은 항아리** 直口小壺
서울 풍납동토성 현대연합주택부지
S4E0 내 토기산포유구 | 높이 7.2

170 **곧은 입 작은 항아리** 直口小壺
서울 풍납동토성 미래마을부지 가-14호 구덩이 | 높이 5.2

171 **작은 항아리** 小壺
서울 풍납동토성 미래마을부지
가-3호 집자리 | 높이 11.0

172 **작은 항아리** 小壺
서울 풍납동토성 미래마을부지 가-3호 구덩이 | 높이 13.4

173 **세발토기** 三足器
서울 풍납동토성 현대연합주택부지 남쪽 트렌치 | 높이 4.7

174 **곧은 입 작은 항아리** 直口小壺
서울 풍납동토성 현대연합주택부지 남쪽트렌치 | 높이 7.2

175 **작은 항아리** 小壺
서울 풍납동토성 현대연합주택부지
S4E0 내 토기산포유구 | 높이 7.5

176 **곧은 입 작은 항아리** 直口小壺
서울 풍납동토성 미래마을부지
가-1호 집자리 | 높이 7.0

177 **작은 항아리** 小壺
서울 풍납동토성 현대연합주택부지
N1W2 내 매납유구 | 높이 8.7

178 **곧은 입 작은 항아리** 直口小壺
서울 풍납동토성 미래마을부지
가-1호 집자리 | 높이 7.5

179 **곧은 입 작은 항아리** 直口小壺
서울 풍납동토성 미래마을부지
가-1호 집자리 | 높이 7.4

180 **곧은 입 작은 항아리** 直口小壺
서울 풍납동토성 미래마을부지
가-1호 집자리 | 높이 8.1

181 **작은 항아리** 小壺
서울 풍납동토성 현대연합주택부지
가-7호 집자리 | 높이 8.8

182 **뚜껑 蓋**
서울 풍납동토성 현대연합주택부지 나-N2E1 그리드 ㅣ 높이 9.3

183 **뚜껑 蓋**
서울 풍납동토성 현대연합주택부지
가-남쪽 트렌치 ㅣ 높이 9.0

184 **뚜껑 蓋**
서울 풍납동토성 현대연합주택부지
가-3호 집자리 동남부 저장구덩이 ㅣ 높이 8.0

185 **뚜껑 蓋**
서울 풍납동토성 현대연합주택부지
가-3호 집자리 동남부 저장구덩이 ㅣ 높이 9.0

186 **뚜껑 蓋**
서울 풍납동토성 현대연합주택부지 가-7호 집자리 | 높이 4.2

187 **뚜껑 蓋**
서울 풍납동토성 현대연합주택부지 가-2호 구덩이 | 높이 3.8

188 **뚜껑 蓋**
서울 풍납동토성 현대연합주택부지 가-1호 구덩이 | 높이 3.7

189 **세발토기** 三足器
서울 몽촌토성 NE11-17 구덩이 | 높이 7.2 | 서울대학교박물관

190 **세발토기** 三足器
서울 몽촌토성 87-3호 저장구덩이 | 높이 7.1 | 서울대학교박물관

191 **세발토기** 三足器
서울 풍납동토성 현대연합주택부지 가-동쪽 트렌치 | 높이 6.7

192 **세발토기** 三足器
서울 풍납동토성 미래마을부지 가-1호 집자리 | 높이 7.2

193 **세발토기** 三足器
서울 풍납동토성 외환은행직원 합숙소 부지 | 높이 7.1

194 **세발토기** 三足小壺
서울 풍납동토성 미래마을부지 가-2호 집자리 | 높이 8.0

195 **손잡이 달린 굽다리접시** 把手附高杯
서울 풍납동토성 미래마을부지 가-1호 집자리 | 높이 7.7

196 **돌절구** 石臼
서울 풍납동토성 현대연합주택부지
가-S4E0 내 토기산포유구 | 높이 11.0

197 **굽다리있는 작은 항아리** 臺附小壺
서울 몽촌토성 85- 2호 움무덤 | 높이 12.4 | 서울대학교박물관

198 **세발토기** 三足盤
서울 풍납동토성 미래마을부지 가-1호 집자리 | 높이 9.0

199 **세발토기** 三足盤
서울 풍납동토성 미래마을부지 가- 4호 집자리 | 높이 7.0

200 **세발토기** 三足盤
서울 풍납동토성 미래마을부지 가-2호 집자리 | 높이 5.2

201 **그물추** 漁網錘
서울 몽촌토성 | 길이 8.0 외 | 서울대학교박물관

202 **그물추** 漁網錘
서울 풍납동토성 수습유물 | 길이 6.9 외

203 **가락바퀴** 紡錘車
서울 풍납동토성 경당지구 유물포함층 | 지름 4.1 외

204 **그물추** 漁網錘
서울 몽촌토성 Ⅰ구역 A지구 S22E1 | 길이 7.0 외 | 서울대학교박물관

그물추 漁網錘
서울 풍납동토성 수습유물 | 길이 16.9 외

206 귀달린접시 耳杯形土器
서울 풍납동토성 현대연합주택부지 가-서쪽 트렌치
현 길이 8.0

205 경질무문토기_뚜껑 硬質無文土器_蓋
하남 미사리 A대형저장시설 | 높이 9.2
고려대학교 고고환경연구소

207 귀달린접시 耳杯形土器
하남 미사리 KC-040 집자리 | 길이 18.2 | 하남역사박물관

208 귀달린접시 耳杯形土器
서울 풍납동토성 경당지구 유물포함층 | 현 길이 (좌) 10.3

209 **토관 土管**
서울 풍납동토성 현대연합주택부지 가-S5E0 그리드 | 길이 14.2

211 **토관 土管**
서울 풍납동토성 미래마을부지 가-1호 구덩이 | 길이 20.8
국립문화재연구소

210 **토관 土管**
서울 풍납동토성 현대연합주택부지 가-26호 구덩이 | 길이 16.2

212 **토관 土管**
서울 풍납동토성 미래마을부지 가-1호 구덩이 | 길이 21.6
국립문화재연구소

213 **'도道'가 새겨진 전돌 道銘塼**
서울 풍납동토성 경당지구 101호 유구 | 길이 6.9
한신대학교박물관

214 **전돌 塼**
서울 풍납동토성 현대연합주택부지
가-토기폐기유구 | 지름 30.0

215 **긴몸 항아리 長胴壺**
서울 풍납동토성 경당지구 196호 창고 건물지 | 높이 41.8

216 **긴몸 항아리 長胴壺**
서울 풍납동토성 경당지구 196호 창고 건물지 | 높이 36.0

217 **긴몸 항아리 長胴壺**
서울 풍납동토성 경당지구 196호 창고 건물지 | 높이 45.4

218 **긴몸 항아리 長胴壺**
서울 풍납동토성 경당지구 196호 창고 건물지 | 높이 37.8

219 **긴몸 항아리** 長胴壺
서울 풍납동토성 경당지구 196호 창고 건물지 | 높이 43.2

220 **긴몸 항아리** 長胴壺
서울 풍납동토성 경당지구 196호 창고 건물지 | 높이 39.4

221 **긴몸 항아리** 長胴壺
서울 풍납동토성 경당지구 196호 창고 건물지 | 높이 43.3

222 **유약바른도기 施釉陶器**
서울 풍납동토성 경당지구 196호 창고 건물지 | 높이 55.5

223 **유약바른도기 施釉陶器**
서울 풍납동토성 경당지구 196호 창고 건물지 | 높이 55.9

224 **유약바른도기 施釉陶器**
서울 풍납동토성 경당지구 196호 창고 건물지 | 높이 59.0

225 **유약바른도기 施釉陶器**
서울 풍납동토성 경당지구 196호 창고 건물지 | 높이 54.8

226 **유약바른도기 施釉陶器**
서울 풍납동토성 경당지구 196호 창고 건물지 | 높이 55.3

긴몸 항아리長胴壺와 유약바른 도기施釉陶器
서울 풍납동토성 경당지구 196호 창고 건물지
높이 59.0외

02-2.

땅을 잇고 물길을 열다

백제는 3세기 중엽 한반도 중부지역을 장악했으며, 4세기 후반 북쪽으로는 황해도 일대, 남쪽으로는 남해안까지 세력을 넓혀 최고의 전성기를 맞았다. 넓은 영토를 다스리기 위해 지방의 주요한 지역에 거점성을 두어 통치하였다. 거점성은 주로 산성이며 하천의 물줄기가 큰 물길과 서로 만나는 교통의 요충지에 배치하였다. 수도가 자리 잡은 한강 하류 지역은 물길을 이용할 수 있는 천혜의 조건을 갖춘 곳이었다. 백제는 초기부터 한강 물길을 확보하고 서해안 항로를 개척하였다. 4세기 초 낙랑과 대방이 멸망하자 백제는 서해안 해상권을 독점하였고 바다 건너 중국, 왜와 활발한 외교관계를 펼쳤다.

백제 한성기의 주요 교통로는 육로와 수로가 있었다. 육로는 고구려 지역과 연결되는 북방교통로와 마한·신라·가야 지역과 연결되는 남방교통로가 있었다. 수로는 강과 바다를 이용하였는데 강을 이용한 수로 중 한강이 가장 중요하였다. 한강 수로 중 남한강 수로는 낙동강 수로와 육로로 연결되어 한반도를 남북과 동서로 가로지르는 교통축이었다. 바다를 이용한 수로는 서해안 북부 항로와 서해안 남부 항로가 있었다. 한강은 바다로 나갈 수 있는 요충지이므로 이곳에 자리 잡은 한성은 육로와 수로를 연결하는 교통의 요충지였으며 외교활동의 터전이었다.

한성으로 통하는 길

▶ 북방교통로

① 자비령길: 서울~양주~파주(적성)~장단~개성~금천~평산~서흥~황주~평양

② 방원령길: 서울~양주~연천~삭녕~토산~신계~수안~연산~대동~평양

③ 재령길: 서울~파주~개성~해주~신원~재령

▶ 남방교통로

① 추풍령길: 서울~광주~이천~장호원~진천~청주~보은~추풍령

② 노령길: 서울~성남(판교)~신갈~오산~천안~차령~공주~논산~익산~김제~정읍~노령~나주

수상교통로 - 내륙수로와 해상수로

▶ 해상수로

① 서해안 북부 항로: 황해도~백령도~연평군도~한강 하구~강화도~영종도~영흥도~덕적군도

② 서해안 남부 항로: 덕적군도~태안 안흥량~안면도~삽시도~금강하구~옥구반도~변산반도~위도~신안~영산강 하구

평양
황주
자비령길
곡산
재령
토산
신계
방원령길
해주
개성
재령길
양주
한성
이천
원주
장호원
오산
추풍령길
천안
진천
청주
보은
공주
추풍령
노령길
군산
김제
남원
나주
하동

한성시기 교통로

백제 초기 산성

발굴 조사 결과 백제 한성기 유물이 출토되는 산성은 점차 늘고 있다. 삼성동토성(서울), 육계토성(파주), 월롱산성(한강과 임진강이 합류하는 지역), 고모리산성(포천과 양주), 소근산성 · 길성리토성(화성), 모락산성(의왕과 안양 · 군포), 설봉산성(이천), 망이산성(음성과 죽산) 등이며 주로 서울, 경기지역에 분포한다. 흙으로 만든 토성이 많으며 돌로 만든 석성은 적다.

백제는 한성기에 낙랑·말갈·마한·고구려 등과 전쟁을 치루면서 성장하였다. 지방에 거점을 확보하기 위해 주요 요충지에는 산성과 목책木柵을 만들었다.

『삼국사기』에 나오는 성책城柵

고목성高木城 고사부리성古沙夫里城 관미성關彌城 구천책狗川柵 금현성錦峴城
대두산성大豆山城 도곤성都坤城 마수성馬首城 병산책甁山柵 부현성斧峴城
북한산성北漢山城 사구성沙口城 사도성沙道城 사 성蛇城 석두성石頭城
석문성石門城 석현성石峴城 술천성述川城 쌍현성雙峴城 아단성阿旦城
우곡성牛谷城 우두산성牛頭山城 웅천책熊川柵 원산성圓山城 위례성慰禮城
적현성赤峴城 탕정성湯井城 팔곤성八坤城 한산성漢山城

한국의 성은 지형에 따라 평지성·평산성·산성으로 나뉜다. 국토의 70% 이상이 산인 한국에는 산성이 가장 많다. 산성은 높고 경사진 지형을 이용해 흙이나 돌로 방어벽을 쌓았으므로 적이 다가오는 것을 쉽게 알아챌 수 있으며 방어하기도 쉽다. 서울 인근의 대표적인 백제 성으로는 육계토성·월롱산성·고모리산성·모락산성·소근산성·설봉산성·망이산성 등이 있다.

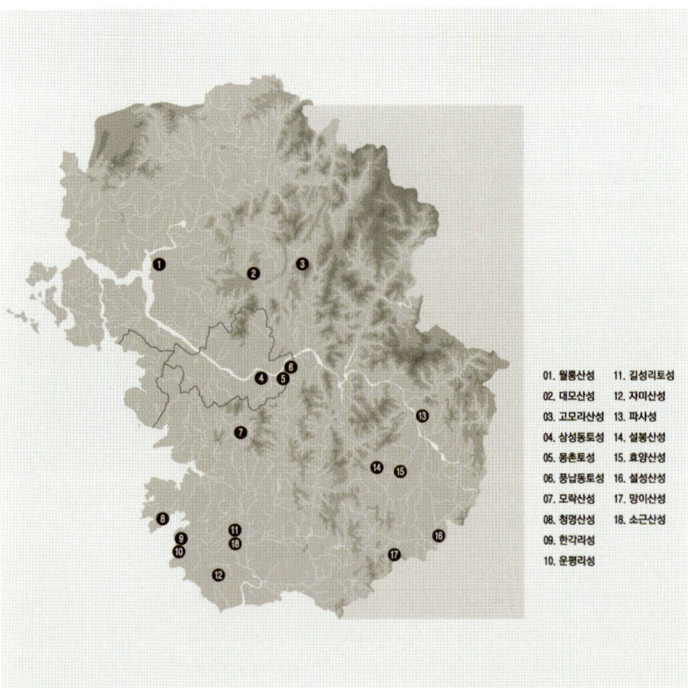

산성분포도

227 **항아리** 壺
화성 마하리 9호 돌덧널무덤 | 높이 14.0 | 서울대학교박물관

228 **항아리** 短頸壺
하남 미사리 KC-026 집자리 | 높이 31.1 | 하남역사박물관

229 깊은바리 深鉢形土器
하남 미사리 KC-033 집자리 | 높이 17.0 | 하남역사박물관

230 곧은 입 항아리 直口壺
화성 마하리 9호 돌덧널무덤 | 높이 24.6 | 서울대학교박물관

231 **검은간토기** 黑陶長頸壺
원주 법천리 2차 A트렌치 | 높이 18.5 | 국립춘천박물관

232 **병** 瓶
원주 법천리 2차 A트렌치 | 추정높이 19.4 | 국립춘천박물관

233 **곧은 입 항아리** 直口廣肩壺
용인 신갈 6호 도랑 돌린 움무덤 | 높이 14.5 | 국립중앙박물관

234 **뚜껑** 蓋
용인 수지 Ⅰ지점 토기집중매납유구 | 높이 6.6
한신대학교박물관

235 **굽다리접시** 高杯
용인 수지 Ⅰ지점 토기집중매납유구 | 높이 6.1
한신대학교박물관

236 **작은 항아리** 小壺
용인 수지 Ⅰ지점 토기집중매납유구 | 높이 9.1
한신대학교박물관

237 **곧은 입 항아리** 直口廣肩壺
용인 마북동 3호 움무덤 | 높이 15.0
국립중앙박물관

238 **큰입 긴목 항아리** 廣口長頸壺
군포 부곡동 1지구 8호 움무덤 | 높이 21.3
중앙문화재연구원

239 **항아리** 壺
군포 부곡동 1지구 1호 움무덤 | 높이 17.2
중앙문화재연구원

240 **항아리** 壺
군포 부곡동 1지구 2호 움무덤 | 높이 16.6
중앙문화재연구원

241 **항아리** 壺
군포 부곡동 1지구 4호 움무덤 | 높이 20.0
중앙문화재연구원

242 곧은 입 항아리 直口壺
군포 부곡동 1지구 9호 움무덤 | 높이 18.6
중앙문화재연구원

243 손잡이잔 把杯
군포 부곡동 2지구 6호 움무덤 | 높이 19.6
중앙문화재연구원

244 큰입 긴목 항아리 廣口長頸壺
안성 도기동 C지구 10호 움무덤 | 높이 24.4
국립중앙박물관

245 항아리 壺
안성 도기동 A지구 5호 움무덤 | 높이 27.5
국립중앙박물관

246 **깊은바리** 深鉢形土器
군포 부곡동 1지구 1호 움무덤 | 높이 11.0
중앙문화재연구원

247 **작은 항아리** 小壺
안성 도기동 C지구 2호 움무덤 | 높이 12.5
국립중앙박물관

248 **깊은바리** 深鉢形土器
안성 도기동 A지구 1호 움무덤 | 높이 9.1
국립중앙박물관

249 **계란모양토기** 長卵形土器
군포 부곡동 1지구 1호 독무덤 | 높이 37.0
중앙문화재연구원

250 **항아리** 短頸壺
안성 도기동 C지구 4호 움무덤 | 높이 34.2
국립중앙박물관

251 **사발** 盌
안성 도기동 B지구 3호 집자리 | 높이 4.5 | 국립중앙박물관

252 **굽다리접시** 高杯
황해도 황주 | 높이 6.8 | 서울대학교박물관

253 **작은 항아리** 小壺
안성 도기동 B지구 9호 움무덤 | 높이 8.5 | 국립중앙박물관

254 **항아리** 壺
화성 발안리 133호 구덩이 | 높이 20.4
국립중앙박물관

255 **시루** 甑
화성 발안리 가-1호 집자리 | 높이 16.0
국립중앙박물관

256 굽다리접시 黑色磨研高杯
화성 석우리 먹실 97호 구덩이 | 높이 7.1 | 국립중앙박물관

257 세발토기 三足小壺
화성 석우리 먹실 16호 집자리 | 높이 10.4 | 국립중앙박물관

258 두 귀 달린 항아리 兩耳附壺
김포 양촌 1-11지점 7호 도랑 돌린 널무덤 | 높이 7.5
한강문화재연구원

259 특이한 모양의 토기 異形土器
파주 와동리 III 15지점 7호 도랑 | 높이 24.5 | 국립중앙박물관

260 **큰독** 大甕
화성 석우리 먹실 6호 집자리 | 높이 98.0 | 국립중앙박물관

261 **큰독 大甕**
용인 구갈 | 높이 79.7 | 국립중앙박물관

262 **돌절구** 石臼
화성 소근산성 17호 구덩이 | 높이 8.2 | 경기도박물관

263 **특이한 모양의 토기** 異形土器
고양 멱절산 | 높이 16.1 | 경기도박물관

264 **작은 항아리** 小壺
용인 구갈 7호 집자리 | 높이 7.5 | 국립중앙박물관

영토확장과 대외진출

백제는 3세기 중엽 이후 마한의 여러 나라를 통합하면서 지금의 경기도 일대는 물론 충청도 일부까지 장악하는 큰 세력으로 성장하였다. 이러한 국력을 바탕으로 3세기 후반 중국의 서진西晉에 사신을 파견하여 교류하였다.

4세기 후반 근초고왕 때에는 북쪽의 고구려와 충돌하며 황해도로 영토를 확장하였고 남쪽의 마한 잔여세력을 공략해 전라도 일대를 영역으로 확보하였다. 중국 동진東晉·왜倭와 외교관계를 맺어 중국으로부터 선진문물을 받아들이고 일본에는 학자와 기술자 등을 파견하여 학문과 기술을 전해주기도 하였다. 신라·가야와 친분관계를 유지하였다.

한편 중국의 역사책 『송서宋書』, 『양서梁書』와 『양직공도梁職貢圖』 등에는 백제가 중국 요서지역에 군과 현을 두어 다스렸다고 기록되어 있다. 이는 백제가 중국 요서지역까지 진출하였다는 견해의 근거가 된다.

백제는 본래 고려(고구려)와 함께 요동의 동쪽 천여 리 밖에 있었다. 그 후 고려(고구려)가 요동을 공략하여 차지하자, 백제는 요서를 차지하였다. 백제가 다스리는 곳은 진평군 진평현이라 하였다.

(「송서」 만이전 백제국)

百濟國 本與高驪俱在遼東之東千餘里 其後高驪略有遼東 百濟略有遼西 百濟所治 謂之晉平郡 晉平縣

(『宋書』 蠻夷傳 百濟國)

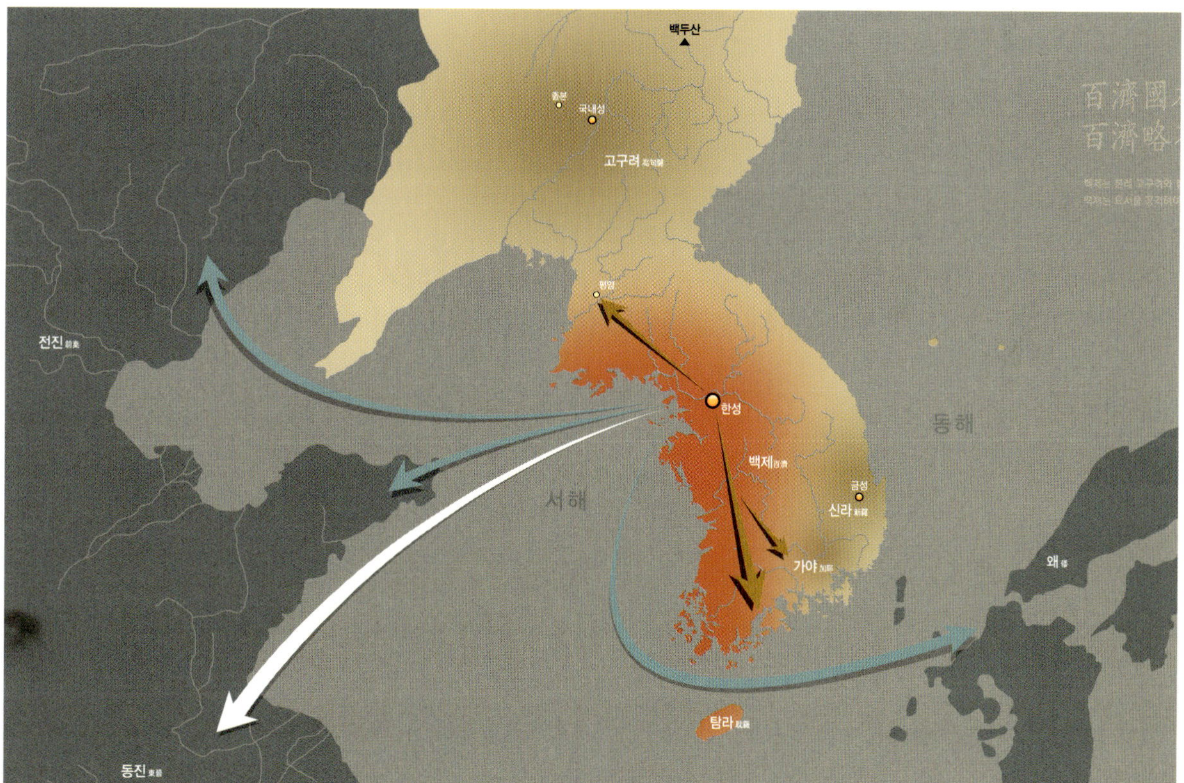

근초고왕의 영토확장

371년, 백제 근초고왕이 태자와 함께 3만의 대군을 이끌고 평양성을 공격하였다. 이 때 백제군이 쏜 화살에 맞아 고구려 고국원왕이 전사하였다. 고구려와의 경쟁에서 승리한 백제는 삼국 중 가장 먼저 전성기를 누렸다.

『삼국사기』 등의 역사서에 나오는 지명과 전쟁기사는 대개 북부에 관한 것이다. 그 이유는 뚜렷하지 않지만, 아마도 한성도읍기 백제의 주된 적이 말갈 · 낙랑 · 대방 · 고구려 등 북방세력이었기 때문일 것이다. 백제의 남방영토 확장에 대한 기록은 『일본서기』 신공기神功紀 49년 3월조에 왜곡된 형태로 남아 있다. 『일본서기』에 따르면, 왜왕倭王의 명령을 받고 백제장군 목라근자木羅斤資가 군대를 이끌고 가라加羅 7국을 평정한 다음 비리比利, 벽중辟中, 포미지布彌支, 반고半古 4읍을 항복시켰으며, 왜왕이 그 땅을 모두 백제왕에게 주었다고 한다. 백제장군이 왜왕의 명령을 받아 영토를 넓히고, 그렇게 얻은 땅을 왜왕이 백제왕에게 주었다고 하는 매우 우스꽝스러운 상황 때문에 많은 학자들은 4세기 중엽 또는 5세기 초반에 백제가 영토를 넓힌 과정을 『일본서기』가 왜곡한 것으로 이해한다.

역사의 라이벌 1라운드 – 근초고왕 VS 고국원왕

4세기 초 낙랑 · 대방군이 축출되면서 고구려와 백제는 서로 국경을 마주하게 되었다. 먼저 공격한 것은 고국원왕이 이끄는 고구려 군대였다. 369년 고국원왕은 군사 2만 명을 이끌고 백제의 치양(지금의 황해도 배천)지역을 공격하며 백제의 북쪽 영토를 위협하였다. 그러자 근초고왕은 태자 근구수를 보내서 고구려군을 크게 물리쳤다. 고국원왕은 이에 굴하지 않고 371년 다시 침입하였지만, 패수에서 매복하고 있던 근초고왕의 군대에게 패배하였다.

같은 해 근초고왕은 태자와 함께 3만 대군을 이끌고 고구려 남쪽의 요충이던 평양성을 공격하였다. 고국원왕은 병사들을 독려하며 백제군을 막아보려 애쓰다가 백제군의 화살에 맞아 숨지고 말았다. 근초고왕은 군사를 이끌고 돌아온 뒤 왕도를 옮기고 동진東晉에 사신을 보내 '진동장군 영낙랑태수鎭東將軍 領樂浪太守' 작호를 받았다. 고구려는 숨진 왕을 '고국故國의 들原'에 장사지내고, 아들 소수림왕이 즉위하였다.

지방을 다스리다

백제 한성기에는 중앙에서 지방에 관리를 파견하여 직접 통치하지는 않았다. 그 대신 귀하고 값진 고급 물품威勢品을 지방 수장에게 내려주어, 그것을 매개로 그들을 회유하고 통제하였다. 고급 물품의 종류로는 백제에서 만든 것과 중국으로부터 수입한 것이 있다. 금동관모, 금동신발, 고리자루 큰 칼環頭大刀, 장신구, 흑색마연토기 등은 백제에서 제작한 물품이며 도자기, 닭머리모양 도기, 양모양청자, 청동 자루솥鐎斗 등은 중국에서 수입한 것이다.

이러한 고급 물품은 하남 덕풍동 수리골, 화성 석우리 먹실, 용인 신갈동, 오산 수청동·세교, 원주 법천리, 천안 화성리·용원리, 공주 수촌리, 연기 나성리, 청주 신봉동, 서산 부장리, 익산 입점리, 나주 신촌리, 고창 봉덕리, 고흥 길두리 등 지방 수장 무덤에서 출토되었다. 한편 일본 규슈九州 구마모토현熊本縣 에다후나야마江田船山 고분에서도 백제 한성기 금동관모와 신발이 출토되었다.

백제 금동관모 · 금동신발 출토 유적

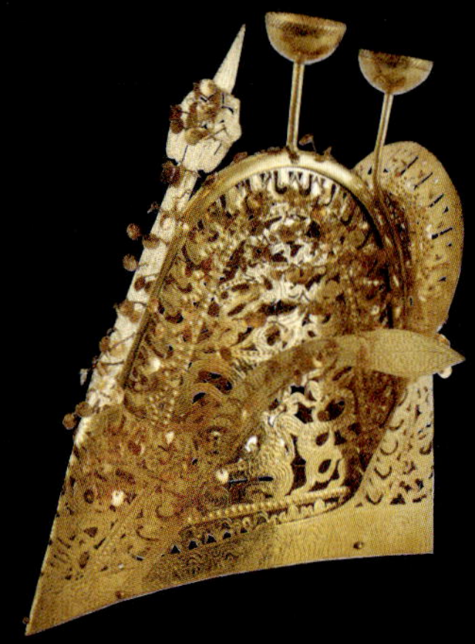

금동관모 (복원)

265 **금동관모 金銅冠帽**
공주 수촌리 II-1호 움무덤 | 높이 19.0 | 국립공주박물관

266 **금귀걸이** 金製耳飾
공주 수촌리 II-1호 움무덤 | 길이 4.0 | 국립공주박물관

267 **허리띠꾸미개** 銙帶金具
공주 수촌리 II-1호 움무덤 | 길이 3.0 | 국립공주박물관

허리띠꾸미개(복원)

268 **금동신발** 金銅飾履
공주 수촌리 II-1호 움무덤 | 길이 29.5 | 국립공주박물관

금동신발(복원)

269 **흑유병** 黑釉瓶
공주 수촌리 II-4호 돌방무덤 | 높이 13.7 | 국립공주박물관

270 **흑유 닭모양 항아리** 黑釉鷄首壺
공주 수촌리 II-4호 돌방무덤 | 높이 23.1 | 국립공주박물관

271 **네 귀 달린 청자 항아리** 青磁有蓋四耳壺
공주 수촌리 II-1호 움무덤 | 높이 25.4 | 국립공주박물관

272 **흑갈유항아리** 黑褐釉壺
공주 수촌리 II-4호 돌방무덤 | 높이 33.2 | 국립공주박물관

역사와 설화

신화神話란 신에 대한 이야기이다. 언뜻 보면 그것은 실제 역사와 거리가 먼 이야기인 것처럼 생각된다. 그러나 신神은 인간과 멀리 떨어진 존재가 아니다. 무엇보다도 가장 가까운 존재이다. 특히 고대 사람들은 신과 인간을 자주 일치시켰다. 그리스의 올림푸스 이야기, 중국의 삼황오제三皇五帝 이야기는 모두 신 같은 인간, 인간 같은 신들의 이야기이다. 따라서 이들 신화를 유심히 들여다보면, 신들의 활동을 통해 고대의 자연환경과 고대인들의 생활방식, 그들의 보편적인 인생관·역사관·자연관 등을 느낄 수 있다.

개인의 사고방식만 반영한 것은 신화가 될 수 없다. 신화란 사회적 의식의 반영이기 때문이다. 사회적 의식은 사회의 공통 경험을 바탕으로 형성된다. 사회의 공통 경험과 의식, 그것이 바로 역사학의 연구대상이다. 그러므로 역사학에서 신화는 사료의 하나로서 존중된다. 그 대표적인 예가 바로 건국신화이다. 신화 속에서 신인神人 또는 성인聖人이 나라를 세우고 다스리는 장면은 그 나라의 건국 배경뿐 아니라 신화를 만든 사람들의 의식구조를 이해하는 데에도 큰 도움이 된다.

『삼국사기』의 「백제본기」는 다음과 같은 이야기로 시작한다.

백제의 시조는 온조왕이다. 그의 아버지는 추모鄒牟로서 주몽朱蒙이라고도 하는데, 북부여로부터 난을 피해 졸본부여卒本扶餘에 이르렀다. 졸본부여의 왕에게는 아들이 없고 단지 딸만 셋이 있었다. 주몽을 보더니 보통 사람이 아님을 알고 둘째 딸을 아내로 삼게 하였다. 얼마 지나지 않아 부여의 왕이 죽자 주몽이 왕위를 이었다. 두 아들을 낳았는데, 맏아들을 비류沸流라 하고 둘째 아들을 온조溫祚라 하였다.

주몽이 북부여에 있을 때 낳은 아들이 와서 태자가 되었다. 그러자 비류와 온조는 태자에게 용납되지 못할까 두려워하다가 마침내 오간烏干, 마려馬黎 등 10명의 신하와 함께 남쪽으로 가니 백성 가운데 따르는 자가 많았다. 드디어 한산漢山에 이르러 부아악負兒嶽에 올라 살만한 땅을 바라보았다. 비류가 바닷가에서 살고 싶다고 하니 10명의 신하가 간하였다. "생각하건대 이 강 남쪽의 땅은 북쪽으로 한수漢水를 끼고, 동쪽으로 높은 산악에 의지하며, 남쪽으로 기름진 들을 바라보고, 서쪽으로 큰 바다에 막혀있으니, 그 천혜의 험준함과 땅의 이로움은 좀체 얻기 어려운 형세입니다. 이곳에 도읍을 만드는 것이 또한 좋지 않겠습니까?"

비류는 말을 듣지 않고 그 백성을 나누어 미추홀彌鄒忽로 가서 살았다. 온조는 강 남쪽의 위례성河南慰禮城에 도읍하고 10명의 신하를 보좌로 삼았으며, 나라 이름을 십제十濟라고 하였다. 이때가 전한前漢 성제成帝의 홍가鴻嘉 3년이다.

비류는 미추의 땅이 습하고 물이 짜서 편히 살 수 없었는데, 위례에 돌아와 보니 도읍이 안정되고 백성들이 편안하였다. 마침내 부끄러워하고 후회하다 죽으니, 그 신하와 백성이 모두 위례로 돌아왔다. 나중에 백

성들이 올 때 즐거이 따라왔다 하여 국호를 백제百濟로 바꾸었다. 그 세계世系가 고구려와 마찬가지로 부여에서 나왔으므로 부여扶餘를 성씨로 삼았다.

신화와 설화는 사람들이 만들어낸 이야기이다. 거기에는 사람들의 역사적 경험이 반영되어 있다. 가령 백제를 세운 온조가 고구려 시조 주몽의 둘째 아들이라는 설화 내용에는 고구려지역에서 남쪽으로 이주해 온 사람들이 백제를 세웠다는 역사적 경험이 반영되어 있다.

서울시 송파구 석촌동에는 백제고분공원이 있다. 백제의 왕실 및 귀족들의 묘지로 추정되는 곳이다. 일제 때만 하더라도 이 일대에 작은 언덕 같은 무덤들이 즐비했다고 하는데, 1960·70년대에 주택단지로 개발하면서 대부분 파괴하고 일부만 남겼다. 남겨진 무덤의 대부분은 돌무지무덤積石塚이다. 돌무지무덤이란 흙을 거의 쓰지 않고 순전히 돌만 쌓아 만든 무덤이다. 그런데 이 무덤은 고구려 지배층의 대표적인 무덤이다. 그래서 고구려의 수도였던 중국 요령성 지안集安시에 가면 지금도 수천 기의 크고 작은 돌무지무덤을 볼 수 있다. 백제의 지배층이 고구려식 무덤을 쓴 것이다. 고구려 문화에 젖은 고구려 출신이기 때문일 것이다.

온조가 도읍으로 삼은 강 남쪽의 위례성 곧 하남위례성은 지금의 어디일까? 고려·조선시대에는 사람들이 막연히 충남 직산(천안)이라고 여겼다. 그러다가 조선 후기에 다산 정약용이 통설을 세밀히 비판한 뒤로는 지금의 하남시 춘궁동 일대라고 믿게 되었다. 그 후 1980년대 후반에 서울 송파구의 몽촌토성을 발굴하게 되자 몽촌토성에 주목하는 학자가 많아졌다. 그리고 최근 풍납동토성이 발굴되면서 분위기가 바뀌었다. 풍납동토성이 곧 하남위례성이라는 것이다.

온조설화에 의하면, 온조가 하남위례성에 도읍을 정한 것은 전한前漢 홍가 3년 곧 서기전 18년이라고 한다. 이에 대한 학자들의 태도는 크게 3가지로 구분된다.

첫 번째는 그대로 믿으려는 태도이다. 공식 역사책에 적힌 공식 기록인 만큼 존중해야 한다는 것이다. 대체로 『삼국사기』의 기사를 신뢰하는 입장이어서 신빙론이라고 부른다.

두 번째는 믿지 못하겠다는 태도이다. 『삼국사기』에는 신라가 서기전 57년, 고구려가 서기전 37년에 건국되었다고 나온다. 신라가 고구려보다 먼저 건국되었다는 기록은 신라가 삼국을 통일한 뒤에 자기 왕실의 위신을 높이려고 역사를 조작했기 때문이라는 것이다. 마침 『삼국사기』는 고려시대인 1145년경에 편찬한 역사책이므로 시대적 한계가 분명하여 삼국시대 초기의 사건을 기록한 부분은 특히 믿기 어렵다고 주장한다. 이처럼 『삼국사기』 초기 기록의 사료적 가치를 부인하는 입장을 흔히 부정론이라고 한다.

세 번째는 위의 두 가지 입장을 절충하려는 태도이다. 서기전 18년에 백제를 세웠다는 기록은 그대로 믿기 어렵지만, 그렇다고 기록 전체가 조작되었다고 보아서도 안된다는 것이다. 즉, 『삼국사기』가 1145년에 편찬된 역사책인 만큼 무려 천년 전의 사건에 대해서는 그것이 정말 그때의 일인지 장담하기 어렵다. 그러나 사건이 일어난 시점을 정확히 적지 못했다고 해서 그 내용마저 믿을 수 없다고 단정하는 것은 섣부른 판단이라는 것이다. 그러므로 기록을 무턱대고 믿지도 말고 특별한 근거 없이 부정하지도 말며 합리적으로 조정해서 새롭게 해석하자는 입장이다. 수정론이라고 부른다.

위의 세 가지 태도 중 가장 합리적이라고 평가받는 것은 수정론이다. 수정론은 여러 가지 자료를 다각도로 분석하고 종합해야 하는 방법이므로 다소 복잡한 과정을 거친다. 예를 들어보자.

중국의 진수陳壽, 233~297가 지은 역사책 『삼국지』에는 동쪽 오랑캐지역에 삼한三韓이 있고, 그 중 하나인 마한馬韓에는 50여 개의 작은 나라들이 있다는 대목이 나온다. 그리고선 모두 54개의 작은 나라 이름을 하나하나 열거하였다. 그런데 그 중 8번째에 적힌 나라 이름이 백제국이다. 백제국伯濟國과 백제百濟. 서로 무관하지 않음을 직감으로 알 수 있다. 조그마한 도시국가인 백제국이 널리 알려진 고대국가 백제의 초창기 모습이라면, 진수가 그 모습을 적은 3세기 중엽까지도 백제는 자그마한 성읍국가 단계를 벗어나지 못했다고 보아야 한다.

그런데 『삼국사기』에는 온조왕 13년(6 BCE)에 백제가 이미 영토를 북쪽으로 대동강(혹은 예성강), 남쪽으로 금강, 동쪽으로 춘천, 서쪽으로 서해바다에 닿을 정도로 넓혔다는 기록이 있다. 『삼국지』는 중국 사람인 진수가 3세기 중엽에 직접 보거나 듣고 남긴 기록이고, 『삼국사기』는 고려시대인 12세기 중엽에 김부식 등이 옛 기록을 정리한 책이다. 그러므로 정확성·신뢰도는 『삼국사기』쪽이 훨씬 더 불리하다. 그렇다면 『삼국사기』의 온조왕 13년조 기사는 한갓 거짓에 불과한 것일까? 그렇게만 볼 수는 없다. '온조왕 13년'이라는 시간이 잘못되었을 뿐이어서 대동강-춘천-금강-서해바다로 이어지는 백제의 영토는 4세기 무렵 근초고왕 때로 조정할 수 있는 것이다.

이와 같은 역사 이해는 4세기 초엽까지 낙랑군과 대방군이 대동강·예성강 일원을 장악하고 있었다는 사실에 비추어서도 자연스럽거니와 지금까지 남아있는 당시의 유적을 통해서도 어느 정도 입증된다. 석촌동·가락동일대에 분포한 돌무지무덤과 움무덤土壙墓은 모두 백제의 초기 역사와 관련이 깊은 무덤인데, 한결같이 서기 2세기 이후에 조영되었다는 공통점을 지닌다.

백제를 빛낸 사람들

● 한성도읍기에 활동한 사람들
▲ 웅진도읍기에 활동한 사람들
■ 사비도읍기에 활동한 사람들

3세기 이전

● **소서노(?~6BCE)**
백제의 건국 시조인 온조와
비류의 어머니

● **온조왕(18BCE~28CE)**
백제의 건국 시조

● **고이왕(234~286)**
제8대 왕. 관등제 등
국가제도 정비

4세기

● **막고해 4세기**
근초고왕대의 장군으로
『도덕경』을 인용함

● **고흥 4세기**
백제의 박사. 『서기』 편찬

● **왕인 4세기**
왜에 『천자문』과 『논어』를
전해주고 태자의 스승이 됨

● **마라난타 4세기**
백제에 불교를 전한
인도(또는 서역) 승려

● **침류왕(384~385)**
제15대왕. 불교 공인

● **근초고왕(346~375)**
제13대왕. 고구려 평양성 공격
마한 세력 병합

● **근구수왕(375~384)**
제14대왕. 고구려 평양성 공격

▲ 신제도원 5세기
전지왕의 여동생. 왜에 직조 기술을 전함

● 주군(酒君) 5세기
백제 왕족. 왜에 매 사냥 기술 전함

● 덕래 5세기
개로왕 때의 명의名醫.
왜에 의술을 전함

■ 겸익 6세기
성왕대의 승려

■ 사택지적 7세기
무왕과 의자왕대의 재상宰相

■ 관륵 7세기
왜에 역본曆本과 천문, 지리서 및
둔갑과 방술서 등을 전함

5세기 **6세기** **7세기**

● 곤지(?~477)
백제의 왕족.
개로왕과 문주왕의 아우.
외교 전문가

● 개로왕(455~475)
제21대왕. 한강에 둑을 쌓음.
한성이 함락됨

▲ 동성왕(479~501)
제23대왕. 왜에서 돌아옴.
신라와 혼인 동맹

▲ 무령왕(501~523)
제25대왕. 백제를 중흥시킴

■ 성왕(523~554)
제26대왕. 사비로 도읍을 옮김

■ 무왕(600~641)
제30대왕. 미륵사 창건

■ 의자왕(641~660)
제31대왕. 신라의 대야성 등
40여성 공격

03

백제사람의 삶

03-1.

어떻게 살았을까 - 의 · 식 · 주

백제에 대한 기록이 워낙 적은 데다 발굴조사 결과도 아직 충분치 않아서 한성사람들이 어떻게 살았는지 자세히 알 수는 없다. 그러나 지금까지 발견된 유적 · 유물을 유심히 살펴보면 몇가지 단서를 찾을 수 있다.

성 안의 경당지구에서는 높은 건물을 세운 터가 발견되었다. 이른바 유명한 44호 유구이다. 고운 모래흙을 1m 가까이 단단히 다져서 쌓은 다음 기둥을 세우고 지붕을 얹은 집이었다. 특이한 것은 집을 빙 둘러가며 판자처럼 깎아만든 돌로 네모지게 도랑을 만들고 그 안에 고운 숯을 촘촘히 채워놓았다는 점이다. 물을 흘려보내는 도랑에 물을 빨아들이는 숯을 잔뜩 깔아놓은 것은 조금 이상하다. 그래서 숯을 통해 습기와 잡귀를 물리치려는 옛날 사람들의 믿음을 표현한 것이 아닌가 하고 생각하는 학자들이 많다. 그렇다면 이 건물은 제사지내던 곳일 가능성이 높아진다. 마침 경당지구는 풍납동토성 안에서도 한가운데에 위치하므로 왕과 관련한 건물일 수 있다.

풍납동토성 안에서는 벽돌도 많이 출토되었다. 흙을 구워 만든 것인데, 아마도 바닥에 깔아놓았던 벽돌인 것 같다. 고대에는 벽돌을 아무나 쓸 수 없었다. 주로 왕이 사는 곳과 부처님을 모신 큰절에서나 건물 바닥에 깔았다. 그토록 귀한 벽돌이 여러 군데에서 발견되었다는 것은 그만큼 지체 높은 사람들이 많이 살았다는 뜻이다.

연못도 있었던 듯하다. 아직 분명하게 확인하지는 못했지만 풍납동토성 안 북쪽과 남쪽 여러 곳에서 가능성이 높은 곳을 알아냈다. 고대의 연못은 대개 궁궐이나 귀족들이 사는 넓은 집에서만 찾을 수 있다.

서쪽 성벽이 있던 곳 가까이에서는 자갈돌을 깔아 만든 도로가 발견되었다. 아마도 성벽을 따라 쭉 이어지던 도로였을텐데, 세 방향으로 나뉘는 갈림길도 있었다. 도로 폭이 3m를 웃돌 정도로 넓은 것을 보면 수레가 왕래하며 무거운 짐을 실어 날랐을 것이다.

풍납동토성 안 곳곳에서 움집이 꽤 많이 발견되었다. 삼국시대의 움집은 선사시대의 움집과는 여러모로 많이 달랐다. 신석기시대의 움집은 대개 움을 깊이 파고 기둥을 세운 뒤 벽 없이 원추형 지붕을 세웠다. 청동기시대에는 움을 좁고 길게 판 뒤 기둥과 낮은 흙벽을 세웠는데, 아직 집안을 넓게 만드는 기술이 모자랐다. 그런데 삼국시대에는 이미 건축기술이 크게 발전한 단계이므로 안이 널찍하고 벽이 높아 밝은 움집을 많이 만들었다. 백제에서는 현관 역할을 하는 작은 방을 거쳐 큰방으로 들어가도록 설계한 움집들을 많이 볼 수 있다. 어떤 움집에서는 기와가 많이 출토되는 것을 보면 기와까지 얹은 움집도 있었던 것 같다.

백제의 움집을 하늘에서 내려다보면 대개 육각형 모양으로 땅을 팠다. 그래서 흔히 육각형 집자리라고 부르는데, 사람들이 드나드는 출입구는 남쪽에 있고 반대편 북쪽에는 아궁이 · 부뚜막이 있다. 지금까지 발견된 백제 움집 가운데 가장 큰 집은 길이 21m, 너비 16.4m나 된다. 풍납동토성 안 미래마을에서 발견된 이 집의 내부 면적은 무려 344.4㎡로서 교실 5~6개를 합쳐놓은 크기이다. 어떤 움집에서는 바닥에 돗자리를 깔았던 흔적이 발견되었고, 어떤 집에서는 벽 쪽에 깊은 구덩이를 파고 창고로 만든 흔적도 있었다. 또, 어떤 집에서는 흙을 구워 만든 하수관도 출토된 걸 보면 매우 깔끔한 도시환경이었던 듯하다.

각종 물건을 만드는 공장도 있었다. 풍납동토성에서 출토된 쇳물을 부어 괭이를 만드는 틀(용범), 용광로에 바람을 불어넣는 파이프(송풍관), 뜨겁게 달군 쇠를 집는 집게, 유리를 만들고 남은 찌꺼기, 그릇을 만드는 데 쓰는 흙덩이 등이 그 증거이다. 즉 풍납동토성 안에서는 제사지내고, 연못에서 물고기를 기르고, 흙 없는 포장도로를 걷고, 반지하의 아늑하고 넓은 집에서 살고, 각종 고급 물건을 만드는 일이 있었던 것이다.

풍납동토성의 성문 자리는 아직 확인되지 않았다. 그러나 중국을 비롯한 다른 나라의 예와 비교한다든지 남아있는 성벽의 모습을 잘 살펴보면 성문이 있었던 자리도 어느 정도 추정할 수 있다. 우선, 길이가 겨우 200m 정도인 남쪽 성벽에는 성문이 없었던 것 같다. 그러나 길이가 1,500m에 달하는 동쪽 성벽에는 적어도 3개 정도의 성문을 만들었을 것이다. 가장 북쪽에 있던 성문은 지금 시장으로 변해 성벽조차 없어졌을 것으로 보이고, 중앙문은 아마도 지금의 영파여고 뒤의 작은 길에 있었을 것이다. 그리고 가장 남쪽에 있던 성문은 극동아파트와 현대리버빌아파트 사이로 지나는 큰 도로에 있었을 것이다. 그렇다면 성문 사이의 거리는 약 400m 정도가 된다. 이렇게 성문이 일정한 간격을 유지했다는 것은 풍납동토성 안의 도로와 건물이 비교적 반듯반듯 잘 정리되어 있었음을 뜻한다.

성문은 서쪽에도 있었을 것이다. 『삼국사기』에는 '서문에서 불이 났다'든지 '왕이 서문으로 나가서 활 쏘는 것을 구경했다'는 기록이 있다. 그러니까 왕이 풍납동토성에서 살았다면 당연히 서쪽에 문이 있었을 것이다. 하긴 백제사람들은 한강과 바다를 많이 이용했으므로 배로 풍납동토성 옆 강변에 닿은 뒤 성 안으로 드나들려면 아무래도 서쪽에 성문이 하나쯤은 있는 것이 자연스럽다. 다만, 서쪽은 한강과 바로 맞닿는 곳이고 풍납동은 종종 홍수로 큰 수해를 입었을 정도로 한강 범람 가능성이 높은 지대이므로 성문을 여러 개 만들어놓지는 않았을 것이다. 한편, 남쪽 성벽에 성문이 없었던 걸 보면 북쪽 성벽에도 성문을 만들지 않았을 가능성이 있다. 그러나 남쪽 성벽보다는 북쪽 성벽이 길고 또 북쪽으로 넓은 평야가 이어지기 때문에 사람들이 편하게 드나들기 위해 작은 성문을 만들었을 수도 있다.

풍납동토성 안에만 사람들이 살았을까? 언뜻 생각하면 성은 사람들을 안전하게 지켜주는 시설이니까 성벽 안쪽에만 사람들이 살았을 것 같지만, 실은 그렇지 않다. 성 안은 좁기 때문에 많은 사람이 살기에는 불편하기 때문이다. 그래서 평상시에는 성 바깥에서 살다가 무슨 일이 나면 짐을 싸서 성 안으로 피하는 사람들도 적지 않았다. 풍납동토성 바깥에서는 아직 백제 때의 집터를 찾지 못했다. 그러나 고구려의 수도였던 국내성에서는 성 바깥에 지은 집들을 많이 발견한 적이 있다. 같은 무렵 백제도 크게 다르지는 않았을 것이다.

마침 2004년에는 동쪽 성벽 바깥 가까운 곳에 아파트를 지으려다 나무로 틀을 짠 우물을 발견했다. 우물은 하늘에서 내려다볼 때 한자의 井(우물 정)자 모양으로 나무를 짜맞추었는데, 그 깊이가 약 2.5m 정도였다. 그러나 우물 안에서 우물의 틀을 짤 때 썼던 나무들이 더 발견되었으므로 우물의 윗부분 일부가 부서지기 전에는 3m 가까이로 조금 더 깊었을 가능성이 있다.

우물 안에서는 새끼줄로 목을 감은 항아리가 발견되었다. 두레박으로 썼던 항아리인데 언젠가 우물에 빠진 것일 터이다. 누군가가 우물에 빠뜨린 또아리도 원래 모습 그대로 발견되었다. 아마도 물동이를 이고 가려고 머리에 얹었다가 우물에 빠뜨렸을 것이다. 우물 안에는 복숭아 씨앗도 있었다. 복숭아를 통째로 빠뜨린 것인지 아니면 먹다 빠뜨린 것인지 씨앗만 남아있어 알 수 없지만, 이렇게 많은 물건이 빠져 있다는 것은 오랜 기간 많은 사람들이 사용했음을 시사한다.

성벽 바깥의 우물에서 물을 길어간 사람들은 아무래도 성 안에 살던 사람들이 아니었을 것이다. 풍납동토성 바깥에도 백제 사람들이 많이 살았기에 우물을 남긴 것이다. 아주 예전에 백제 사람들이 살던 집터가 암사동에서도 발견된 적이 있다. 풍납동에서 북동쪽으로 한참 걸어가면 닿을 수 있는 곳이다. 그리고 1992년에는 인근 하남시의 미사리에서도 백제 때 경작한 넓은 밭과 집터가 많이 발견된 적이 있다. 지금의 풍납동에서 암사동, 하남 미사리에 이르기까지 그 넓은 지역에 백제사람들이 많이 살았던 것이다.

백제 사람들은 주로 채식을 하였다. 특히 쌀·콩·보리·삼麻·기장·조·피·밀·팥·귀리 등의 곡식을 많이 먹었다. 그중 쌀은 세금의 기준이 될 정도였는데, 다른 곡식에 비해 맛이 좋고 부드러우며 영양이 풍부해서 상류층일수록 좋아했다. 자연히 신분이 낮은 사람들은 먹기 어려웠을 것이다.

곡식을 먹는 방법은 여러 가지였다. 불에 굽거나 볶은 뒤 미숫가루로 만들어 물에 타서 먹는 방법, 찜을 쪄서 먹는 방법, 쇠솥에 넣고 밥을 해 먹는 방법, 나물 등과 함께 넣어 죽을 만들어 먹는 방법 등이 있었다. 그중 찜은 먹기까지 시간이 많이 걸리고 음식물이 덜 불어나기 때문에 생산력이 낮았던 고대에는 그리 적당한 조리법이 아니었다. 그런데도 풍납동토성이나 몽촌토성처럼 지배자들이 살던 지역에서 시루가 많이 출토되는 걸 보면 상류층은 찜을 자주 해먹었던 것 같다.

일반 백성은 대개 곡식을 끓여 먹었다. 가장 흔한 것은 죽이었다. 곡식의 양이 충분하지 못할 때 부족한 부분을 물과 채소·나물 등 다른 먹을거리로 보충할 수 있고, 겨를 잘 벗겨내지 못한 거친 곡식을 먹기 좋게 만드는 장점이 있어서다. 일본의 고대 기록에는 아욱을 많이 먹었다는 이야기가 있는데, 백제사람들도 아마 아욱죽을 즐겨 먹었을 것이다. 그리고 봄철에는 쑥·냉이를 넣은 죽도 많이 해먹었다. 쑥·냉이·아욱 죽은 토기의 흙냄새를 없애는 데에도 효과적이었을 것이다.

오늘날과 같은 밥은 쇠로 만든 솥이 나온 뒤에나 지어먹을 수 있었다. 마침 몽촌토성에서는 5세기 초엽에 만든 움집터에서 쇠솥 파편이 발견된 적이 있다. 쇠솥을 만들어 쓰려면 우선 철을 다루는 기술이 발달해야 하는데, 백제는 3~4세기경에 이미 중국으로부터 강철 만드는 기술을 익혔다고 한다. 그러므로 늦어도 4세기경에는 쇠솥으로 밥을 지어먹었을 것이다.

4세기 후반이 되면 백제 사람들은 세발토기와 같은 반찬그릇을 많이 만들어 쓰게 된다. 밥과 반찬 구분 없이 달랑 한두 가지만 먹는 방식보다 밥과 반찬을 가리는 식사방식이 생기기 시작한 것이다. 반찬에는 채소·나물류가 많았을 것이다. 당시 즐겨 먹던 채소·나물은 주로 고사리·근대·미나리·무·토란·깨·가지·쑥·갓·달래·냉이였다. 그리고 나물을 요리할 때 가장 많이 사용한 조미료는 역시 소금이었다.

백제는 고구려·신라와 치열하게 다투었던 만큼 군사들에게 단백질을 충분히 공급해야 했다. 그러려면 고기도 많이 먹어야 했을 것이다. 그래서인지 고대 기록에는 사냥하는 이야기가 많이 나온다. 그때 가장 많이 잡은 사냥감은 사슴이며, 그밖에 노루·멧돼지·토끼·여우·곰 등이 포함되었다. 사냥한 고기는 불에 직접 굽는 방법, 삶거나 끓이는 방법, 얇게 저민 뒤 말려 포를 만드는 방법 등이 있었다. 이때 고기 특유의 냄새를 줄이고 맛을 더하기 위해 소금을 비롯해 몇 가지 간단한 조미료를 뿌리기도 했다.

백제에서 쓰인 조미료는 식초·꿀·엿·간장·된장 등이 대표적이다. 통일신라 때이지만, 신문왕이 왕비를 맞아들이면서 처가에 예물로서 쌀·술·기름·꿀·간장·된장·포·젓갈 135수레를 보냈다는 기록이 있다.

간장·된장·젓갈 등과 함께 근채류를 저장했다가 먹는 짠지는 겨울철의 저장용 식품으로서 쓸모가 매우 많았다. 근채류와 몇몇 야채를 소금에 절인 장아찌류의 식품이 있었다. 오늘날 삼국시대 백제유적에서 단단한 항아리류가 많이 발견되는 것은 저장용 식품을 오래 담아두어야 했기 때문이다.

풍납동토성 경당지구 44호 발굴

풍납동토성의 중앙부에 해당하는 경당지구는 1999년~2000년에 1차, 2008년에 2차 발굴 조사가 이루어졌다. 경당지구에서 확인된 유구는 제사유구, 우물과 궁궐창고, 일반 집자리와 폐기장 등이다. 이러한 유구들은 대체로 기원후 3세기경부터 한성이 함락되는 475년까지 사용된 것들이다.

제사유구인 여呂자형 건물터는 전실前室과 본실本室로 구성되며 본실은 너비 16m, 길이 18m 이상의 큰 건물이다. 본실 외곽으로 ㅁ자형의 도랑이 감싸고 있다. 도랑은 너비 1.5~1.8m, 깊이 1.2m 정도로 일정하며, 바닥에는 2~3중의 대형 판석板石을 깔았다. 건물터 안쪽에 판자를 대고 판자 바깥에 흙을 두껍게 발랐으며, 바닥면에는 점도가 높은 점토를 깔아 정리하였다. 치밀한 설계와 많은 공력이 투입된 대형 구조물로서 특수 공공시설, 특히 국가나 왕실이 주관하는 큰 규모의 제사가 치러지던 제사공간으로 추정한다.

백제 한성기의 국가제사는 동명묘 제사, 천지 및 산천에 대한 제사 등이 있었다. 이 건물터는 범부여계의 시조인 동명을 모신 사당, 즉 동명묘로 추정한다. 백제의 동명묘는 온조왕 원년에 설치되었으며 한성기 말기까지 왕실에서 제사를 지낸 곳이다.

풍납동토성 경당지구 44호
여呂자형 건물지 위치

풍납동토성 경당지구 44호 여呂자형 건물지 | 한신대학교박물관

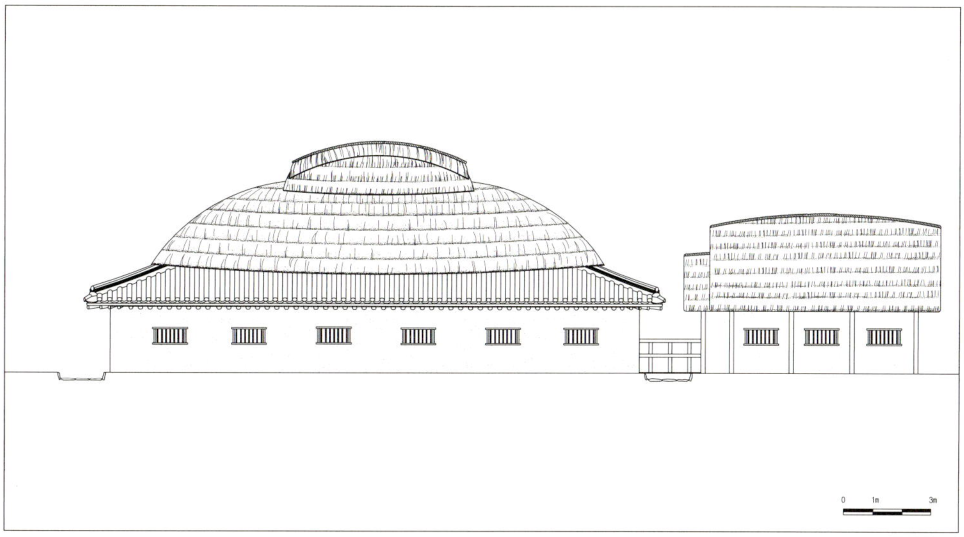

풍납동토성 경당지구 44호 여呂자형 건물지 복원안

풍납동토성 경당지구 44호 여呂자형 건물지 복원모형

백제의 집자리

백제의 성립 이전 집자리의 평면은 대부분 원형, 방형, 말각방형 등의 모양이었다. 백제가 성립되는 기원 전후부터 집의 규모가 커지고 출입 공간이 따로 분리되면서 본실과 전실로 나뉘는 철凸자형, 여呂자형 집자리로 발전하였다. 3세기경에는 본실이 육각형인 집자리가 나타나는데, 한강과 임진강 유역에 집중적으로 분포한다. 육각형 집자리는 다른 형태에 비해 큰 규모로서 신분이 높은 사람들이 살았을 것으로 추측한다.

대표유적	서울 풍납동토성, 몽촌토성, 하남 미사리, 파주 주월리, 포천 자작리·성동리, 의정부 민락동, 화성 발안리, 용인 수지·고림동, 가평 대성리, 남양주 장현리, 아산 갈매리

풍납동토성 가-2호 육각형 집자리 | 국립문화재연구소

육각형 집자리 가상 복원도

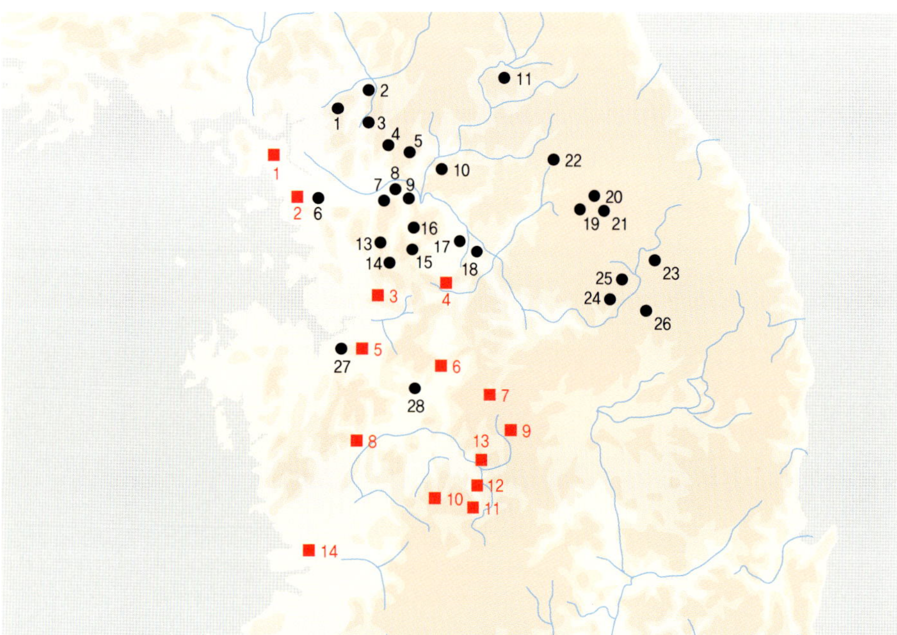

■ 4주식 집자리

1. 김포 양촌동
2. 부천 범박동
3. 화성 석우리
4. 연기 응암리
5. 화성 발안리
6. 천안 두정동
7. 천안 장산리
8. 청양 분향리
9. 청주 봉명동
10. 공주 안영리
11. 계룡 두계리
12. 공주 장선리
13. 연기 석교리
14. 석천 옹남리

● 육각형 집자리

1. 파주 주월리
2. 포천 성동리
3. 포천 자작리
4. 의정부 민락동
5. 남양주 장현리
6. 광명 소하동
7. 서울 몽촌토성
8. 서울 풍납동토성
9. 하남 미사리
10. 양평 양수리
11. 춘천 삼천동
12. 용인 수지
13. 용인 풍덕천동
14. 용인 구갈동
15. 용인 고림동
16. 광주 장지리
17. 이천 효양산
18. 여주 연양리
19. 횡성 중금리
20. 횡성 화전리
21. 횡성 둔내
22. 홍천 하화계리
23. 정선 예미리
24. 단양 수양개
25. 영월 팔괴리
26. 영월 외룡리
27. 화성 발안리
28. 아산 갈매리

백제 사람의 밥상

백제 사람들은 음식을 먹을 때 숟가락과 젓가락을 사용하였고 주발, 합, 대접, 접시, 술잔, 찻잔 등을 사용하였다.

백제 상류층의 건강식단

먹거리 재료

종류		이름
식물	곡물류	쌀, 보리, 밀, 기장, 조, 피, 메밀, 콩, 팥, 깨, 녹두, 마
	나물·채소류	아욱, 고사리, 미나리, 참나물, 기름나물, 근대, 백합, 쑥, 가래, 달래, 냉이, 무, 박, 가지, 토란, 칡, 마늘, 부추, 파, 상추, 연근
	과일·견과류	감, 개암, 밤, 도토리, 호두, 대추, 복숭아, 살구, 참외, 배, 사과, 머루, 포도, 수박, 잣
동물	수류	개, 소, 말, 돼지, 멧돼지, 사슴, 노루, 토끼, 염소
	조류	닭, 오리, 꿩, 참새, 기러기, 비둘기
	어류	조기, 돔, 농어, 복어, 준치, 민어, 숭어, 정어리, 방어, 청어, 대구, 넙치, 가오리, 갈치, 멸치, 양태, 상어, 고래, 게, 잉어, 미꾸라지 등 민물고기
	패류	굴, 바지락, 고동, 우렁, 백합, 조개, 소라, 꼬막, 홍합, 전복, 대복

먹거리 종류

종류	이름
육류	수육, 구이 / 직접 말려서 포脯로 만들어 먹음 / 술이나 소금에 절임 / 훈제 / 생식 / 찜, 고깃국, 불고기
어류	젓갈: 소금에만 절인 것 / 식해: 소금과 쌀밥을 섞어 절인 것 어육장: 소금과 메주가루를 섞어 절인 것 / 포, 생식膾, 찜, 구이
곡물류	밥: 쌀밥, 오곡밥, 찰밥 / 떡: 절편糗餌, 인절미粉餈, 유밀과粔籹 장醬: 간장, 된장 / 술: 과일 발효, 누룩 활용
채소·과일류	혜醯: 소금을 이용하여 채소나 과일을 절임 / 각종 나물·침채류·국 등의 재료 / 양념용
기타	꿀을 이용한 감미로운 음식 / 각종 차茶문화 발달

백제의 부뚜막

백제 사람들은 여름철이면 야외에 화덕을 만들어 음식을 조리했고, 겨울철에는 온돌 가까이에 마련한 부뚜막에서 음식을 조리하였다. 부뚜막은 대체로 중앙에 솥 받침을 놓고, 봇돌(아궁이 양쪽에 세우는 돌) 위에 이맛돌(아궁이 위 앞에 가로로 길게 걸쳐 놓은 돌)을 올려 아궁이火口를 만들었다. 또한 봇돌과 이맛돌을 연결하여 흙으로 아궁이틀을 만들었다.

조리도구 중 가장 기본적인 것은 솥, 바리, 계란모양토기, 시루이다. 바리, 계란모양토기는 아궁이에 올려 음식을 조리하는데 사용하였으며, 시루는 아궁이에 걸친 계란모양토기 위에 놓고 음식을 찌는데 사용하였다. 바리로 죽을 만들거나 고기를 삶았으며 조리한 음식들은 소반이나 각종 그릇에 담았다. 한편 음식을 조리하기 전에 곡물은 주로 항아리에, 육류나 어류는 푸줏간에 저장하였다. 몽촌토성에서 조사된 저장구덩이는 음식과 곡물을 저장하는 곳이었다.

포천 자작리 출토 시루 · 계란모양토기(경기문화재연구원)

시루 사용모습(한신대학교박물관)

273 **사발 盌**
서울 풍납동토성 현대연합주택부지 가-18호 구덩이 | 높이 6.8

274 **세발토기 三足器**
서울 풍납동토성 현대연합주택부지
가-S4E0 내 토기산포유구 | 높이 5.6

275 **병 瓶**
서울 몽촌토성 87-1호 집자리
높이 14.0 | 서울대학교박물관

276 **아궁이 장식틀** 爐址用土製品
서울 풍납동토성 현대연합주택부지 가-9호 집자리 | 길이(좌) 46.0

277 **계란모양토기** 長卵形土器
서울 풍납동토성 강동빌라부지 1호 구덩이 | 높이 36.2

토기의 쓰임새

백제 한성기 토기는 용도에 따라 저장용, 조리용, 운반용 등으로 분류된다. 저장용으로는 큰독大甕과 큰 항아리大壺, 물이나 술 등을 담아 놓는 장군橫缶 등이 있다. 음식을 조리할 때에는 부뚜막에 걸어 큰 솥의 역할을 했던 계란모양 토기, 작은 솥 역할을 했던 깊은바리, 음식물을 찔 때 사용하는 시루甑 등 다양한 토기를 조리방법에 맞추어 사용하였다. 운반용인 동이罐는 물이나 곡물 등의 음식물을 담아 나를 수 있도록 손잡이가 붙어 있다. 이러한 생활용기뿐만 아니라 무덤에 껴묻거리로 사용한 부장용 토기, 제사를 지낼 때 사용한 의례용 토기, 지방 수장층에게 내린 고급 토기도 있다.

백제 토기는 신라·가야에 비해 일상생활용 토기가 무덤의 껴묻거리 토기보다 풍부하게 발견되는 것으로 보아 백제가 실용적인 면을 선호하였음을 알 수 있다.

백제 가마

백제 한성기의 가마는 내부 바닥이 경사져 오르는 모양의 오름 가마登窯이다. 가마는 아궁이, 연소실, 소성실, 굴뚝으로 구성되며, 바닥의 경사도는 10~20° 안팎이다. 연료를 태우는 연소실과 토기를 안치하는 소성실을 따로 만들었다. 한성기 가마는 연료를 위에서 던져 넣는 수직낙하식의 불 때는 곳燃燒室이 있는 것이 특징이다.

한성기의 토기가마터 유적으로는 화성 가재리·청계리, 파주 와동리·능사리·야당리·목동리, 김포 학운리, 광명 소하동, 평택 백봉리, 용인 농서리, 인천 불로지구, 진천 산수리·삼룡리, 공주 귀산리, 천안 용원리 유적 등이 있다. 백제 토기는 낮은 온도에서 오랜 시간에 걸쳐 굽기 때문에 신라·가야 토기의 표면 색깔이 회청색을 띠는 것과는 달리 회(흑)색을 띤다.

풍납동토성 내부 발견 토기가마

278 **받침모루** 內拍子
서천 봉선리 1지역 6호 집자리 | 높이 7.2, 5.5, 6.1 | 국립부여박물관

279 **검은간토기_합** 黑色磨研土器_盒
천안 용원리 9호 돌덧널무덤 | 높이 12.4 | 국립공주박물관

280 **타날판** 打捺板
하남 이성산성 A지구 1차 저수지 | 길이 5.0 | 국립중앙박물관

281 **특이한 모양의 토기** 異形土器
서울 우면동 2호 집자리 | 높이 10.8

282 **경질무문토기_바리** 硬質無文土器_鉢
서울 풍납동토성 삼표산업사옥부지 제3조사갱 XIII층 | 높이 15.7

백제 기와

기와는 집의 지붕을 덮는 건축자재로, 백제 한성기 기와는 암·수키와와 수막새 등이 있다. 백제 사람들은 4세기를 전후하여 주로 궁궐·관청·사원 등의 건물에 기와를 사용하였다. 한성기 기와는 풍납동토성, 몽촌토성, 석촌동고분군 등 주로 도성에서 출토되며 파주 주월리, 용인 고림동·구갈리, 광주 장지동, 화성 석우리 먹실, 발안리 등 지방의 20여 개 마을유적에서도 출토되었다. 기와는 낙랑의 영향을 받아 사용하기 시작하였으며 굽는 온도는 낮다. 대부분 회색을 띠며 두께는 1㎝ 안팎으로 얇다. 기와는 모골模骨, 거푸집을 사용하여 만든 것과 모골을 사용하지 않고 점토 띠를 쌓아 만든 것이 있다.

한성기의 수키와는 무늬가 없는 것이 대부분이고, 암키와는 격자무늬·선무늬가 있다. 수막새에는 풀꽃무늬(초화문), 수목문, 전문, 원문, 능형문, 연화문 등 여러 가지 무늬를 새겼다. 불교가 융성하기 시작한 웅진기의 수막새에는 연꽃무늬蓮花文가 대부분이며, 사비기에는 연화문 외에 파문巴文이나 무문無文의 수막새도 있다.

수막새 瓦當
서울 풍납동토성 197번지 마-1호 건물지 | 길이 29.8
국립문화재연구소

수막새 瓦當
서울 풍납동토성 197번지 라지구 지표수습 | 높이 11.7
국립문화재연구소

수막새 瓦當
서울 석촌동고분 | 지름 12.8
서울대학교박물관

수막새 瓦當
서울 몽촌토성 | 복원 지름 22.0
서울대학교박물관

백제 수막새의 무늬

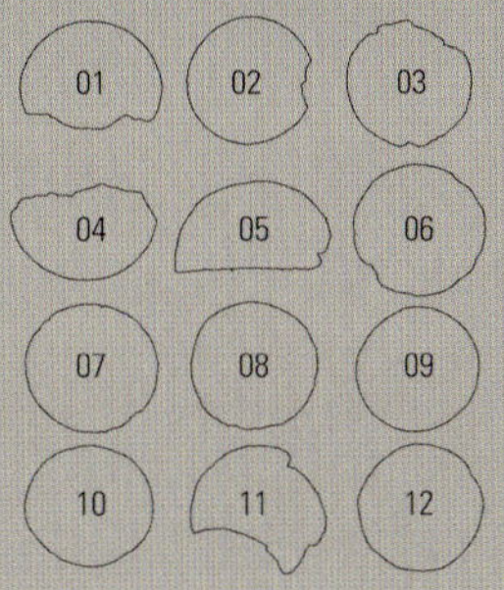

01~05 동전무늬
06 민무늬
07~09 풀꽃무늬
10~11 짐승 얼굴무늬
12 수레바퀴무늬

283 **수막새 瓦當**
서울 풍납동토성 | 국립문화재연구소, 한신대학교박물관

284 **수키와 圓瓦**
서울 풍납동토성 미래마을부지
가-47호 구덩이 | 현 길이 13.5

285 **수키와 圓瓦**
서울 풍납동토성 미래마을부지
가-47호 구덩이 | 현 길이 16.6

286 **수키와 圓瓦**
서울 풍납동토성 미래마을부지
가-31호 폐기유구 | 길이 30.1

287 **벽돌 塼**
서울 풍납동토성 현대연합주택부지 나-2호 집자리 | 현 길이 25.0

288 **주춧돌 礎石**
서울 풍납동토성 현대연합주택부지 가-17호 구덩이 | 현 길이 34.3 | 국립문화재연구소

한성사람의 맵시

백제의 옷

중국 역사서인 『남사南史』와 『북사北史』에 '백제 의복은 고구려와 비슷하다'란 기록이 있다. 백제 옷은 고구려와 비슷하여 남자는 저고리와 바지를, 여자는 저고리와 치마, 두루마기를 입었다. 저고리 길이는 엉덩이를 덮을 정도이며 허리띠를 둘러 여미고 깃·섶·끝동 등에는 선이 있었다. 두루마기는 소매가 넓으며, 중국식 두루마기도 입었다.

왕은 긴 소매의 자색 대수포大袖袍 상의에 가죽허리띠를 두르고 청색 비단바지를 입었다. 머리에는 금꽃으로 장식한 검은색 비단관烏羅冠을 썼고, 검은 가죽신을 신었다. 백제 사람들은 신분에 따라 옷의 재질과 색깔을 구분하여 입었다.

백제관인의 옷 색깔과 허리띠 색깔

관등/구분	관등명	옷 색깔 服色	허리띠 색깔 帶色
1	좌평 佐平	자색紫色 은꽃 장식의 관銀花冠飾	자색紫色
2	달솔 達率		
3	은솔 恩率		
4	덕솔 德率		
5	한솔 扞率		
6	나솔 奈率		
7	장덕 將德	다홍색 緋色	
8	시덕 施德		검은색 早色
9	고덕 固德		붉은색 赤色
10	계덕 季德		푸른색 靑色
11	대덕 對德		누른색 黃色
12	문독 文督	푸른색 靑色	흰색 白色
13	무독 武督		
14	좌군 佐軍		
15	진무 振武		
16	극우 剋虞		

289 가락바퀴 紡錘車
서울 풍납동토성 현대연합주택부지 가-2호
집자리 바닥 | 지름 5.0

290 가락바퀴 紡錘車
서울 풍납동토성 현대연합주택부지
가-S5W1 내 아궁이유구 | 지름 4.1

291 가락바퀴 紡錘車
서울 풍납동토성 현대연합주택부지
가-서쪽 트렌치 | 지름 4.4

292 가락바퀴 紡錘車
서울 풍납동토성 동성벽 A지점 II'토루 | 지름 5.2

293 가락바퀴 紡錘車
서울 풍납동토성 소규모주택 신축부지
서성벽 지구 289호 | 지름 4.2

294 가락바퀴 紡錘車
서울 풍납동토성 미래마을부지
가-6호 구덩이 | 지름 3.8

백제의 꾸미개(장신구)

백제의 꾸미개는 관, 귀걸이, 목걸이, 허리띠장식, 신발 등이 있다. 이들 꾸미개는 시간이 지날수록 제작기술이 발달하여 점차 세련되고 화려해진다. 한성기의 관은 앞뒤에 새날개장식이 붙고 중앙이나 뒤에 얇은 대롱이 붙는 것이 특징이다. 대롱 위에는 작은 반원을 붙였다. 웅진기와 사비기에는 직물로 만든 모자에 금, 은으로 만든 장식을 꽂았다.

백제귀걸이는 드리개가 없는 민귀걸이素環耳飾와 드리개가 있는 장식귀걸이垂下付耳飾가 있다. 귀에 거는 중심 고리는 모두 가늘다. 장식귀걸이의 드리개는 샛장식中間飾과 끝장식垂下飾을 갖춘 것과 끝장식만 있는 것이 있다. 샛장식은 공모양球體이 많고 북모양도 있다. 끝장식은 하트모양, 열쇠모양, 원모양이 있다. 중심고리와 끝장식을 사슬로 연결한 것이 많고 드리개를 중심 고리에 연결할 때 금실을 두세 번 감은 것이 많다. 이 외에도 중심고리나 샛장식에 구슬을 붙이기도 한다. 이러한 요소는 백제귀걸이의 특징이며 가야, 일본귀걸이도 이와 유사하여 백제문화가 가야와 일본에 영향을 미친 것중 하나이다.

목걸이는 마노·호박·유리·탄정 등으로 만들었다. 유리로 만든 구슬은 크기, 색깔, 모양이 다양하다. 탄정과 함께 유리에 금박을 입히는 금박유리구슬은 백제 목걸이의 특징이다.

허리띠 꾸미개는 중국 영향을 받아 만들기 시작하였다. 천이나 가죽으로 만든 띠에 금·은·금동으로 만든 장식을 붙여 왕, 신하의 허리띠로 사용하였다. 몽촌토성과 풍납동토성에서 출토된 허리띠 꾸미개는 초기의 모양이다. 장식에 사용한 문양은 짐승얼굴무늬獸面文·용龍·쌍엽雙葉·삼엽三葉 등이 있다.

금동신발은 일상생활용품이라기보다는 죽은 사람의 발에 신겨 무덤에 묻을 때 사용한 장례용품이었다. 신발은 좌·우 옆판 2매와 바닥판 1매로 만들었다. 옆판은 발등과 발뒤꿈치에서 접합하고 바닥판은 옆판 아래쪽 가장자리를 꺾어 끼웠다. 옆판과 바닥판에는 철凸자, 마름모꼴格子文, 거북등무늬龜甲文 등의 문양을 새겼다. 바닥판에 스파이크만 붙다가 시간이 지날수록 옆판과 바닥판에 달개(영락)가 추가된다. 일본의 에다후나야마고분, 후지노키고분 등에서 출토된 금동신발의 문양, 제작기법이 백제 금동신발과 매우 유사하여 백제 영향을 강하게 받았음을 말해준다.

295 **금달개 金製瓔珞**
서울 석촌동 3호분 | 금판 지름 0.8 | 서울대학교박물관

297 **금귀걸이** 金製耳飾
천안 용원리 37호 움무덤 | 길이 2.7 | 국립공주박물관

296 **금귀걸이** 金製耳飾
서울 석촌동 4호분 주변 | 길이 3.7 | 서울대학교박물관

299 **금제이식·옥** 金製耳飾 · 玉
화성 마하리 돌방무덤 제1시상 | 지름 1.1(옥 0.9)
서울대학교박물관

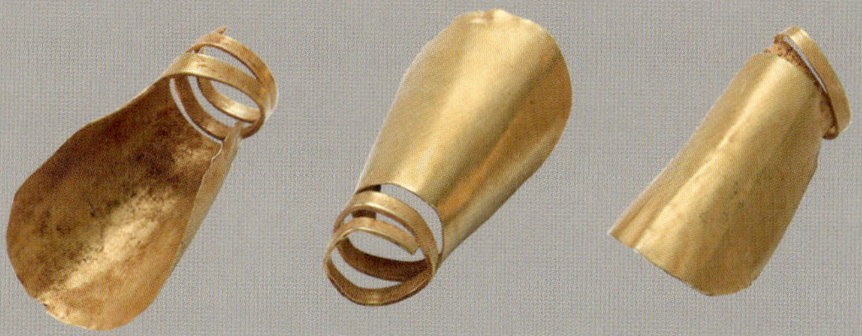

298 **금귀걸이** 金製耳飾
김포 양촌 2-9지점 6구역 1호 도랑 돌린 덧널무덤 | 길이 2.5
한강문화재연구원

300 **쇠가위** 鐵剪
서울 몽촌토성 88-2호 집자리 | 길이 16.0
서울대학교박물관

301 **대형바늘** 大針
서울 풍납동토성 현대연합주택부지 나-N3E2 그리드 | 길이 16.1

금동신발(복원)

302 **금동신발** 金銅飾履
고흥 길두리 안동고분 | 길이 (좌)30.6
전남대학교박물관

금동관모 (복원)

303 금동관모 金銅冠帽
고흥 길두리 안동고분 | 높이 23.8
전남대학교박물관

구슬과 제작도구

구슬玉

백제 무덤에서는 구슬이 많이 출토되었다. 마한사람들이 금·은보다 구슬을 귀하게 여겼다고 한 만큼 구슬은 권위의 상징이었다. 구슬을 옷에 부착하는 것은 물론 구슬로 만든 다양한 물건들을 사용하였다.

구슬의 종류는 유리·천하석·연구슬·수정·호박 등이 있다. 가공모양에 따라 둥근구슬丸玉, 대롱구슬管玉, 연주구슬連珠玉, 다면구슬多面玉 등으로 나뉜다. 제작기법은 유리용액을 거푸집에 붓거나 철봉에 말아 일정한 크기로 잘라 만든다.

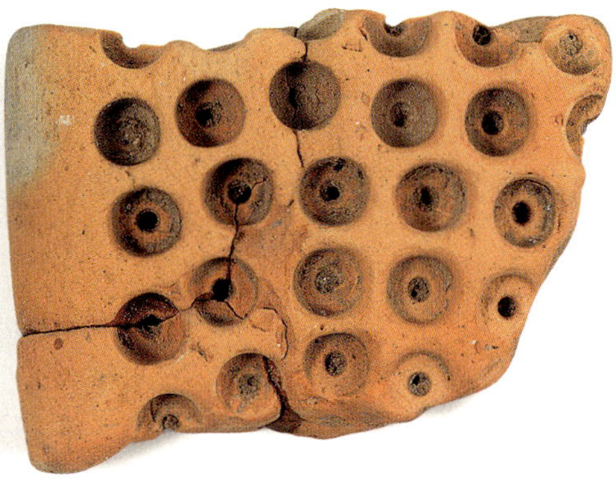

304 **구슬 거푸집** 玉鎔范
서울 풍납동토성 경당지구 206호 우물 I 지름 3.5 I 한신대학교박물관

305 **옥연석** 玉研石
서울 석촌동 3호분 I 지름 22.5 I 서울대학교박물관

307 **유리구슬** 玉
서울 풍납동토성 경당지구 127호 유구 | 길이(관옥) 2.1 | 한신대학교박물관

뒤

앞

306 **구슬단추** 玉釦표
서울 풍납동토성 동벽B지점 | 지름 1.4

308 **구슬** 玉
군포 부곡동 1지구 9호 움무덤 | 길이(관옥) 1.8 | 중앙문화재연구원

03-2.

어떻게 살았을까
사상 · 풍속

백제의 사상으로는 토착신앙과 유교, 도가, 불교 등이 알려져 있다. 유교와 도가에 대한 이해는 한문 보급과 밀접히 관련된다. 백제 사람들은 유교와 도가사상에 대한 이해 위에서 불교를 받아들였다. 백제에는 바둑과 주사위 같은 놀이가 있었으며, 특히 개로왕은 바둑을 좋아했다. 악기로는 북과 피리, 백제금百濟琴이 알려져 있다.

1. 문자와 정신세계

근초고왕 때 박사 고흥이 역사책인 『서기書記』를 편찬하였다든가, 장군 막고해莫古解가 『도덕경道德經』의 문구를 인용하였다는 기록으로 보아 일찍이 유교와 도가 사상이 들어와 있었음을 알 수 있다. 그리고 384년 침류왕은 동진東晋으로부터 불교를 받아들였다. 백제에는 전통적인 토착신앙도 남아 있었다.

309 **토우 土偶**
여주 연양리 7호 구덩이 | 길이(우) 5.0
고려문화재연구원

310 **경질무문토기_바리 硬質無文土器_鉢**
여주 연양리 7호 구덩이 | 높이 30.2
고려문화재연구원

2. 놀이와 풍속

백제 사람들은 투호, 바둑과 장기, 저포, 악삭, 농주 등을 즐겼다. 백제의 악기 중 북과 피리는 하늘과 땅에 제사 지내는 종교의식에 사용되었다. 백제금百濟琴은 가야금과 비슷한 현악기로, 광주 신창동과 대전 월평동 유적에서 출토되었다.

백제의 놀이

구분	설명
투호 投壺	병을 놓고 일정한 거리에서 화살을 던져 넣는 놀이
바둑 圍棊·圍碁·奕棊	두 사람이 검은 돌과 흰 돌을 나누어 가지고 바둑판 위에 번갈아 하나씩 두어 가며 승부를 겨루는 놀이
저포 樗蒲	주사위 놀이
악삭 握槊: 일명 쌍육 雙六	윷을 놀려 말을 옮기는 놀이
농주 弄珠	7개 또는 9개의 나무공을 가지고 공중으로 계속 던지면서 공이 원을 그리며 돌게 하는 놀이

311 **바둑알** 棋石(복제)
일본 정창원

312 **바둑알통** 銀平脫合子(복제)
일본 정창원

313 **바둑판** 木畵紫檀碁局(복제)
일본 정창원 | 지름 49.0, 높이 12.7

314 **쌍육**
국립민속박물관

315 **현악기 絃樂器(복원)**
광주 신창동 저습지 | 길이 77.2 | 국립광주박물관

03-3.

영원히 사는 곳, 무덤

백제 한성기에는 사람이 죽으면 움무덤土壙墓, 돌무지무덤積石塚, 흙무지무덤墳丘墓, 돌덧널무덤石槨墓, 돌방무덤石室墓 등에 묻었다. 움무덤은 가장 일반적인 무덤이며 돌무지무덤은 한성기에 상류층이 사용하였다.

흙무지무덤墳丘墓은 두 사람 이상이 묻히는 다장묘多葬墓이며, 돌덧널무덤은 지방 사람들이 많이 사용하였다. 돌방무덤은 가장 발달한 형태의 고대 무덤으로서 주로 한성기 말기에 사용하였다.

무덤의 종류

움무덤土壙墓

움무덤은 역사적으로 가장 오래되고 일반적인 무덤으로 움을 파고 나무로 널을 짜서 묻은 것이다. 종류는 널, 널과 덧널, 덧널만 사용한 3종류가 있는데, 널만 쓴 것이 가장 흔하다.

서울 석촌동 3호분 대형 움무덤 | 서울대학교박물관

돌무지무덤積石塚

돌무지무덤은 지상에 돌을 쌓아 봉분을 만들고 그 안에 매장 시설을 만든 무덤이다. 돌무지무덤의 문화는 고구려 무덤에서 찾을 수 있다. 백제 한성기의 돌무지무덤은 서울 강남지역을 중심으로 분포하는데, 외부 형태에 따라 돌을 무더기로 쌓은 것無基壇式과 정연하게 계단 모양으로 쌓은 것基壇式으로 구분된다.

서울 석촌동 고분군

흙무지무덤墳丘墓

흙무지무덤은 미리 흙을 쌓아 분구를 만들고 그 안에 매장시설을 만든 무덤이다. 매장 시설은 나무널과 독널甕棺 등 다양하다. 둘 이상의 시신을 한 분구 안에 차례로 묻기 때문에 시간이 지날수록 무덤이 점점 커지는 것이 특징이다.

김포 운양동 유적

돌덧널무덤石槨墓

돌덧널무덤은 긴 네모 모양의 구덩이를 파고 돌을 쌓아 네 벽을 만든 덧널을 만들고 그 안에 나무로 널을 짜서 만든 무덤이다. 가야나 신라에서 많이 만들었으며 백제에서는 주로 지방에서 사용하였다.

광주 대쌍령리 1호 돌덧널무덤

돌방무덤石室墓

돌방무덤은 돌방 한쪽에 사람이 드나들 수 있는 널길羨道을 만든 무덤이다. 출입구가 있어 추가장이 가능하기 때문에 부부를 비롯한 가족합장에 사용하였다. 백제 한성기의 돌방무덤은 고구려나 신라와 달리 땅을 깊이 파고 만들기 때문에 봉분이 낮은 것이 특징이다. 백제 한성기에 도입되어 멸망기까지 가장 보편적으로 사용되었다.

서울 우면산 1호 돌방무덤

석촌동·가락동·방이동고분군

서울시의 급속한 도시개발로 많은 유적이 파괴되는 바람에 지금은 그 자취를 찾아보기 어렵게 되었지만, 수십 년 전만 하더라도 송파구의 가락동·석촌동 일대에는 수많은 백제 무덤들이 떼를 이루고 있었다. 이들 고분군은 대체로 한강에서 1㎞이내의 평지 혹은 낮은 구릉에 입지하고 있다. 주위에는 넓은 늪지가 형성되어 있을 뿐 아니라 남쪽의 탄천炭川과 북쪽의 송파천松坡川이 한강 본류에 합류하면서 생긴 일종의 삼각형 지형 안에 고분군이 위치하여 하천을 매우 중요하게 여겼음을 알 수 있다.

가락동고분군은 지금까지 모두 3차례 조사되었다. 첫 번째 조사는 일제 때 이루어졌으나, 그 내용이 거의 알려지지 않는다. 두 번째 조사는 1969년에 가락동 1·2호분에 대한 것이었고, 세 번째는 1970년대 중반에 도시개발의 여파로 연접한 석촌동고분군과 함께 조사하였다. 지금까지 모두 6기를 발굴하였는데, 1·2호분은 모두 방대형의 흙무지무덤墳丘墓로서 평지에 있었으며, 3·4·5·6호분은 돌방무덤으로서 낮은 구릉에 위치하였다. 이 가운데 가장 주목되는 것은 2호분이다. 12×15m 크기의 방형 흙무지 안에 단식 독무덤 1기와 3기의 토장土葬시설이 포함된 형태로서, 중국 양자강유역의 이른바 토돈묘土墩墓와 연결되는 다장분多葬墳이기 때문이다. 이러한 형태의 무덤은 흔히 움무덤가 땅을 파고 시체를 묻는 방식인 데 반해, 땅 위에 먼저 흙을 쌓아 흙무지를 만들고 그 속에 시체를 묻는다는 점에서 크게 다르다. 한반도에서는 한강과 영산강유역에서 특히 많이 발견된다. 가락동 2호분의 경우, 4기의 매장주체시설이 차례차례 포장되었으므로 흙무지의 폭은 넓지만 높이는 2.2m에 불과했다. 유물로는 쇠창鐵矛 띠고리鉸具·작은칼·꺾쇠와 같은 금속제품을 비롯해 목이 짧은 검은 작은 항아리黑陶小壺 2점, 회색의 단단한 항아리 4점 등이 출토되었다. 발굴단에서는 2~3세기에 조영된 것으로 추정하였다.

석촌동고분군은 지금 몇 기만 복원된 채 공원으로 남아있지만, 1917년 무렵만 하더라도 90여 기의 무덤이 군을 이루었다고 한다. 1974년에 3호분과 4호분을 조사한 이래 10여 년간 순차적으로 발굴함으로써 백제 초기 고분의 구조와 계통이 생각보다 훨씬 다양하고 복잡하다는 사실을 알게 되었다. 석촌동 3호분처럼 순수한 돌무지무덤이 있는가 하면, 이른바 석촌동파괴분처럼 5기의 매장주체시설이 한 봉토 안에 들어가 있는 흙무지무덤이 공존하며, 석촌동 4호분이나 석촌동 1호분 북분처럼 외형은 돌무지무덤이지만 내부의 매장주체시설은 점토로 충전된 무덤도 있다.

서울 석촌동고분군

석촌동 3호분은 동-서 방향의 길이가 약 50.8m이고 남-북 방향의 길이가 48.4m로 추정되는 방형의 돌무지무덤이다. 산에서 채취한 할석을 계단 모양으로 최소 3단 이상 쌓았는데, 높이는 4.5m 이상이었던 것으로 알려진다. 땅을 잘 고른 후 40~50㎝ 두께로 진흙을 깔아 다지고 그 위에 자갈돌과 지대석地臺石을 차례로 깔았으며, 이후 대체로 40㎝가 넘는 크기의 할석과 작은 판석으로 층층이 쌓아올렸다. 내부 시설을 전면 발굴한 적이 없어 자세히 알 수 없으나, 몇 차례의 조사를 통해 묘역 내에서 중국 동진東晋시대에 해당하는 자기 파편과 금으로 만든 달개瓔珞, 그리고 백제 토기의 파편들을 수습하였다. 이 무덤은 대체로 4~5세기경에 축조하였을 것으로 추정되는데, 규모와 출토된 유물만 본다면 백제의 왕릉이었다고 해도 무리가 아니다. 현재 학계에서는 이 무덤에 묻힌 사람을 근초고왕으로 추정한 견해가 널리 인정받고 있다.

석촌동 A호분·1호분·4호분과 같은 형태의 무덤은 적석분구묘라고 부르는데, 원래 흙으로 쌓은 무덤의 봉분 위에 돌을 덧쌓은 형태이다. 이들 적석분구묘가 한강유역에 조영된 시기는 대략 3세기 후반부터 5세기 단계까지의 대략 100~200년간이라고 한다. 왕릉급인 석촌동 3호분과 아주 가까이 위치하며 규모도 대형이라는 점에서 주목된다.

백제 지배층의 무덤이 모두 돌무지무덤이거나 흙무지무덤이였던 것은 아니다. 석촌동 3호분의 동쪽에는 많은 움무덤이 분포하고 있었는데, 그 중 1980년대 후반기에 조사한 1·2호 움무덤에서연질·경질의 짧은목 항아리短頸壺와 금으로 만든 귀걸이 장식耳飾이 출토되었으며, 8호 움무덤에서는 중국의 동진시대(317~420)에 만들어진 청자 네 귀 달린 항아리四耳壺의 파편이 수습되었다. 발굴 조사단은 8호 움무덤이 축조된 시기를 4세기 중엽이라고 추정하였다.

학자들 중에는 방이동고분군이 원래 백제 무덤이라고 주장하는 사람도 있지만, 통설은 6세기 중엽 신라가 한강유역에 진출한 후 조영한 것이라는 해석이다. 그러나 방이동고분군은 도합 8기 가운데 지금까지 4기만 조사된 상태인데다 가장 높은 곳에 위치한 5호분의 경우 매장주체시설이 구덩이식 돌덧널이라는 점에서 모두를 신라무덤으로 단정하기는 아직 이르다.

▶ 가락동·석촌동고분군 출토 대표유물

고분군	종류	유물
석촌동고분군	제2호 움무덤	금귀걸이
	제3호 움무덤	곧은 입 짧은목 항아리, 깊은바리, 쇠도끼, 쇠낫, 가래끝쇠 등
	제3호 돌무지무덤	금제달개, 중국 육조시대 자기항아리 목 부분, 검은간토기편, 회색연질토기편 등
	제4호 돌무지무덤	회색연질토기편, 검은간토기편, 회색연질기와편, 금제귀걸이 및 달개 등
가락동고분군	제2호분	검은 작은 항아리, 항아리, 철기, 독널 등
	제5호분	금동고리, 손칼, 토기편, 기와편 등

316 **두 귀 달린 항아리** 兩耳附壺
서울 석촌동 86-봉토분 | 높이 11.5 | 서울대학교박물관

317 **크고 곧은 입 항아리** 廣口直口壺
서울 석촌동 즙석봉토분 | 높이 6.9 | 서울대학교박물관

318 **검은간토기-크고 곧은 입 항아리** 黑色磨研土器_廣口直口壺
서울 가락동 2호분 | 높이 17.5 | 고려대학교박물관

319 **검은간토기_항아리** 黑色磨研土器_短頸壺
서울 석촌동 대형움무덤 적석부 | 높이 24.0 | 서울대학교박물관

320 굽다리접시 高杯
서울 석촌동 돌덧널무덤 | 높이 6.5 | 서울대학교박물관

321 굽다리접시 高杯
서울 석촌동 즙석봉토분 | 높이 6.2 | 서울대학교박물관

322 겹아가리 항아리 二重口緣壺
서울 가락동 2호분 | 높이 19.0 | 고려대학교박물관

323 곧은 입 항아리 直口壺
서울 석촌동 대형움무덤 4호 널무덤 | 높이 17.3 | 서울대학교박물관

03-4.

철, 강한 나라를 만들다

백제는 우수한 제철기술을 바탕으로 다양한 철기를 만들었다. 특히 수준 높은 상감기술을 이용해 칠지도를 만들어 왜왕에게 주기도 하였으며, 고리달린 큰 칼과 각종 장신구도 만들었다. 삽·괭이·낫을 비롯한 철제 농기구 사용은 농업생산력을 증대시켜서 국가체제를 안정시키는 데 도움을 주었으며 칼·화살촉 등의 철제무기는 다른 나라와 전쟁할 때 쓸모가 있었다.

철 다루기와 칠지도

백제는 철기를 제작하는 기술이 발달했다. 철은 원료인 철광석을 녹여 뽑아내는 제철과정을 통해 생산되며, 도구를 만드는 방법에는 주조鑄造와 단조鍛造가 있다. 주조란 용해로에서 만들어진 뜨거운 쇳물을 미리 제작된 거푸집에 부어 제품을 만드는 방법이다. 단조는 철을 반용융상태로 달군 뒤 망치로 두드려 원하는 모습의 철제품을 만드는 방법으로 풀무, 망치, 집게, 모루, 숫돌, 끌 등의 도구가 필요하다. 철을 생산하고 각종 철기를 제작하는 일은 국가의 주관하에 이루어졌다. 철은 주로 지방에서 생산하였고 중앙에서 관리·통제하였다.

제련과 관련된 유적으로는 화성 기안리 유적을 비롯해 여주 연양리, 가평 대성리, 마장리 유적 등이 있다. 진천 석장리 유적, 충주 칠금동과 탄금대토성, 청원 연제리 등에서는 제철 및 철기제작과 관련된 시설이 확인된다.

칠지도와 고리자루 큰 칼 등은 상감기법을 사용하여 금·은으로 장식하였다.

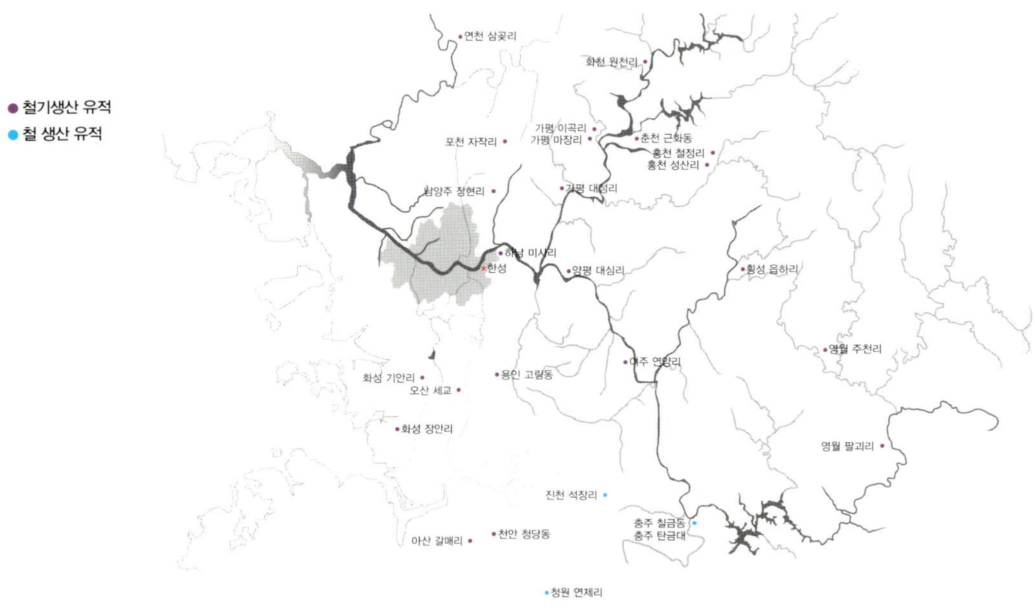

중부지방 원삼국~한성백제기 철 및 철기생산 유적

칠지도

칠지도는 현재 일본 나라현奈良縣 덴리시天里市 이소노카미신궁石上神宮에 있다. 전체 길이는 74.9㎝이고 손잡이 내지 연결부를 뺀 칼날 부분이 66.5㎝이다. '일곱 갈래의 가지로 된 칼'이라는 뜻을 가진 칠지도는 몸통 좌우로 3개씩 가지가 뻗어 있다. 명문은 앞면에 34자, 뒷면에 27자가 금상감金象嵌되어 있다. 명문 외곽으로는 금선金線이 상감기법으로 가늘게 둘러쳐져 있다.

상감기법은 백련강百鍊剛 과정을 거쳐 만들어진 강철 표면에 정으로 글씨나 문양을 파서 상감하는 것이다. 판 홈에 가늘게 뽑은 금실을 넣으면 금상감, 은실을 넣으면 은상감이 된다. 금실이나 은실을 넣고 다시 때려서 단단하게 밀착을 시킨 뒤 숫돌로 갈아서 다듬어 완성한다.

『일본서기日本書紀』 신공기神功紀 52년조를 보면 "백제의 구저久氐 등이 … 칠지도 하나와 칠자경七子鏡 하나…를 바쳤다"는 기사가 있다. 그러나 칠지도 명문에는 백제 왕세자의 명에 의해 만들었다고 기록되어 있어 근초고왕近肖古王, 346~375때 왜왕에게 하사했다는 해석이 일반적이다. 한편 전지왕腆支王 4년(408) 혹은 동성왕東城王 2년(480)에 제작되었을 것으로 추정하는 견해도 있다.

※ 칠지도에는 '백 번 단련한 강철로 칠지도를 만들었다造百練銕七支刀'라는 글자가 새겨져 있다. 이는 쇠의 성분과 조직형태를 균일하고 치밀하게 하기 위해 불순물을 제거하는 과정을 반복했다는 뜻이다. 그러기 위해서는 덩어리 철을 납작하게 만들어 여러 번 많이 접고 다시 풀무질하여 녹여서 때리는 단조과정을 반복해야 한다.

명문의 판독과 해독

앞면	泰△四年五月十六日丙午正陽造百練銕七支刀出(生)辟百兵宜供供侯王△△△△祥(作)
뒷면	先世以來未有此刀百濟王世子奇生聖音故爲倭王旨造傳示後世
앞면	태△ 4년 5월 16일은 병오인데, 이 날 한낮에 백번이나 단련한 강철로 칠지도를 만들었다. 이 칼은 온갖 적병을 물리칠 수 있으니, 제후국의 왕에게 나누어 줄만하다. △△△△가 만들었다.
뒷면	지금까지 이러한 칼은 없었는데, 백제 왕세자 기奇가 성음을 내었으므로 왜왕 지旨를 위해 만들었으니 후세에 전하여 보이라.

숯가마

철기를 만들기 위해서는 철광석뿐만 아니라 다량의 숯이 필요하다. 백제 한성기 숯가마는 중서부 지역에서 60여 기가 발굴되었다. 경기 남부 지역의 화성 기안리 유적에서는 제철 유적과 함께 조사되었고 화성 반송리와 분천리 유적, 오산 내삼미동 숯가마가 하나의 분포권을 이룬다. 한강 수계에서는 파주 교하리, 장호원 진암리, 충주 뒷골·큰골·수룡리 유적이 있으며 금강 수계에서는 대전 노은동·대정동·상대동, 청원 연제리·각리·송대리, 청주 강서동·용정동, 천안 신계리·용원리, 진천 사양리 유적이 있다. 그외에도 서산 무장리, 안성 만정리, 평택 용이동, 아산 명암리, 천안 불당리에서도 숯가마가 발굴된 바 있다.

백제의 숯가마는 제철 시설과 조합을 이루거나 주요 수로에 인접하여 위치한다. 이는 수운을 통하여 목탄을 제철소로 옮기고자 하였기 때문이며 국가 또는 국가의 위탁을 받은 지방 세력이 조업을 총괄한 것으로 보인다. 숯가마 가운데 가로로 길쭉하면서 한쪽 측면에 여러 개의 보조 화구를 갖춘 것이 있다. 이 가마는 측구부탄요側口附炭窯 또는 백탄요白炭窯라 불리는데 제철에 필요한 숯을 생산하던 시설로 추정된다.

앞면

뒷면

324 칠지도 七支刀(복제)
일본 이소노카미신궁 | 길이 74.9

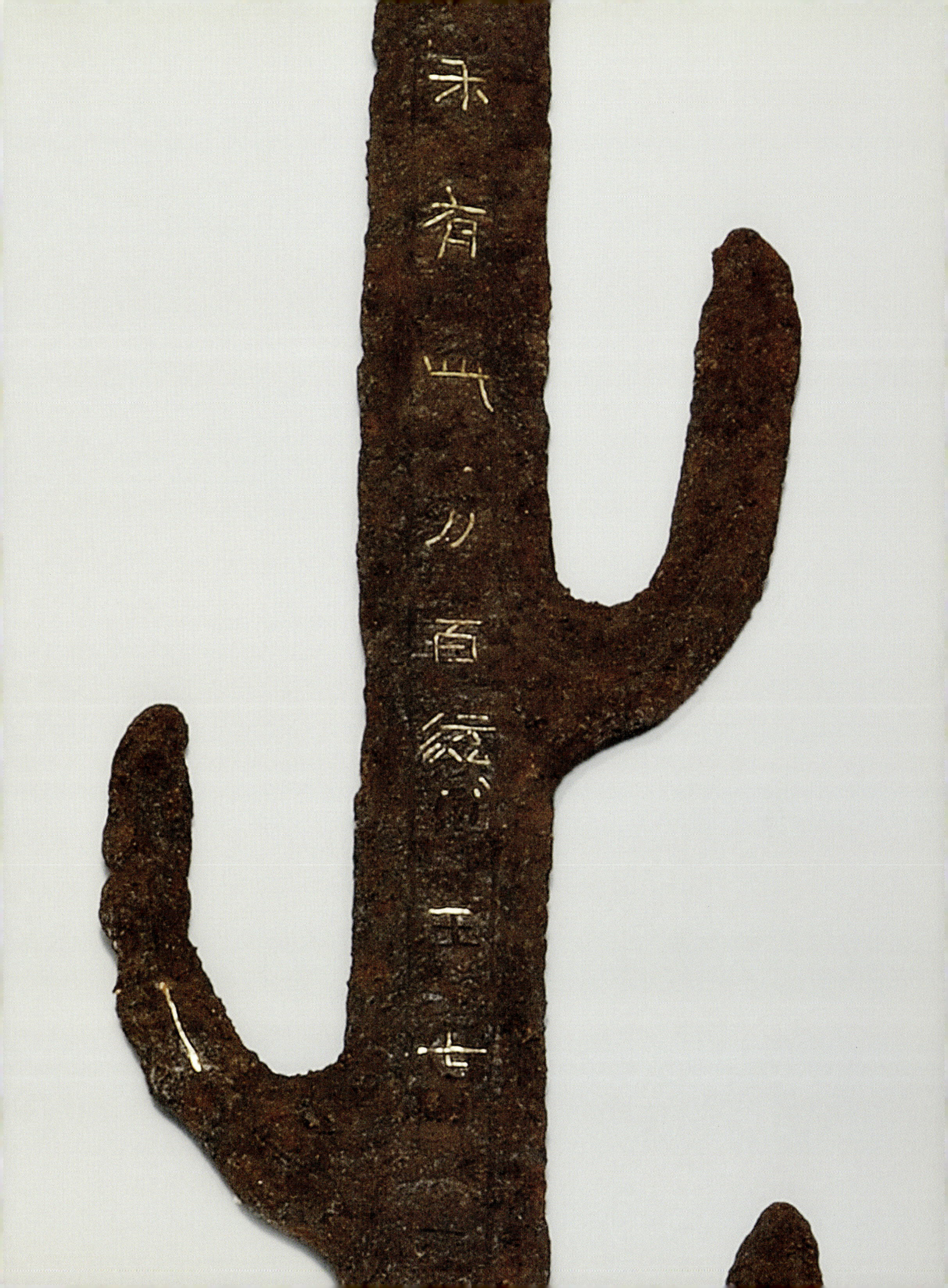
未有此刀百濟王世

325 **송풍관** 送風管
진천 석장리 수습유물 B구 | 길이 24.0 | 국립청주박물관

326 **송풍관** 送風管
진천 석장리 수습유물 A구 | 길이 49.0 | 국립청주박물관

백제의 농공구

백제의 농기구는 괭이, 삽날, 살포, 낫 등이 있다. 괭이와 삽은 땅을 밭으로 일구는 데 사용하였다. 살포는 논둑의 물꼬를 트는 데 이용하였는데, 지방 수장층의 권위를 상징하는 도구이기도 하다. 낫은 지금의 모양과는 달리 길고 끝만 조금 굽은 것으로, 무기로도 사용되었다.

공구는 손칼鐵刀子이 가장 많으며 쇠도끼와 끌도 적지 않다. 쇠도끼는 대형의 벌목용과 소형의 목가공용으로 분류할 수 있다. 이 밖에 집게, 가위, 망치 등의 단야구鍛冶具와 쇠스랑도 나온다. 이러한 철제 농공구의 사용은 사회 전반의 생산력을 증대시켰다.

327 **쇠끌 鐵鑿**
군포 부곡동 1지구 7호 움무덤 | 길이 16.0
중앙문화재연구원

328 **쇠끌 鐵鑿**
군포 부곡동 1지구 8호 움무덤 | 길이 18.0
중앙문화재연구원

329 **쇠끌 鐵鑿**
서울 풍납동토성 미래마을부지
가-3호 집자리 | 길이 18.9

330 **꺾쇠 鐵鋜**
서울 풍납동토성 미래마을부지
가-2호 집자리 | 길이(좌) 7.5

331 **쇠못 鐵釘**
서울 풍납동토성 미래마을부지
가-3호 집자리 | 길이 11.0

332 **쇠끌 鐵鑿**
김포 양촌 2-9지점 6구역 1호 도랑 돌린 덧널무덤
길이 20.5 | 한강문화재연구원

333 **쇠끌 鐵鑿**
서울 풍납동토성 현대연합주택부지 나-N2E1 그리드
길이 25.1 | 국립문화재연구소

334 **쇠손칼 鐵刀子**
서울 풍납동토성 가-4호 집자리 | 길이 16.1

335 **쇠손칼 鐵刀子**
김포 양촌 2-9지점 6구역 1호 도랑 돌린 덧널무덤
길이 16.4 | 한강문화재연구원

336 **살포** 鐵鏟
공주 수촌리 II-4호분 | 길이 99.6 | 국립공주박물관

337 **살포** 鐵鏟
화성 마하리 9호 돌덧널무덤 | 길이 9.0 | 서울대학교박물관

338 **쇠낫** 鐵鎌
군포 부곡동 2지구 5호 움무덤 | 길이 19.1 | 중앙문화재연구원

339 **쇠낫** 鐵鎌
군포 부곡동 1지구 4호 움무덤 | 길이 21.0 | 중앙문화재연구원

340 **쇠낫** 鐵鎌
하남 미사리 B-2호 집자리 | 길이 22.0 | 서울대학교박물관

341 **쇠낫** 鐵鎌
용인 수지 II-1호 집자리 | 길이 23.6 | 한신대학교박물관

백제 전쟁 역사

백제는 주변 여러 나라와 국경을 맞대고 있었기 때문에 전쟁이 많았다. 북쪽으로는 낙랑·말갈과 고구려, 남쪽으로는 마한, 동쪽으로는 신라와 잦은 전쟁을 하였고 그 전쟁을 통하여 세력을 키웠다. 특히 4·5세기 이후 백제는 남쪽으로 세력을 확장하던 고구려와 치열하게 다투면서 영토를 넓혔다.

4~5세기 전쟁 연표

분서왕 7년(304)	2월 낙랑의 서쪽 현樂浪西縣을 공격함
근초고왕 24년(369)	3월 가라7국 평정, 남만南蠻 침미다례忱彌多禮 정벌, 마한 잔여 세력 평정
	9월 고구려의 치양稚壤 침입을 물리침
근초고왕 26년(371)	고구려의 침입을 패하에서 물리침
	10월 평양성平壤城을 공격함, 고구려 고국원왕 전사
근초고왕 30년(375)	7월 고구려에게 수곡성水谷城이 함락됨
근구수왕 3년(377)	10월 왕이 3만 명을 거느리고 고구려의 평양성을 공격함
진사왕 6년(390)	9월 고구려의 도곤성都坤城을 빼앗음
진사왕 8년(392)	7월 고구려의 침입으로 한수 북쪽의 석현石峴 등 10여 성을 빼앗김
	10월 고구려에게 관미성關彌城을 빼앗김
아신왕 4년(395)	8월 고구려를 공격했으나, 패수浿水에서 크게 짐
아신왕 5년(396)	고구려가 왕도 한성 가까이까지 쳐들어오자 왕이 항복하고 아우, 대신 10인을 고구려에 볼모로 보냄(광개토대왕릉비)
아신왕 8년(399)	8월 왕이 고구려를 공격하려고 군사와 말을 징발하자 많은 백성이 신라로 도망감
아신왕 12년(403)	7월 신라의 변경을 침입함
비유왕 29년(455)	10월 고구려군이 침입하자 신라가 구원함
개로왕 15년(469)	8월 고구려의 남쪽 변경南鄙을 공격함
개로왕 21년(475)	9월 고구려에게 한성漢城이 함락됨, 개로왕 등이 살해됨

무기와 군사

▶ 백제의 무기

백제의 무기는 공격용과 방어용으로 나뉜다. 공격용 무기는 큰 칼大刀, 창鉾, 꺾창戈, 화살촉 등이 있다. 대도에는 손잡이에 고리가 있는 것과 없는 것이 있으며, 창은 직기형直基形과 연미형燕尾形이 있다. 화살촉은 관통력과 살상력을 높이기 위해 머리 부분이 버들잎 모양, 뱀머리 모양, 도끼날 모양, 송곳 모양 등으로 다양하다.

방어용 무기는 갑옷과 투구, 방패 등이 있다. 백제의 갑옷은 큰 철판을 결합하여 만든 판갑板甲과 작은 철판을 가죽으로 엮어 만든 찰갑札甲으로 나뉜다. 찰갑은 철, 뼈, 나무조각 등으로도 만들었으며 오산 수청동에서 찰갑이, 몽촌토성의 저장 구덩이에서 뼈 갑옷이 출토되었다.

▶ 백제의 군대

백제의 군대에 대해서는 기록이 적고 출토 유물이 많지 않아, 구체적인 내용은 알 수 없다. 그러나 고구려 사례를 통해 볼 때 백제군은 중무장기병重武裝騎兵 부대, 경무장기병輕武裝騎兵 부대, 칼劍·刀兵 부대, 창鉾·戟兵 부대, 도끼斧鉞兵 부대, 활·쇠뇌弓·弩兵 부대 등으로 나눌 수 있다. 백제는 각종 성곽의 축조·수리 및 군역에 15세 이상의 남자들을 동원하였다.

안악3호분 회랑 〈행렬도〉

342 **용무늬 고리자루 큰칼** 龍文環頭大刀
천안 용원리 1호·12호 돌덧널무덤 | 길이 81.5(우) | 국립공주박물관

343 **은새김 고리자루 큰칼** 銀象嵌環頭大刀
공주 수촌리 II-1호분 | 길이 84.4 | 국립공주박물관

344 **쇠칼** 鐵劍
안성 도기동 B지구 8호 움무덤 | 길이 45.0 | 중앙문화재연구원

345 **쇠칼** 鐵劍
김포 양촌 1-11지점 13호 도랑 돌린 덧널무덤 | 길이 104.0 | 한강문화재연구원

346 **쇠칼** 鐵劍
김포 양촌 2-9지점 6구역 1호 도랑 돌린 덧널무덤 | 길이 111.0 | 한강문화재연구원

347 **쇠칼** 鐵劍
김포 양촌 1-11지점 3호 도랑 돌린 덧널무덤 | 길이 120.0 | 한강문화재연구원

348 **투겁창** 鐵鉾
김포 양촌 2-9지점 6구역 1호 도랑 돌린 덧널무덤 | 길이 38.1
한강문화재연구원

349 **투겁창** 鐵鉾
김포 양촌 2-9지점 6구역 1호 도랑 돌린 덧널무덤 | 길이 35.8
한강문화재연구원

350 **투겁창** 鐵鉾
김포 양촌 2-9지점 6구역 1호 도랑 돌린 덧널무덤 | 길이 43.4
한강문화재연구원

351 **투겁창** 鐵鉾
안성 도기동 A지구 7호 움무덤 | 길이 26.0
중앙문화재연구원

352 **투겁창** 鐵鉾
군포 부곡동 1지구 7호 움무덤 | 길이 19.1
중앙문화재연구원

353 **투겁창** 鐵鉾
김포 양촌 2-9지점 6구역 1호 도랑 돌린 덧널무덤
길이 19.1 | 한강문화재연구원

354 **투겁창** 鐵鉾
서울 풍납동토성 미래마을부지가-3호 집자리
길이 20.0

355 **투겁창** 盤附鐵鉾
서산 부장리 | 길이 (하)36.7
충청남도역사문화연구원

356 **쇠도끼 鐵斧**
김포 양촌 2-9지점 6구역 1호 도랑 돌린 덧널무덤 | 길이 7.3
한강문화재연구원

357 **쇠낫 鐵鎌**
김포 양촌 2-9지점 6구역 1호 도랑 돌린 덧널무덤 | 길이 22.2
한강문화재연구원

358 **물미 鐵鐏**
서울 몽촌토성 88-2호 집자리 | 길이 14.1
서울대학교박물관

359 **쇠창 鐵戟**
가평 달전리 | 길이 40.2
국립중앙박물관

360 **쇠화살촉 鐵鏃**
서울 몽촌토성 | 길이 11.3 외 | 서울대학교박물관

361 **쇠화살촉 鐵鏃**
천안 용원리 9호 돌덧널무덤 | 길이 20.9 외 | 국립공주박물관

362 **쇠화살촉 鐵鏃**
김포 양촌 2-9지점 6구역 1호 도랑 돌린 덧널무덤 | 길이 6.5 외
한강문화재연구원

363 **쇠화살촉 鐵鏃**
서울 풍납동토성 경당지구 1호 유구 | 길이 8.2 | 한신대학교박물관

364 **쇠화살촉 鐵鏃**
서울 풍납동토성 현대연합주택부지 가-S5W1 그리드 상층
길이 6.3, 10.7

365 **쇠화살촉 鐵鏃**
서울 풍납동토성 현대연합주택부지 가-S4E0 그리드
길이 12.1

366 **쇠화살촉 鐵鏃**
서울 풍납동토성 현대연합주택부지 가-S4E0 그리드
길이 7.3

367 **쇠도끼 鐵斧**
파주 주월리 유물산포지 | 길이 11.5
한양대학교박물관

368 **쇠도끼 鐵斧**
군포 부곡동 1지구 7호 움무덤 | 길이 13.4
중앙문화재연구원

369 **쇠도끼 鐵斧**
서울 몽촌토성 88-방형유구 | 길이 16.5
서울대학교박물관

370 **쇠도끼 鐵斧**
군포 부곡동 1지구 8호 움무덤 | 길이 12.7
중앙문화재연구원

371 **쇠도끼 鐵斧**
서울 풍납동토성 현대연합주택부지 나-N4E2 그리드 | 길이 17.7
국립문화재연구소

372 **쇠도끼 鐵斧**
서울 풍납동토성 미래마을부지 가-3호 집자리 | 길이 14.3

373 **판갑 미니어처** 板甲模型
부안 죽막동 나5구 교란층 | 높이 6.2
국립전주박물관

374 **판갑** 板甲
음성 망이산성 | 높이 45.0 | 국립청주박물관

375 **말족쇄** 馬足鎖
서울 몽촌토성 85-3호 저장공 | 길이 31.1 | 서울대학교박물관

376 **화살통장식** 箭筒裝飾
천안 용원리 9호 돌덧널무덤 | 국립공주박물관

377 **청동말방울** 銅鐸
부안 죽막동 나2구 D5, 다2구 D6 경계부 | 높이 5.4 | 국립전주박물관

378 **말발굽** 蹄鐵
서울 몽촌토성 85-2호 집자리 | 길이 8.8
서울대학교박물관

379 **말안장(안교)** 鞍裝
천안 용원리 1호 돌덧널무덤 | 길이 61.0 | 국립공주박물관

04

글로벌백제

04-1.

백제, 바다로

백제는 서해와 남해로 이어지는 해안선이 길고 큰 강이 많아 해상활동에 유리했다. 이를 통해 중국 대륙, 일본 열도 및 아시아의 여러 나라와 활발하게 교류하였다. 백제 한성기에 이용된 항로는 육지 가까이로 운항하는 연안항로였다. 백제 후기에는 황해도 연안과 중국의 산둥반도를 직접 잇는 서해 횡단항로가 개발되어 더 짧은 기간에 중국이나 일본에 오갈 수 있었다.

백제 사람들은 배 만드는 기술이 뛰어났다. 백제 배는 백제방百濟舫 혹은 백제선百濟船으로도 불렸는데, 백제사람이 일본에 가서 배를 만들어 주었다는 기록도 있다. 백제 배의 바닥은 편평하고 돛은 1개인데, 돛이 2개라는 설도 있다.

백제의 항로

중국으로 가는 연안항로

한성포구(한강) – 강화도 – 해주만 – 강령만 – 대동강 하구 – 압록강 하구 – 요동반도 여순 – 산동반도 봉래(등주) · 영성(적산) – 회하 하구 – 양자강 하구 · 남경(건강성)

일본으로 가는 연안항로

한성(한강포구) – 인천만 – 남양반도 – 태안반도 – 금강하구 – 변산반도 – 영산강 하구 – 고흥반도 – 섬진강 하구 – 대마도 – 규슈 북부 – 오사카만 – 야마토

백제의 항로

04-2.

백제, 동아시아를 품다

4~5세기 한반도와 만주 지역에는 고구려, 백제, 신라, 가야가 있었다. 중국 대륙의 경우 4세기에는 남쪽의 동진東晉과 북쪽의 5호16국으로 분열되어 있었고, 5세기 남북조시대에 남쪽에는 송宋–제齊가, 북쪽에는 북위北魏가 있었다. 일본 열도는 고분시대古墳時代로 오사카大阪 부근의 야마토大和 정권이 중심 세력이었다. 동남아시아에는 곤륜국과 부남국이 있었다.

4~5세기 동아시아 여러 나라는 사람과 물자의 교류가 활발하였다. 고구려–전진·북위–신라의 북방연합과 백제–동진·송·제–가야–왜의 남방연합이 경쟁하는 가운데 동아시아 교역망의 중심에 백제가 있었다.

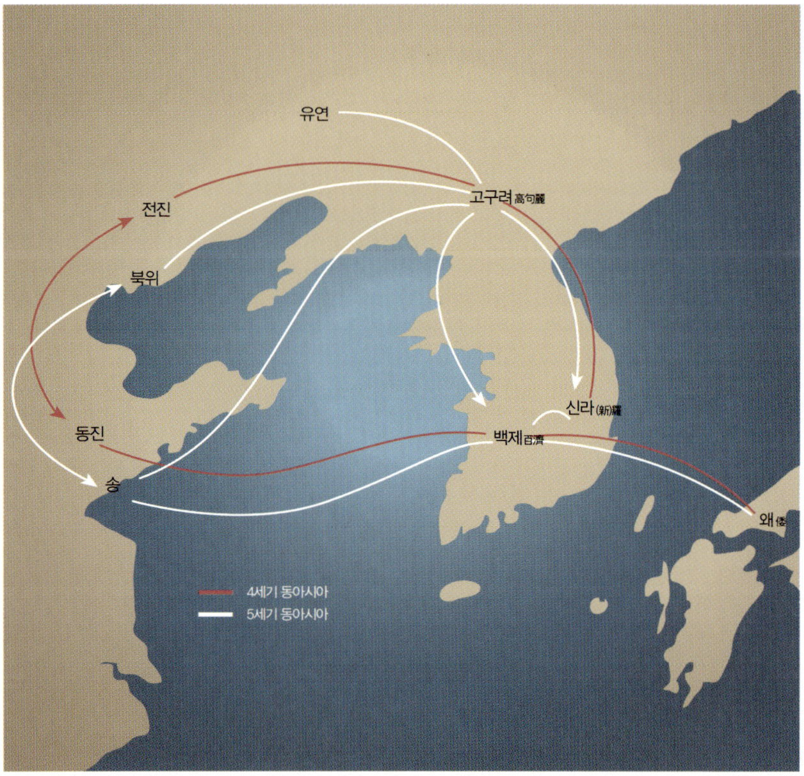

4~5세기 동아시아의 교류관계

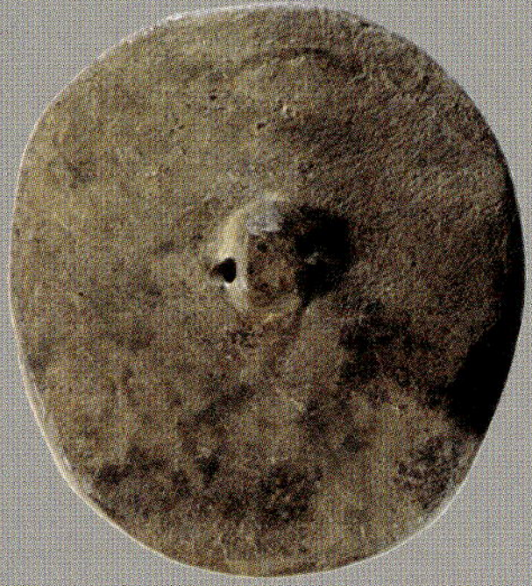

380 **돌거울** 石鏡
부안 죽막동 다4구 K6 표토층 | 지름 7.0
국립전주박물관

381 **청동거울** 銅鏡
부안 죽막동 다2구 D6, D7, E6, E7 옹 내부 | 지름 8.3
국립전주박물관

382 **인형모조품** 人形模造品
부안 죽막동 나5구 교란층 | 높이 9.5
국립전주박물관

383 **접시 달린 병** 杯附瓶
부안 죽막동 나3구 I4 | 높이 19.5
국립전주박물관

384 **배모양 토기** 舟形土器
높이 10.5 | 성신여자대학교박물관

385 **노** 櫓(복원)
서울 석촌동 즙석봉토분 | 길이 135.0 | 서울대학교박물관

고구려 · 신라 · 가야와의 교류

고구려는 낙랑 · 대방을 멸망시킨 이후 백제와 본격적으로 대립하였다. 371년 근초고왕의 평양성 공격으로 고국원왕이 죽은 뒤에 두 나라는 크게 충돌하였다. 396년 아신왕 때에는 광개토왕이 침입하여 왕도인 한성이 위기에 처하였다. 475년 고구려 장수왕이 한성을 함락시키고 개로왕을 죽였다.

신라는 4세기 무렵부터 백제와 본격적으로 외교 관계를 맺었고 5세기에는 두 나라의 관계가 우호적이었다. 368년 근초고왕은 신라에 좋은 말 2필을 보냈으며 433년 비유왕은 고구려의 남진에 공동으로 대항하기 위해 신라와 동맹을 맺었다. 475년에 고구려가 공격해 오자 개로왕은 신라에 군사 지원을 요청하였다. 이에 신라는 군사를 보내 도우려 하였으나, 구원군이 도착하기도 전에 백제 한성이 함락되었다.

가야의 여러 나라는 백제와 동맹관계였다. 우호 관계를 바탕으로 백제는 가야 지역을 거점으로 왜와 안정적으로 교류하였다. 가야는 백제의 도움을 받아 중국과 교류하였다. 풍납동토성 · 몽촌토성에서 출토된 가야토기는 이러한 교류관계를 보여준다.

386 **말띠드리개 杏葉**
천안 용원리 1호 돌덧널무덤 | 길이 8.0
국립공주박물관

387 **말띠드리개 杏葉**
합천 옥전 M3호 무덤 | 길이 13.5
국립김해박물관

388 **귀걸이 金製耳飾**
천안 용원리 9호 돌덧널무덤 | 길이 3.5 | 국립공주박물관

389 **귀걸이 金製耳飾**
합천 옥전 23호 움무덤 | 길이 5.8 | 경상대학교박물관

390 **금동관모** **錦洞冠帽**
서산 부장리 5호 분구 1호 움무덤 | 높이 15.9 | 국립공주박물관

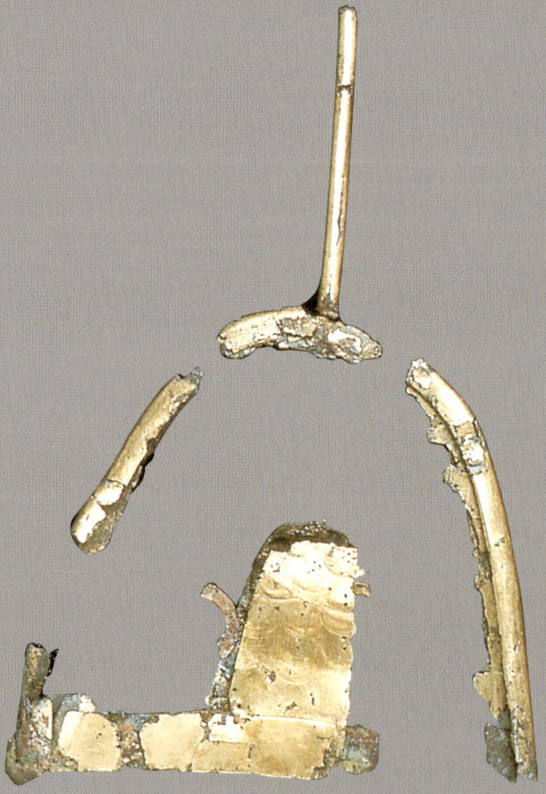

391 **금동관모** **錦洞冠帽**
합천 옥전 23호 움무덤 | 높이 13.5 | 경상대학교박물관

왜와의 교류

백제는 4세기부터 왜와 본격적으로 교류하였다. 선진 문물을 왜에 전하였으며 왜로부터는 특산물을 공급받았다. 특히 근초고왕 때에는 왜왕에게 칠지도와 칠자경을 보냈으며 아직기와 왕인 등을 보내 학문과 각종 기술을 전하였다. 백제는 고구려와의 전투에 왜병을 동원하기도 하였다.

한성기 백제와 왜의 교역품	
교역국	교역품
백제→일본(왜)	– 외교선물 : 칠지도, 칠자경, 흰 면포白綿, 바둑판, 오색 채견 – 특 산 품 : 서적(천자문, 역서 등), 매(매사냥), 철제품, 금속세공품, 불상, 불사리, 토기
일본(왜)→백제	– 외교선물 : 야명주(구슬) – 특 산 품 : 구슬, 목재

392 금동신발金銅飾履(복제)
에다후나야마고분 | 길이 34.0 | 일본 동경국립박물관

393 일본서기日本書紀(복제)

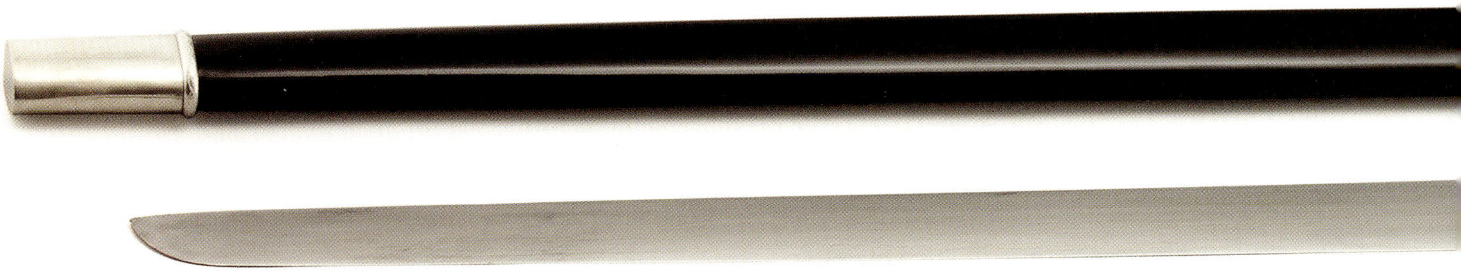

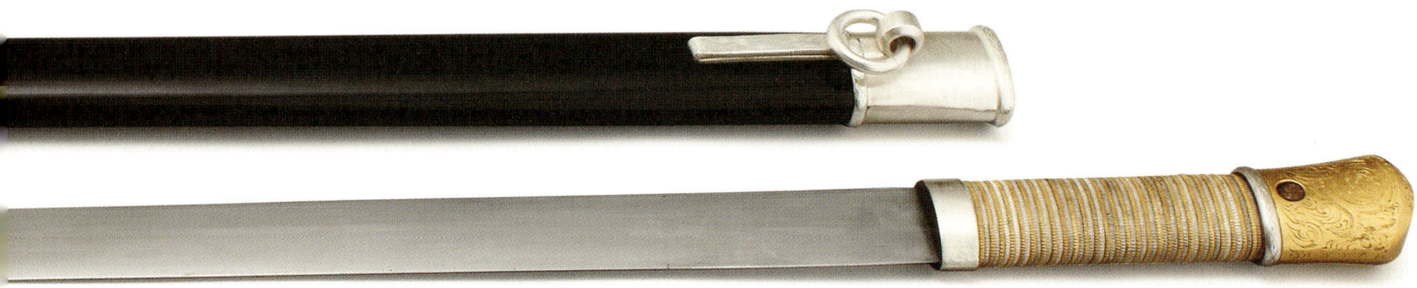

394 **규두대도** 圭頭大刀(복원)
나주 복암리 3호분 7호 돌방무덤 | 길이 88.0

395 **금동관모 金銅冠帽**
에다후나야마고분 | 길이 14.6 | 일본 동경국립박물관

396 **금동관모 金銅冠帽**
익산 입점리 1호 | 높이 13.7 | 국립전주박물관

중국과의 교류

백제와 중국은 서진(265~316)대인 3세기 말부터 빈번히 교류하였다. 이를 나타내는 유물로는 풍납동토성, 몽촌토성, 석촌동고분군에서 출토된 동전무늬도기錢文陶器, 청자, 초두, 허리띠장식 등이 있다. 그 밖에 오산, 원주, 천안, 서산, 공주, 익산 등지의 백제 무덤에서도 중국제 청자가 많이 출토되었다.

한성기 백제와 중국의 교역품

교역국	교역품
백제→중국(송)	– 외교선물 : 명광개(금휴개), 과하마 – 특 산 품 : 황칠, 인삼, 밤, 긴꼬리닭
중국(송)→백제	– 외교선물 : 무기(요노), 비단綵帛, 서적(열반경, 점복서, 역서, 경서 등), 비단도포錦袍 – 특 산 품 : 중국도자기, 비단, 차

397 **금동제 허리띠꾸미개 金銅銙帶金具**
서울 몽촌토성 85-1호 집자리 | 길이 4.3 | 서울대학교박물관

398 **양모양청자 羊形靑磁**
원주 법천리 2호 돌방무덤 | 높이 13.2 | 국립중앙박물관

399 **청동초두** 青銅鐎斗
원주 법천리 1호 돌방무덤 | 높이 19.7 | 국립중앙박물관

400 **청동초두** 青銅鐎斗
전 서울 풍납동토성 | 국립중앙박물관

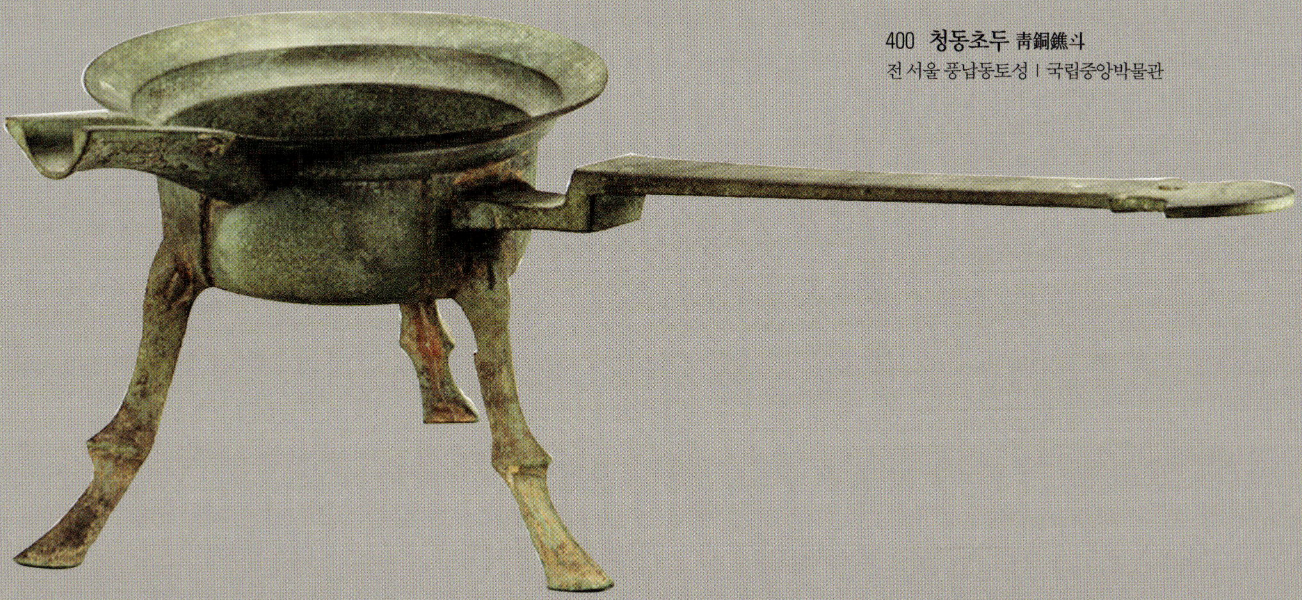

그림 속 백제사신

『양직공도梁職貢圖』는 중국 양梁 원제元帝: 재위 552~554가 왕자 시절인 539년경에 제작한 원본을 1077년에 북송北宋에서 모사한 것이다. 원래 35개국의 외국 사신 그림과 그 나라의 역사, 풍속 등을 기록하였으나, 지금은 12개국의 사신 그림과 기록만 남아 있다.

그림 속 백제 사신은 가늘고 길게 째진 눈매에 낮고 넓은 콧망울, 작지만 붉은 입술, 오동통한 볼이 특징이다. 머리에 흰색 관을 쓰고 두루마기와 바지를 입었으며, 검은색 가죽신을 신었다. 백제 사신 그림 옆에는 백제의 유래와 도성, 제도, 풍속 등에 대한 내용이 193자 적혀 있다. 이러한 사신 그림은 구체적인 백제인의 모습을 담은 것으로 유일하다.

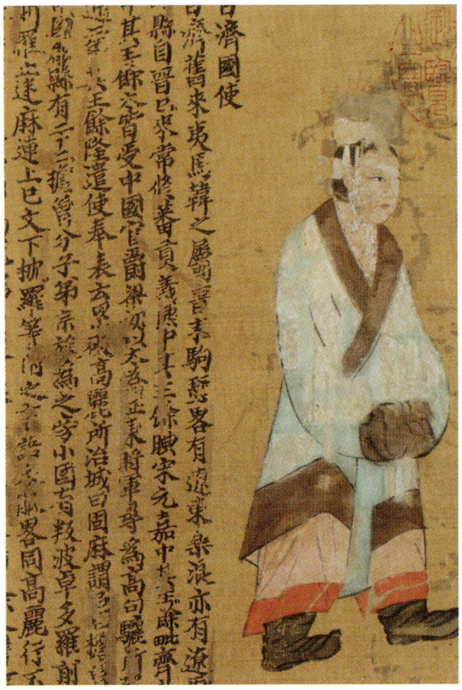

〈양직공도〉 백제국사

〈왕회도〉 백제국사

〈번객입조도〉 백제국사

『양직공도梁職貢圖』 속의 백제

- 백제는 옛날 동이의 마한에 속하던 나라이다. 진나라 말기에 고구려가 요동을 경략하자 낙랑도 요서의 진평현을 차지하였다. 진나라 이래로 항상 번공을 바쳤다.

  百濟 舊來夷馬韓之屬 晉末駒麗畧有遼東畧樂浪亦有遼西晉平縣 自晉已來常修蕃貢

- 의희(405~418) 중에 그 나라 왕인 여전(전지왕)이, 송나라 원가(424~453) 중에는 그 나라 왕이 여비(비유왕)가, 제나라 영명(483~493) 중에는 그 나라 왕인 여태(동성왕)가 모두 중국으로부터 관작을 받았다. 양나라 초에는 태(동성왕)를 정동장군으로 삼았다.

  義熙中 其王餘腆 宋元嘉中 其王餘毗 齊永明中 其王餘太 皆受中國官爵 梁初以太爲征東將軍

- 얼마 뒤 고구려에게 격파되었는데, 보통 2년(521) 그 나라 왕인 여융(무령왕)이 사신을 보내 표를 올리며 고려(고구려)를 여러 차례 깨뜨렸다고 말했다.

  尋爲高句驪所破 普通二年 其王餘隆遣使奉表云 累破高麗

- 왕이 있는 성을 고마라고 부르며 읍을 담로라고 부르는데 중국의 군·현과 같다. 22개의 담로가 있으며, 아들, 아우, 친척들에게 나누어 다스리게 한다.

  所治城曰固麻 謂邑曰檐魯 如中國郡縣 有二十二檐魯 分子弟宗族爲之

- 주변에 작은 나라들이 있는데 반파, 탁, 다라, 전라, 사라, 지미, 마련, 상기문, 하침라 등이 있어 부용한다.

  傍旁小國有叛波·卓·多羅·前羅·斯羅·止迷·麻連·上己文·下枕羅等附之

- 말과 옷은 대략 고구려와 같으며, 다닐 때 두팔을 벌리지 않고 절할 때 다리를 펴지 않는다. 모자를 관으로 쓰며, 유(저고리)를 복삼複衫이라 하고 고(바지)를 곤褌이라고 한다. 그 나라 말에는 중국말이 뒤섞여 있으니, 또한 진한의 풍속이 남아 있기 때문이다.

  言語衣服畧同高麗 行不張拱 拜不申足 以帽爲冠 襦曰複衫 袴曰褌 其言參諸夏 亦秦韓之遺俗.

401 **양직공도** 梁職貢圖(복제)
길이 25.0, 너비 192.0 | 중국 국가박물관

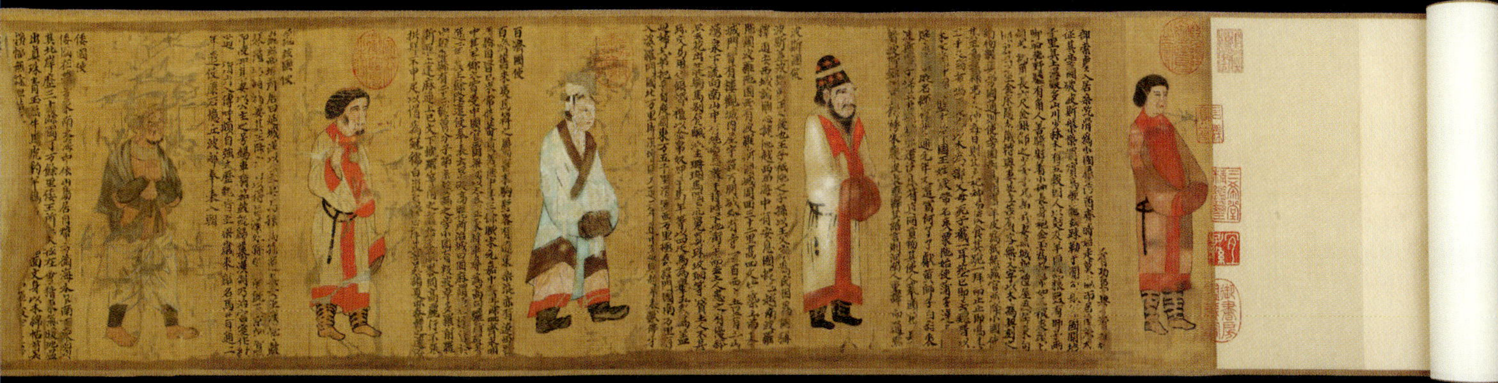

402 **왕회도** 王會圖(복제)
길이 28.1, 너비 463.0 | 대만 고궁박물원

芮芮國
波斯國
百濟國
胡蜜丹
白題國
中天竺

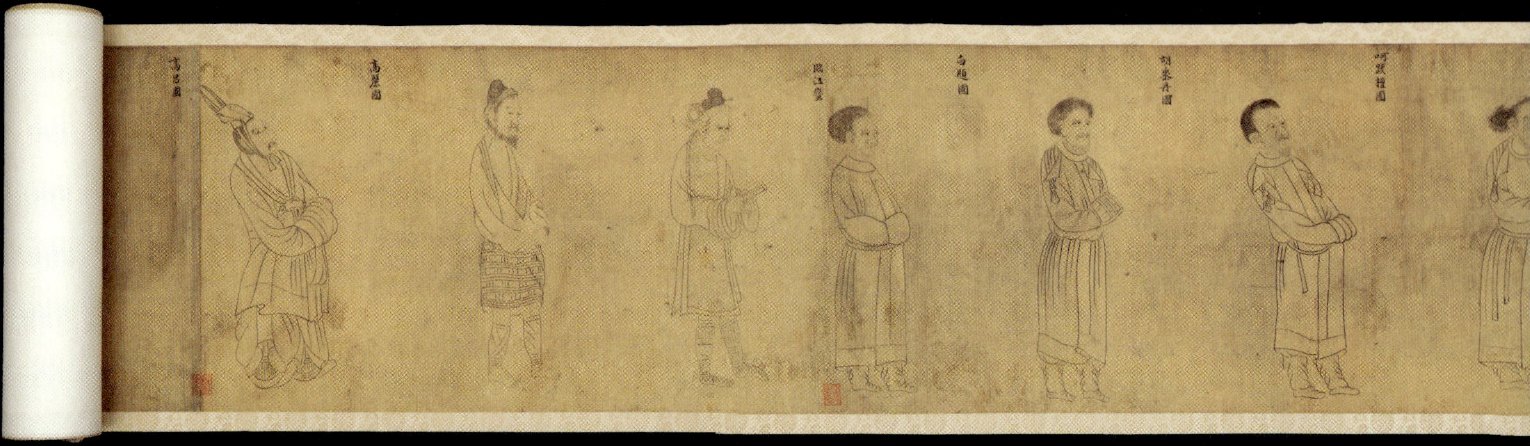

403 **번객입조도** 番客入朝圖(복제)

길이 26.8, 너비 660.0 | 대만 고궁박물원

狼牙脩國
鄧至國
波斯國
百濟國
龜茲國
倭國

〈양직공도〉 중 백제 사신의 모습

〈왕회도〉 중 백제 사신의 모습

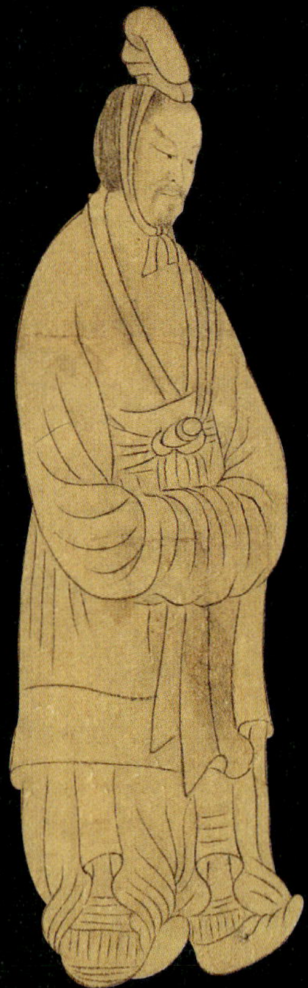

〈번객입조도〉 중 백제 사신의 모습

〈왕회도〉 중 신라 사신의 모습

〈왕회도〉 중 고구려 사신의 모습

〈번객입조도〉 중 고구려 사신의 모습

04-3.

백제의 배

백제 배의 구조

백제 배의 배밑底板은 조석간만의 차가 큰 서해안의 지리적 특성에 맞게 만조 때 밀물을 타고 갯가로 들어와 간조인 썰물 때는 갯바닥에 편하게 앉을 수 있도록 우리나라 전통 한선韓船과 같은 밑바닥이 평평하고 넓적한 '평저선 구조'였을 것으로 추정된다.

배의 측면인 뱃전杉板은 배밑의 양쪽 옆 가장자리 위에 턱을 따내고 턱 위에 널판을 대어 박아 겹쳐서 쌓아 올렸다.

배의 맨 앞쪽은 배밑의 앞머리 끝에서 시작하여 뱃전과 같거나 조금 두꺼운 널판을 가로방향으로 여러 개 접합하여 스키의 앞머리와 같은 유선형 곡선을 이루는 형태로(일정한 곡선을 이루면서) 배의 앞쪽船首 위로 뻗어나간 형태이다. 이와 같은 배 앞쪽의 유선형 곡선은 배가 앞으로 전진할 때 물로 받는 저항력을 줄이기 위한 의도이다.

배의 뒷부분은 배밑의 뒷머리 끝에서 시작하여 가로방향의 널판을 여러 개 접합하여 일정한 곡선을 이루면서 배의 뒤쪽船尾 위로 올라간 형태이다.

배의 측면인 뱃전 위에는 배가 양쪽으로 벌어지는 것을 막고 물의 압력으로 배가 안쪽으로 오그라드는 것을 막기 위해 뱃전을 가로지른 네모진 통나무인 멍에를 대어박아 배의 횡강력을 보강했다.

멍에 위에는 네모진 각재로 귀틀을 짜고 그 위에 가로로 널판(너장이라고도 함)을 깔아 갑판甲板을 만들었다.

배 갑판의 중앙에는 돛대를 1개 설치하였다. 현재까지 확인된 고려시대의 배의 돛이 모두 1개인 점으로 보았을 때 백제 배도 돛대는 1개일 가능성이 높다.

돛대의 아래쪽 맨끝의 돛대가 움직이지 않도록 네모진 나무토막을 나무못을 이용하여 고정하고 그 나무토막 가운데를 네모지게 판 대굽檣座을 설치하였다. 여기에 돛대를 양편에서 지탱하는 돛대 보조판인 구래짝(장협판이라고도 함)을 삽입하여 돛대가 전후좌우로 움직이지 않게 하였다.

백제 배는 베로 만든 돛인 포범布帆을 썼고, 돛의 가장 위쪽에 돛을 다는 상활과 가장 아래쪽에 돛을 연결하는 하활만 있으며, 상활과 하활 사이에는 활대가 없는 형태일 가능성이 높다.

양쪽 뱃전의 멍에 끝 부분에는 짧은 각재 기둥인 밑도리信防를 받치고 활아지欄干를 설치하여 선원과 짐이 바다로 추락하는 것을 방지했다.

배의 맨 앞쪽 갑판 위에는 배가 떠나지 않고 머물러 있도록 하기 위해 물속에 내리는 돌이 달린 갈고리 모양의 닻이 연결된 닻과 닻줄물레(굴통이라고도 함)가 설치되어 있다. 닻줄물레는 길쌈할 때 사용하는 물레와 유사한데 물레의 살은 한쪽에 6개씩 꽂았으며, 살과 살 사이는 굵은 밧줄로 연결하여 살이 벌어지는 것을 잡아주고, 살과 살 사이의 힘을 모아주는 역할을 하도록 하였다.

배의 뒤쪽 중앙 갑판에는 배의 방향을 조정하고 흔들림을 막는 장치인 원형 통나무 형태의 키舵를 배의 밑쪽으로 비스듬히 꽂아서 설치하였다. 키의 가장 아랫부분에 여러 개의 널판으로 만든 키판이 있어 물 속에서 길게 배 아래로 내려가서 배의 방향을 조정하고 흔들림을 막는다.

배의 뒤쪽과 멍에에는 사람의 힘으로 저어 물을 뒤로 밀어내어 그 반작용의 힘으로 배를 나아가게 하는 나무로 만든 긴 막대기인 노櫓를 설치하였다. 백제의 배는 양쪽에 각 3개씩 총 6개의 노를 달았다.

돛대의 뒤쪽으로 1m 떨어진 위치에는 배를 지휘하거나 귀빈의 공간으로 조선시대 군선軍船의 장대將臺와 같은 역할을 하는 공간이 있다. 나무 널판을 이용한 직사각형의 목구조로 건물 앞뒤에서만 지붕면이 보이고 추녀가 없으며 용마루와, 내림마루만으로 구성된, 마치 책을 엎어놓은 것과 같은 지붕형태인 맞배지붕의 형태이다. 지붕은 일정두께의 나무판을 깐 너와지붕이다.

배의 갑판 아래 내부 공간은 다양한 기능을 수행한다. 가장 중앙부에 취사가 이루어 지는 투시칸, 배의 앞쪽에 짐을 싣는 이물칸, 투시칸 뒤의 배 뒤쪽에 선원들이 휴식이나 잠을 자는 방장칸, 방장칸에서 배 뒤쪽 끝까지 배와 관련된 짐이나 여분의 짐을 싣는 고물칸 등으로 구성된다.

백제 배의 구조 및 명칭

백제배의 재원	
배 길이	선수船首에서 선미船尾까지 약 12.615m
배 동체 중앙 바닥에서 갑판까지 높이	162.5cm
배위 갑판에서 배 내부 선실 바닥까지 높이	137cm
배 난간 높이	61cm
배 동체 최대폭(배 동체중앙 멍에 최대폭)	4.5m
배 동체 최대폭(뱃전에서 멍에 튀어나온 것 뺀 폭 멍에 30cm 돌출됨)	4.2m
선수 폭	1.62m
선미 폭	1.42m
돛대 최대지름	23.5cm
하활(질활: 돛을 매다는 아래쪽 활대)의 길이	3.67m
현재 남아 있는 돛대 높이	3.42m
구레짝(돛대의 하부를 감싸는 ㄷ자형 각재)	45cm×25cm
지휘공간	길이2.63m×폭1.7m
지휘공간: 전체높이(지붕높이까지 포함)	1.64m

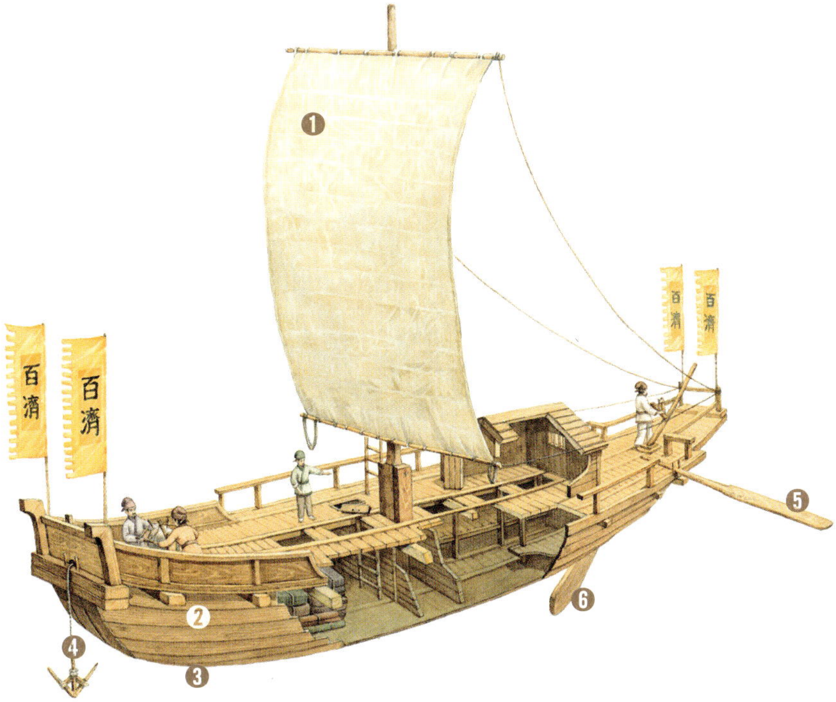

❶ 돛
중앙에 하나가 고정되어 있고, 삼베로 만들었다.

❷ 배의 표면
옻칠이나 기름칠을 하였는데, 바닷물이 닿는 부분에는 방수를 위해 동백기름에 횟가루를 발랐다.

❸ 바닥
우리나라 해안에 맞게 평평한 평저선으로 만들었다. 평저선은 썰물 때 갯벌에 안전하게 내려앉아 물건을 옮길 수 있다.

❹ 닻
수레 형태로 만들어 감아올릴 수 있다. 돌을 많이 이용했다.

❺ 노
양쪽에 3개씩 있었고, 연안을 항해할 때 사용했다. 힘을 크게 들이지 않고 저을 수 있도록 노의 끝을 비스듬히 회전시켜 물을 저었다.

❻ 키
배의 뒤꽁무니에 고정시켜 좌우로 회전하는 전용 키 역할을 했다.

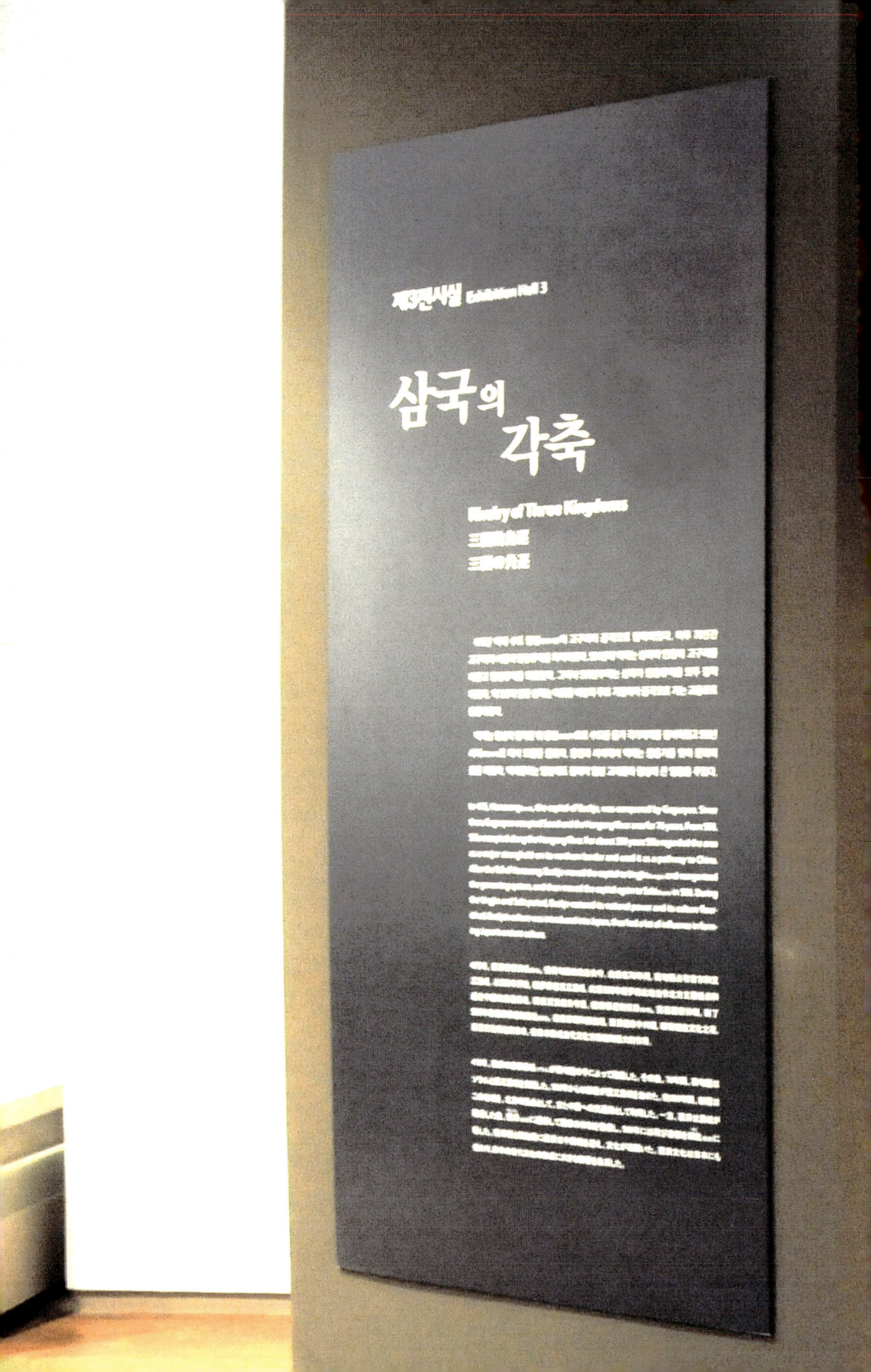
제3전시실
삼국의
각축

제3전시실

삼국의 각축

01 삼국, 한강으로

02 한성, 그 후

제3전시실

삼국의 각축

475년, 백제의 수도 한성이 고구려 군대에게 함락되었다. 이후 76년간 고구려가 서울과 한강유역을 차지하였다. 551년, 백제는 신라와 연합해 고구려를 내쫓고 한강유역을 되찾았다. 그러나 553년부터는 신라가 한강유역을 장악하고 약 350여 년간 이곳을 북방의 주요 거점이자 중국으로 가는 교통로로 활용하였다.

백제는 한성 함락 뒤 웅진(공주)으로 수도를 옮겨 국가체제를 정비하였고 538년 다시 수도를 사비(부여)로 옮겼다. 웅진기와 사비기에 백제는 중흥기를 맞아 문화의 꽃을 피웠다. 백제문화는 일본에도 전해져 일본 고대문화 형성에 큰 영향을 주었다.

한성함락 이후 삼국연표

시기	백제		고구려		신라	
⋮		개로왕				
475	문주 1년(475) 수도 한성 함락, 웅진 천도	문주왕	장수 63년(475) 백제 수도 한성 함락시킴	장수왕		
	문주 3년(477) 문주왕의 아우 곤지 죽음. 해구가 문주왕 살해	문주왕				
			장수 69년(481) 신라 공격하여 7성 점령			
	동성 15년(493) 신라에 청혼하여 이벌찬 비지의 딸을 맞음	동성왕			소지마립간 6년(484) 백제와 화친	소지 마립간
					소지마립간 9년(487) 사방에 역참을 두고 관도官道를 수리	
				문자왕	소지마립간 15년(493) 백제 동성왕의 청혼에 이벌찬 비지 딸을 보냄	
500	무령 3년(503) 고구려 수곡성 침공	무령왕		안장왕	지증 3년(502) 순장법 폐지, 우경 실시	지증왕
	무령 10년(510) 제방쌓고 유민들을 정착시킴				지증 4년(503) 국호를 신라로 정하고 왕호 정함	
	무령 13년(513) 왜에 오경박사 단양이 파견				지증 13년(512) 이사부, 우산국 정벌	
	무령 21년(521) 양에 조공, 무령왕이 영동대장군에 봉해짐				법흥 1년(520) 율령 반포, 공복제도 제정	법흥왕
	성왕 3년(525) 무령왕 시신 안장	성왕			법흥 11년(524) 봉평비 건립	
525				안원왕	법흥 14년(527) 이차돈의 순교, 불교 공인	
					법흥 23년(536) 「건원建元」 연호 제정	
	성왕 16년(538) 사비천도, 국호를 남부여로 고침		안원 9년(539) 연가7년명 금동여래입상 조성		진흥 2년(541) 백제가 화친을 청함	진흥왕
					진흥 6년(545) 거칠부가 국사를 편찬함	
	성왕 19년(541) 신라에 사신을 보내 화친을 청함			양원왕		
	성왕 19년(541) 양에 사신을 보내 불경·공장·화사 등을 청함					

시기	백제		고구려		신라	
550	성왕 29년(551) 신라와 함께 한강유역의 고구려군을 물리침		양원 8년(552) 장안성 축조	양원왕	진흥 14년(553) 황룡사 창건	진흥왕
	성왕 30년(552) 노리사치계가 왜에 불교 전파		양원 10년(554) 백제 웅진성 공격		한강 하류 점령하여 신주 설치, 나제동맹 결렬	
	성왕 31년(553) 신라가 한강 하류 점령, 나제동맹 결렬				진흥 15년(554) 백제가 관산성 공격	
	성왕 32년(554) 성왕, 신라의 관산성에서 전사				진흥 16년(555) 북한산 진흥왕순수비 건립	
	위덕 1년(554) 담혜 등 승려 9명이 일본에 건너감	위덕왕		평원왕	진흥 22년(561) 창녕 진흥왕순수비 건립	
	위덕 13년(567) 능사 창건				진흥 29년(568) 황초령·마운령 진흥왕순수비 건립	
	위덕 23년(577) 왕흥사 창건					
575	위덕 41년(594) 사택지적비 건립		평원 28년(586) 평양 대성산성에서 장안성으로 천도	평원왕		진지왕
			영양 1년(590) 온달이 아차성에서 전사	영양왕		
		혜왕	영양 6년(595) 혜자, 일본으로 가 쇼토쿠태자의 스승이 됨			진평왕
		법왕				
		무왕				
600	무왕 3년(602) 승려 관륵이 일본에 천문·지리·역서·방술서 등을 전함	무왕	영양 21년(610) 담징, 일본 호류사法隆寺 금당벽화 그림	영류왕		
	무왕 35년(634) 왕흥사 준공, 궁남지 조성		영양 23년(612) 을지문덕, 살수에서 수隋를 크게 무찌름(살수대첩)			
		의자왕				
625	의자 14년(654) 사택지적비 건립	의자왕	보장 4년(645) 당과 안시성싸움에서 크게 이김 (안시성 전투)	보장왕	선덕 3년(634) 분황사 창건	선덕왕
					선덕 14년(645) 황룡사 9층탑 건립	
					선덕 16년(647) 첨성대 건립	
						진덕왕
660	의자 20년(660) 계백이 황산벌에서 김유신에 패함		보장 27년(668) 고구려 멸망		무열 7년(660) 백제와 황산벌전투에서 승리	무열왕
	나당연합군에 의해 사비도성 함락				문무 8년(668) 고구려를 멸망시킴	문무왕
	복신·도침·흑치상지가 부흥군을 일으킴					
	(661) 왕자 부여풍이 왜에서 귀국하여 부흥운동 이끎					
	(663) 백제부흥군과 왜의 구원군이 백강에서 크게 패함					

시기	통일신라	
670	문무 16년(676) 당의 군대를 기벌포에서 격파, 삼국통일 완성	신문왕
	신문 2년(682) 국학 설립	
	신문 2년(682) 감은사 창건	
	신문 2년(682) 만파식적 제작	
	신문 5년(685) 전국을 9주 5소경으로 편성	
700		효소왕
		성덕왕
		효성왕
	경덕 10년(751) 김대성이 불국사 · 석굴암 창건	경덕왕
	무구정광대다라니경 간행	혜공왕
		선덕왕
	원성 4년(788) 독서삼품과 설치	원성왕
		소성왕
		애장왕
800	흥덕 3년(828) 장보고, 완도에 청해진 설치	헌덕왕
		흥덕왕
		민애왕
		희강왕
		신무왕
		문성왕
		헌안왕
		경문왕
		헌강왕
		정강왕
		진성왕
		효공왕
	경순 9년 (935) 신라 멸망	신덕왕
		경명왕
		경애왕
		경순왕

01

삼국, 한강으로

01-1.

삼국, 한강에서 만나다

한반도 중부지역을 가로지르는 한강유역은 고대국가 백제, 고구려, 신라의 발전과 밀접히 관계되어 충돌이 치열하게 일어난 곳이다. 고대국가 중 한강유역을 제일 먼저 차지한 주인은 백제였고 이후 고구려-신라 순으로 바뀌었다.

백제는 한강유역에 나라를 세우고 서울을 수도로 삼아 최대 전성기를 이루었다. 백제로부터 한강유역을 빼앗은 고구려는 이 지역을 남쪽 진출의 거점으로 활용하였다. 그 뒤 신라의 차지가 된 한강유역은 중국과 직접 교류할 수 있는 지역으로 기능하여 훗날 삼국통일의 토대가 되었다.

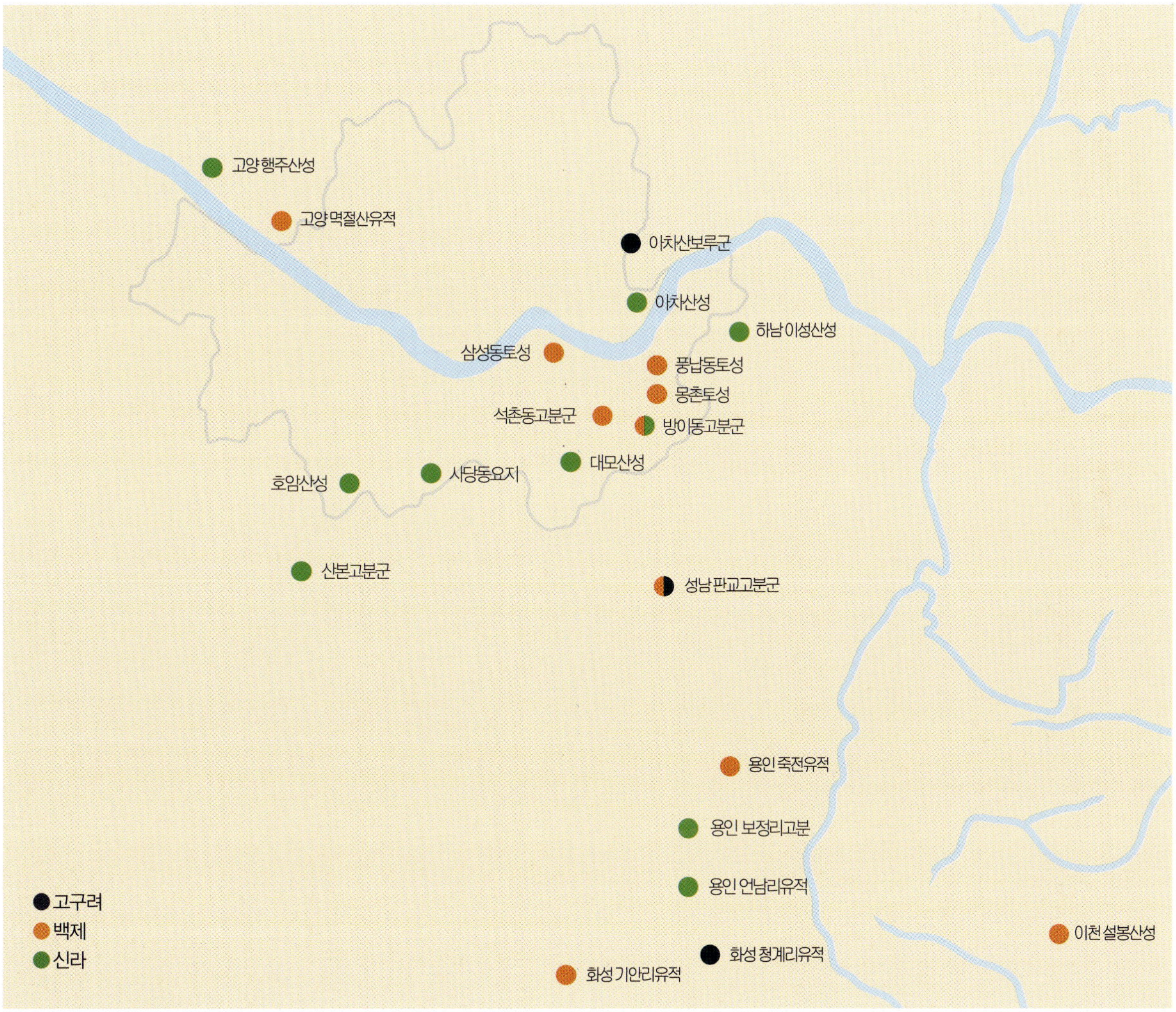

한강유역의 삼국유적 분포도

01-2.

고구려, 아리수를 건너다

고구려의 영토확장

4세기 초부터 고구려는 낙랑군과 대방군을 몰아내는 등 정복전쟁을 활발히 벌였다. 396년 고구려 광개토대왕은 백제를 공격해 58개 성, 700개 마을을 빼앗고 아리수阿利水를 건너 백제 아신왕의 항복을 받고 돌아갔다.

472년, 백제 개로왕이 북위北魏로 국서를 보내 고구려를 공격해달라고 요청했으나 뜻을 이루지는 못하였다. 그 사실을 안 장수왕은 백제를 공격하기로 마음먹었다. 그리고 475년 마침내 장수왕이 3만 군사를 이끌고 백제의 왕도 한성을 공격하였다. 백제는 신라에 구원을 요청했지만, 구원군이 도착하기도 전에 한성이 함락되었고 개로왕은 고구려군에 잡혀 아차산 아래에서 죽임을 당하였다.

한강유역을 손에 넣은 고구려는 요충지에 크고 작은 군사시설을 만들고 군현을 설치했다. 그리고 551년 백제와 신라 연합군의 공격을 받고 뺏길 때까지 76년간 이 지역을 지배하였다.

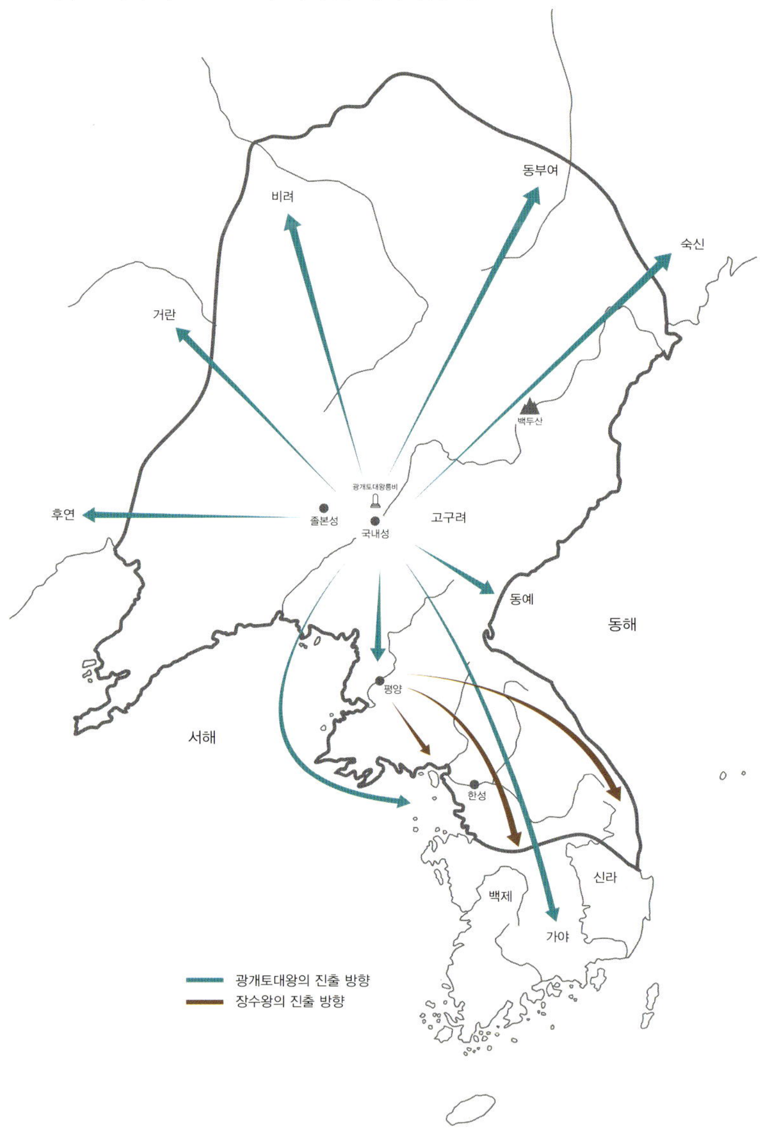

광개토대왕릉비

-높이: 6.39m

-아랫부분의 너비: 제1면 1.48m, 제2면 1.35m, 제3면 2m, 제4면 1.46m

-현 위치: 중국 지린성吉林省 지안현集安縣

414년 장수왕이 아버지 광개토대왕을 기리기 위하여 건립한 비석이다. 비의 4면에 총 44행 1,755개 글자가 새겨져 있다.

비문은 크게 세 부분으로 나뉜다. 첫 번째 부분은 고구려의 건국신화와 왕실계보, 광개토대왕의 행적에 관한 것이다. 두 번째 부분에는 광개토대왕의 정복활동을 기록하였다. 세 번째 부분에는 왕의 묘를 지키는 사람들의 숫자와 출신지 및 관련 법령을 서술하였다.

비문에 의하면 396년 광개토대왕이 몸소 군사를 이끌고 백제를 공격하여 관미성關彌城 등 58성 700촌을 빼앗고 아리수(한강)를 건너 백제 왕도까지 위협하자 백제왕이 항복하고 인질과 각종 물품을 바쳤다고 한다.

5세기 초반 백제는 고구려에게 북쪽 영토를 많이 빼앗겼다. 455년 즉위한 개로왕은 고구려에 대항하기 위해 성을 쌓고 수리하는 등 방어시설을 튼튼히 하고 신라新羅·왜倭·송宋·북위北魏 등과 외교관계를 긴밀히 하였다. 이때 장수왕은 고구려가 천하의 중심이라고 믿었기 때문에 고구려를 위협하는 백제 개로왕을 두고 볼 수 없었다.

472년 개로왕이 북위로 편지를 보내 고구려를 공격해달라고 요청했으나 뜻을 이루지 못하였다. 이 사실을 알게 된 장수왕은 백제를 공격하기로 마음먹고 승려 도림을 첩자로 파견해 개로왕이 국력을 소모하도록 대토목공사를 유도하였다. 475년, 마침내 장수왕이 3만 군사를 이끌고 백제의 왕도 한성을 공격하였다. 백제는 신라에 구원을 요청했지만, 구원군이 도착하기도 전에 한성이 함락되었고 개로왕은 고구려군에게 사로잡힌 뒤 아차산 기슭에서 죽임을 당하였다.

한강유역의 고구려 유적

한강유역에는 고구려 군사시설이 많다. 청원의 남성골 산성과 서울 아차산·용마산 일대의 보루군이 대표적이다.

고구려 보루는 아차산 일대에서 20여 곳이 발견되었다. 보루는 산성보다 작은 군사방어시설로서 성벽 둘레가 200~400m 정도이며 소규모 군사가 주둔하였다. 이들 보루는 한강유역에 진출한 고구려 군대의 전초기지였으며 나중에는 북상하는 백제와 신라에 대항하는 방어기지였다.

아차산 보루들 사이의 거리는 400~500m 가량으로 비교적 일정한 편이다. 규모가 작은 구의동 보루에는 10여 명, 홍련봉 1보루에는 50여 명, 아차산 4보루와 시루봉 보루에는 100여 명의 고구려 군사가 주둔한 것으로 밝혀졌다. 아차산 4보루와 구의동 보루에서는 치雉·배수·온돌·저수시설 등이 확인되었다.

한강유역 고구려 보루 분포도

한강유역 고구려 군현명 변천

고구려	신라(경덕왕)	고려	현재
한산주 漢山州	한주 漢州	광주 廣州	서울 하남시, 경기 광주시
남천현 南川縣남매 南買	황무현 黃武縣	이천현 利川縣	경기 이천시
구성 駒城멸오 滅烏	거서현 巨黍縣	용구현 龍駒縣	경기 용인시 기흥구
국원성 國原城 미을성 未乙城, 탁장성 託長城	중원경 中原京	충주 忠州	충북 충주시
잉근내군 仍斤內郡	괴양군 槐壤郡	괴주 槐州	충북 괴산군 괴산읍
술천군 述川郡성지매 省知買	소(기)천군 泝(沂)川郡	천녕군 川寧郡	경기 여주군 홍천면
골내근현 骨乃斤縣	황효현 黃驍縣	황려현 黃驪縣	경기 여주군 여주읍
양근현 楊根縣거사참 去斯斬	빈양현 濱陽縣	양근현 楊根縣	경기 양평군 양평읍
도서현 道西縣도개 都蓋	도서현 都西縣	도안현 道安縣	충북 괴산군 청안면·증평군 도안면 일대
잉홀 仍忽	음성현 陰城縣	음성현 陰城縣	충북 음성군 음성읍
노음죽현 奴音竹縣	음죽현 陰竹縣	음죽현 陰竹縣	경기 이천시, 충북 음성군
율목군 栗木郡동사힐 冬斯肹	율진군 栗津郡	과주 菓州	경기 과천시
잉벌노현 仍伐奴縣	곡양현 穀壤縣	검주 黔州	경기 시흥시
재차파의현 齊次巴衣縣	공암현 孔巖縣	공암현 孔巖縣	서울 강서구 가양동 일대
매소홀현 買召忽縣미추홀 彌鄒忽	소성현 邵城縣	인주 仁州경원 慶原	인천 남구 일대
주부토군 主夫吐郡	장제군 長堤郡	수주 樹州	인천 계양·부평구
수이홀 首介忽	수성현 戍城縣	수안현 守安縣	경기 김포시 대곶면
검포현 黔浦縣	김포현 金浦縣	김포현 金浦縣	경기 김포시
동자홀현 童子忽縣 구사파의 仇斯波衣	동성현 童城縣	동성현 童城縣	경기 김포시 하성면
평회(유)압현 平淮(唯)押縣 별사파의 別史波衣	분진현 分津縣	통진현 通津縣	경기 김포시 통진읍
북한산군 北漢山郡평양 平壤	한양군 漢陽郡	양주 楊州	서울시
골의내현 骨衣內縣	황양현 荒壤縣	풍양현 豐壤縣	경기 남양주시 진접읍
왕봉현 王逢縣개백 皆伯	우왕현 遇王縣	행주 幸州	경기 고양시 덕양구
매성군 買省郡마홀 馬忽	내소군 來蘇郡	견주 見州	경기 양주시 고읍동
천정구현 泉井口縣 어을매곶 於乙買串	교하군 交河郡	교하군 交河郡	경기 파주시 교하동
술이홀현 述介忽縣수니홀 首泥忽	봉성현 峯城縣	봉성현 峯城縣	경기 파주시 파주읍
달을성현 達乙省縣고봉 高烽	고봉현 高烽縣	고봉현 高烽縣	경기 고양시 일산동구
혈구군 穴口郡갑비고차 甲比古次	해구군 海口郡	강화현 江華縣	인천 강화군 강화읍
동음나현 冬音奈縣휴음 休陰	호음현 沍陰縣	하음현 河陰縣	인천 강화군 하점면
고목근현 高木根縣달을참 達乙斬	교동현 喬桐縣	교동현 喬桐縣	인천 강화군 교동면
수지현 首知縣신지 新知	수진현 守鎭縣	진강현 鎭江縣	인천 강화군 양도면 추정
우수(두)주 牛首(頭)州 수차약 首次若, 오근내 烏根乃	삭주 朔州	춘주 春州	강원 춘천시
벌력천현 伐力川縣	녹효현 綠驍縣	홍천현 洪川縣	강원 홍천군 홍천읍
횡천현 橫川縣어사매 於斯買	황천현 潢川縣	횡천현 橫川縣	강원 횡성군 횡성읍
지현현 砥峴縣	지평현 砥平縣	지평현 砥平縣	경기 양평군 지평면
평원군 平原郡북원 北原	북원경 北原京	원주 原州	강원 원주시

한강유역의 고구려 보루군에서 출토된 유물을 통해 고구려 군사의 생활을 알 수 있다. 아차산의 고구려 보루에서 많은 철기가 출토되었다. 무기류가 가장 많고 마구류, 용기류, 농공구류 등이 있다. 무기는 칼, 화살촉, 도끼, 창고달이 등이며 마구는 재갈, 등자가 있고, 용기는 솥과 항아리가 있다. 농공구로는 보습, 쇠낫, 쇠스랑 등이 출토되었는데, 고구려 군사들이 평소 전투가 없을 때에는 농사를 지었음을 보여준다. 아차산 3보루와 4보루에서는 무기와 공구를 자체적으로 수리할 수 있는 대장간 시설도 확인되었다.

홍련봉 1보루에서 풍납동토성 방향을 바라본 모습

404 재갈 馬銜
서울 아차산 4보루 | 재갈쇠 길이 11.4, 고삐이음쇠 15.3 | 서울대학교박물관

405 발걸이 鐙子
서울 아차산 4보루 | 길이 17.6 | 서울대학교박물관

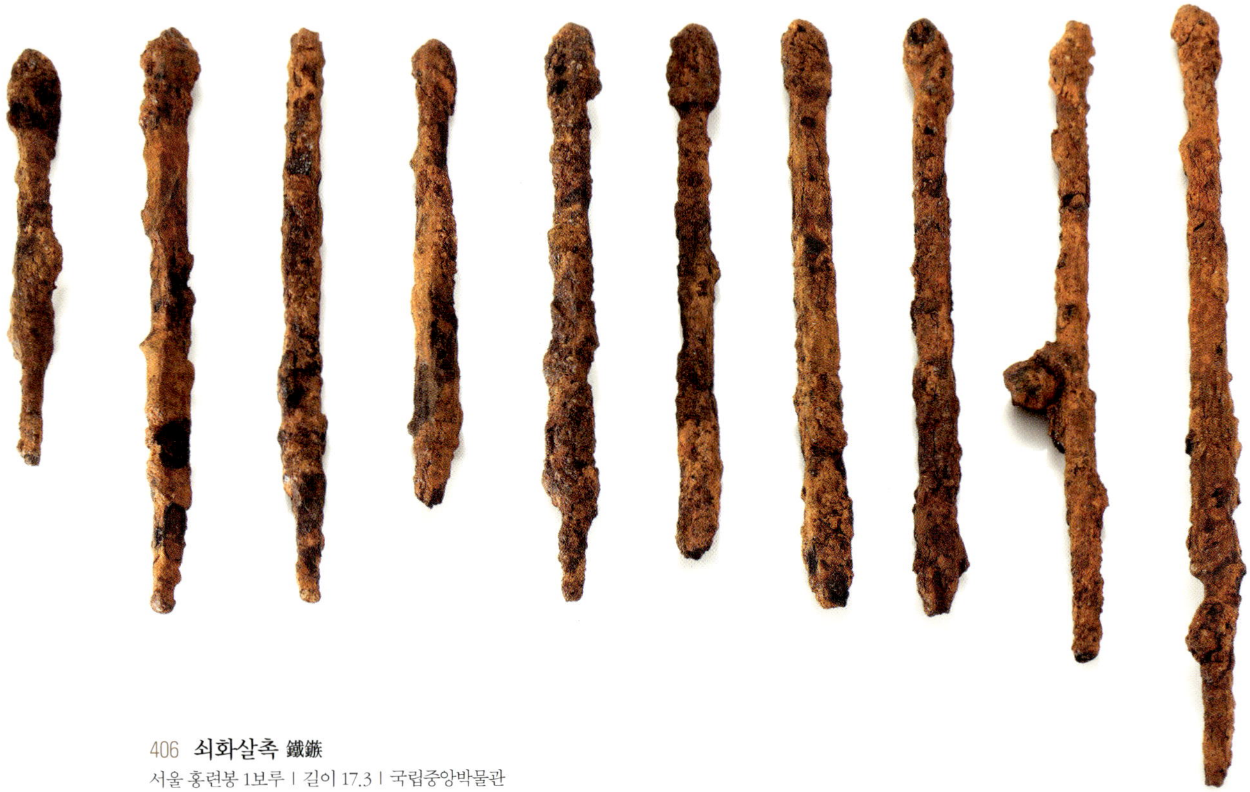

406 **쇠화살촉** 鐵鏃
서울 홍련봉 1보루 | 길이 17.3 | 국립중앙박물관

407 **물미** 鐵鐏
서울 아차산 4보루 | 길이 10.3 | 서울대학교박물관

408 **쇠투겁창** 鐵鉾
서울 홍련봉 제 2보루 | 길이 30.0외 | 국립중앙박물관

409 **쇠창고달이** 鐵鐏
서울 용마산 제 2보루 | 길이 18.5

410 **쇠낫** 鐵鎌
서울 용마산 제 2보루 | 길이(상) 32.5

411 **살포** 鐵鏟
서울 홍련봉 제 2보루 | 길이(우) 13.2 | 국립중앙박물관

412 **집게** 鐵鑷
서울 용마산 제 2보루 3호 건물지
길이 34.7

413 **쇠낫 鐵鎌**
서울 아차산 4보루 | 길이 31.6 | 서울대학교박물관

414 **보습 鐵犁**
서울 구의동보루 | 길이 44.4 | 서울대학교박물관

고구려사람의 일상생활

아차산 일대의 고구려 보루에서 출토된 유물 대다수는 토기이다. 종류별로 나누면 긴몸 항아리長胴壺를 비롯하여 항아리·독·사발·동이·시루·접시 등 30여 종이다. 쓰임새에 따라서 저장용·조리용·배식용·운반용 등과 부장용·의례용 등 특수용기로 구분된다.

고구려토기는 대개 고운 진흙으로 만들었으며 색깔은 누른색, 검은색, 회색이 많고 표면을 문질러 광택을 낸 것도 있다. 입은 벌어지고 몸통이 계란처럼 둥글둥글 길쭉하며 바닥은 납작하다. 네 귀 달린 긴목 항아리四耳長頸壺처럼 손잡이 4개가 달린 큰 토기가 많은 것도 특징이다.

아차산 보루에서 출토된 토기 가운데 접시를 비롯한 배식용 토기에는 여러 종류의 문자와 부호가 새겨져 있기도 하다. 이는 병사들의 개인용 식기를 구별하기 위한 표시이다.

415 **종지** 小盌
서울 구의동보루 | 높이 2.0 | 서울대학교박물관

416 **귀달린접시** 耳杯
서울 아차산 4보루 | 높이 4.8 | 국립중앙박물관

417 **사발** 盌
서울 구의동보루 | 높이 8.6 | 서울대학교박물관

418 **긴몸 항아리** 長胴壺
서울 구의동보루 | 높이 32.7 | 서울대학교박물관

419 **큰입 네귀 달린 독 廣口長頸四耳甕**

서울 몽촌토성 88-방형유구 | 높이 59.0 | 서울대학교박물관

420 **오절판** 五折坂
서울 아차산 4보루 | 높이 3.7 | 서울대학교박물관

421 **똬리병** 環狀甁
서울 구의동보루 | 높이 10.7 | 서울대학교박물관

422 **원통모양 세발토기** 圓筒形三足器
서울 몽촌토성, 88-방형유구 | 높이 27.8 | 서울대학교박물관

423 **뚜껑달린 독** 長胴甕
서울 아차산 4보루 | 뚜껑 7.0, 독 55.6
서울대학교박물관

424 **긴몸 항아리** 長胴壺
서울 용마산 제 2보루 건물지 출입시설 | 높이 33.0

425 **두 귀 달린 긴몸 독 兩耳附長胴甕**
서울 용마산 제 2보루 창고시설 | 높이 39.5

426 **두 귀 달린 긴몸 독 兩耳附長胴甕**
서울 용마산 제 2보루 3호 건물지 | 높이 42.3

427 **곧은 입 독 直口甕**
서울 용마산 제 2보루 1호 건물지
높이 72.2

428 독 甕
서울 용마산 제 2보루 2호 건물지 | 높이 54.0

429 **시루 甑**
서울 용마산 제 2보루 3호 건물지
높이 21.6

430 **합 盒**
서울 용마산 제 2보루 3호 건물지 I 높이 24.6

431 **원통모양 네발토기 圓筒形四足器**
서울 용마산 제 2보루 3호 건물지 I 높이 25.8

432 **동이** 罐
서울 용마산 제 2보루 1호 건물지 | 높이 18.1

433 **굽달린 사발** 臺附盌
서울 용마산 제 2보루 2호 건물지 | 높이 8.0

434 **종지**
서울 용마산 제 2보루 2호 건물지
높이 3.6

435 **귀달린 접시** 耳杯
서울 용마산 제 2보루 3호 건물지 온돌
높이 5.9

436 **뚜껑 蓋**
서울 용마산 제 2보루 1호 건물지 | 높이 8.3

437 **뚜껑 蓋**
서울 용마산 제 2보루 1호 건물지 | 높이 6.5

438 **뚜껑 蓋**
서울 용마산 제 2보루 2호 건물지 | 높이 10.0

439 **뚜껑 蓋**
서울 용마산 제 2보루 3호 건물지 | 높이 13.5

440 **뚜껑 蓋**
서울 용마산 제 2보루 3호 건물지 | 높이 4.4

441 **접시 盘**
서울 용마산 제 2보루 1호 건물지 | 높이 3.5

442 **병 瓶**
서울 용마산 제 2보루 1호 건물지 | 높이 3.5

443 **고드랫돌** 紡錘車
서울 용마산 제 2보루 | 길이 8.5 외

444 **가락바퀴** 紡錘車
서울 용마산 제 2보루 | 지름(좌) 6.5

445 **항아리** 壺
서울 용마산 제 2보루 창고시설 | 높이 18.0

고구려 사람의 문자와 예술

구의동 보루에서 출토된 벽돌의 형태는 정사각형, 직사각형, 삼각형, 부채꼴 등이며 크기도 여러 가지이다. 벽돌의 표면에는 문양이 없는 것이 일반적이지만, 노끈무늬와 연꽃무늬 등을 새긴 것도 있다.

홍련동 보루에서는 기와류가 출토되었다. 기와는 주로 왕궁이나 사찰 및 관청 등 공공건물에서 사용하는 건축재였다. 고구려 기와의 특징은 회색이나 붉은 색을 띠며 안쪽에 포흔이 남아 있고 등에는 승문과 격자문이 있다. 연화문 와당에는 두 줄이나 혹은 세 줄로 구획한 6판 또는 8판의 연판을 배치하고 연판 중앙에 돌선이 있거나 Y형선을 표현하였다.

한편 서울 능동과 충북 진천, 청원에서는 고구려의 금귀걸이 등이 발견되었다.

446 **금귀걸이 金製耳飾**
서울 능동 | 길이 6.1 | 국립중앙박물관

447 **용무늬 수막새 龍獸文瓦當**
중국 지안 | 지름 16.0 | 경기도박물관

448 **연꽃무늬 수막새 蓮花文瓦當**
평양 | 지름 20.0 | 단국대학교 석주선기념박물관

449 **감꼭지무늬 수막새 柿蔕蓮花文瓦當**
중국 지안 | 지름 15.0 | 경기도박물관

450 **인동무늬 수막새 忍冬文瓦當**
중국 지안 | 지름 15.5 | 경기도박물관

451 **수막새 圓形突起文瓦當**
중국 지안 | 지름 15.0 | 경기도박물관

452 **연꽃무늬 수막새 蓮花文瓦當**
평양 | 지름 14.8 | 청주백제유물전시관

01-3.

신라, 마침내 한강으로

삼국 중 가장 늦게 국가체제를 정비한 신라는 5세기 이후 비약적으로 발전하였다. 551년 신라의 진흥왕은 백제와 함께 고구려를 공격하여 한강 상류를 확보하였고, 553년에는 백제를 공격해 한강 하류까지 빼앗았다.

신라는 한강유역을 차지함으로써 중국과 직접 통하는 바닷길을 확보하고, 이후 비약적으로 발전하여 삼국통일의 기반을 마련하였다. 신라는 서울 근방에 신주新州, 북한산주北漢山州 등을 설치해 이 지역에 대한 통치를 굳건히 하였고, 통일 후에는 한산주漢山州·한주漢州를 두어 멸망할 때까지 350년 이상 지배하였다.

역사의 라이벌 3라운드 - 성왕 VS 진흥왕

웅진에서 즉위한 성왕은 538년에 도읍을 사비로 옮기고 국가체제를 정비하였다. 천도지리天道地理에 통달했다고 전해질 정도로 뛰어난 전략가인 성왕은 한강유역을 되찾기 위해 신라 진흥왕과 합동작전을 벌여 551년 마침내 고구려로부터 한강유역을 되찾았다.

그러나 20세의 젊고 큰 꿈을 품고 있던 진흥왕은 중국과의 교통 중심지이자 땅이 기름진 한강유역 전체를 신라가 차지한다면 백제, 고구려를 능가하는 강국이 될 수 있다고 생각하였다. 553년 신라는 동맹을 깨고 백제를 공격해 한강 하류마저 차지하였다.

화가 난 성왕은 554년에 신라 관산성을 공격했으나, 오히려 크게 지고 자신도 사로잡혀 죽임을 당하였다. 이로써 진흥왕의 신라는 전성기를 맞이하여 백제·고구려와 겨룰 수 있었다.

한강유역 행정구역 명칭변화

명칭	연도	명칭	연도
신주新州	553(진흥왕14)	한산주漢山州	619(진평왕41)
북한산주北漢山州	557(진흥왕18)	남천주南川州	660(문무왕1)
남천주南川州	568(진흥왕27)	한산주漢山州	664(문무왕4)
북한산주北漢山州	604(진평왕26)	한주漢州	757년(경덕왕16)
신주新州	611년(진평왕33)		

한강유역 주요 신라 유적

종류	명칭	위치
비석	북한산순수비	서울 종로구 구기동
성곽	아차산성	서울 광진구 광장동
	호암산성	서울 금천구 시흥동
	양천고성	서울 강서구 가양동
	대모산성	서울 강남구 일원동
	불암산성	서울 노원구 중계동
	대모산성	경기 양주
	행주산성	경기 고양
	남한산성	경기 광주
	이성산성	경기 하남
	할미산성	경기 용인
	수안산성	경기 김포
	오두산성	경기 파주
무덤	방이동고분군	서울 송파구 방이동
	성균관대학교고분	서울 종로구 명륜동
	산본동고분군	경기 군포
	수리골고분군	경기 하남
	덕풍골고분군	경기 하남
	광암동고분군	경기 하남
	대쌍령리고분군	경기 광주
	고강동고분군	경기 부천
	보정리고분군	경기 용인
	소실고분군	경기 용인
	법흥리고분	경기 파주
	성동리고분	경기 파주
절	암사지	서울 강동구 암사동
	원통사	서울 도봉구 도봉동
	천축사	서울 도봉구 도봉동
	학림사	서울 노원구 상계동
	장의사지	서울 종로구 신영동
	승가사	서울 종로구 구기동
	일선사	서울 종로구 평창동
	백련사	서울 서대문구 홍은동
	봉원사	서울 서대문구 봉원동
	동사지	경기 하남
	천왕사지	경기 하남
	마북리사지	경기 용인
마을·주거지	성동리유적	경기 포천
	가수동유적	경기 오산
	갈산동유적	경기 이천
	교리·월송리유적	경기 여주
가마	사당동요지	서울 관악구 남현동
	은평동요지	서울 은평구 진관외동
	성복동요지	경기 용인

북한산 순수비

신라 진흥왕(540~576)이 세운 순수척경비巡狩拓境碑로서, 한강유역을 차지한 뒤 진흥왕의 방문을 기념하기 위해 세운 비석이다. 직사각형으로 다듬은 돌을 자연암반 위에 세웠는데, 윗부분은 일부 없어졌다. 현재 남아 있는 비몸의 크기는 높이 154㎝, 너비 69㎝이며, 비에 쓰여져 있는 글은 모두 12행으로 행마다 32자가 해서체로 새겨져 있다.

호암산성

호암산 정상에 쌓은 테뫼식 산성으로, 둘레는 1,250m이고 평면형태는 북동-남서 방향으로 긴 마름모꼴이다. 성을 쌓은 시기는 7세기 전반~8세기 중엽으로 추정한다. 신라가 나당전쟁 때 한강을 넘어 수원으로 넘어가는 육로와 남양만으로 침입하는 해로를 효과적으로 방어·공격하기 위하여 세운 요새이다.

아차산성

아차산 줄기의 끄트머리에 축성된 포곡식包谷式 산성으로, 서북단이 해발 203.4m로 가장 높고 남문지 쪽이 해발 122m로 가장 낮다. 성을 쌓은 시기는 7세기 전반 무렵이며 9세기 중엽 이후에는 사용하지 않고 방치하였다.

남한산성

남한산성은 청량산을 중심으로 북쪽의 연주봉, 동쪽의 망월봉과 벌봉, 남쪽의 몇 개 봉우리 능선 등을 연결하며 성벽이 축조되어 있다. 신라 때는 주장성이라고 하였다. 성에 대한 조사는 여러 차례 이루어졌는데, 산성의 둘레는 12,356m이고 평면 형태는 직사각형이다. 문무왕 12년(672)에 쌓았으며 당의 군사가 남쪽으로 내려오는 것을 막는 중요한 기능을 담당하였다.

이성산성

남한산 줄기의 이성산 정상에 위치한 포곡식 산성으로 둘레는 1,665m이다. 이 성은 신라 진흥왕이 신주를 설치한 6세기 중엽에 쌓았으며 9세기까지 이용되었다.

장의사지

황산벌에서 전사한 신라의 장수 장춘랑長春郎과 파랑罷郎의 명복을 빌기 위해 신라 무열왕 6년(659)에 세웠다고 전한다. 지금은 통일신라시대의 것으로 추정되는 당간지주만 남아 있다.

신라 사람의 삶

신라의 지방지배 - 통일신라시기의 한주漢州·漢山州

신라는 삼국을 통일한 후 685년 전국의 행정구역을 9주 5소경으로 재조직했다. 지금의 서울에 있던 한주漢州는 9주 가운데 관할 범위가 가장 넓었는데, 북쪽으로 예성강에서부터 남쪽으로 남한강 일대에 이르렀다.

한주는 북쪽의 발해와 가까워서 군사적으로 중요했다. 다른 곳과는 달리 한주에는 특별히 남천정南川停과 골내근정骨乃斤停 등 2개의 정을 설치하였다. 이는 한강유역의 전략적 중요성을 나타낸다.

신라 9주 5소경_경덕왕 16년 (757) 기준

원래 이름	바뀐 이름	치소 위치	군	현	정	소경
사벌주沙伐州	상주尙州	경북 상주	10	30	1	
삽량주歃良州	양주良州	경남 양산	12	34	1	금관경
청주菁州	강주康州	경남 진주	11	27	1	
한산주漢山州	한주漢州	서울, 광주	27	46	2	중원경
우수주牛首州	삭주朔州	강원 춘천	11	27	1	북원경
하서주河西州	명주溟州	강원 강릉	9	25	1	
웅천주熊川州	웅주熊州	충남 공주	13	29	1	서원경
완산주完山州	전주全州	전북 전주	10	31	1	남원경
무진주武珍州	무주武州	전남 광주	14	44	1	

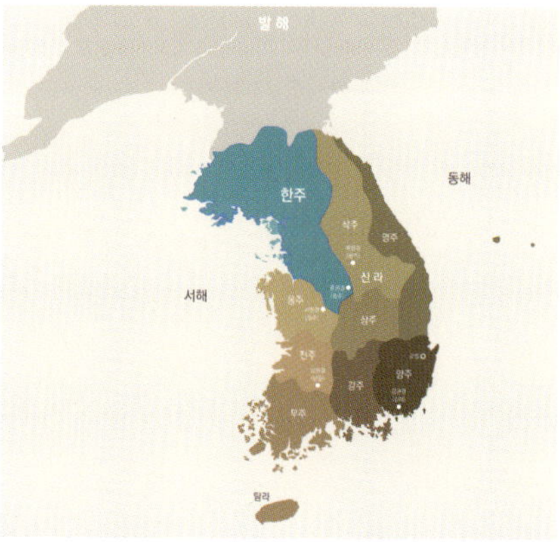

신라의 9주 분포도

▶ 서울지역 신라산성

신라가 한강유역을 점령하고 난 뒤 서울 지역은 중국을 오고 가는 데 있어 중요한 교통로였다. 이러한 교통로를 지키기 위해 신라는 서울 지역에 산성을 쌓았다. 대표적인 산성으로는 아차산성, 행주산성, 오두산성, 남한산성, 이성산성, 계양산성, 대모산성, 호암산성 등이 있다.

이 산성들에서는 항아리·독·동이·굽다리접시·완 등의 토기와 어골문·민무늬·격자문·선조문·사선문 등의 기와, 쇠화살촉과 쇠못·보습·쇠스랑·철제초두 등 각종 철기가 출토되었다. 기와 중에는 글자가 새겨진 것도 있다.

453 **나무망치** 木鎚
하남 이성산성 6차 1차 저수지 | 길이 25.3 | 한양대학교박물관

454 **당나라 자** 唐尺
하남 이성산성 7차 C지구 저수지 | 길이 29.8
한양대학교박물관

455 **방망이** 杵
하남 이성산성 3차 1차 저수지 | 길이 31.3
한양대학교박물관

456 **빗** 櫛
하남 이성산성 3차 2차 저수지 | 길이 12.8
한양대학교박물관

457 **팽이** 紊
하남 이성산성 4차 2차 저수지 | 길이 7.2
한양대학교박물관

458 **뚜껑 蓋**
서울 아차산성 | 높이 3.4
서울대학교박물관

459 **뚜껑 蓋**
하남 이성산성 7차 C지구 저수지 | 높이 4.5
한양대학교박물관

460 **벼루 硯**
하남 이성산성 8차 C지구 저수지 | 높이 6.3
국립중앙박물관

461 **뚜껑있는 사발 有蓋盌**
하남 이성산성 7차 성벽 | 높이 사발7.8, 뚜껑4.2
한양대학교박물관

462 **뚜껑 蓋**
하남 이성산성 9차 C지구 N1E2 피트 | 높이 3.0
한양대학교박물관

463 시루 甑
하남 이성산성 3차 2차 저수지 | 높이 26.0
한양대학교박물관

464 굽다리접시 高杯
하남 이성산성 6차 1차 저수지 | 높이 (좌)11.0, (우)9.0
한양대학교박물관

465 합 盒
하남 이성산성 7차 C지구 저수지 | 높이 6.2
한양대학교박물관

466 합 盒
하남 이성산성 7차 C지구 저수지 | 높이 5.7
한양대학교박물관

469 **단지** **兩耳付壺**
하남 이성산성 11차 I지구 동문지 북동편 평탄지 | 높이 16.0
한양대학교박물관

467 **병** **瓶**
하남 이성산성 3차 2차 저수지 | 높이 (좌)12.7, (우)13.5
한양대학교박물관

468 **사발** **盌**
하남 이성산성 6차 | 높이 (좌)4, (우)5, (상)4.5
한양대학교박물관

470 **연꽃무늬 수막새 蓮花文瓦當**
서울 아차산성 | 지름 14.4 | 서울대학교박물관

471 **수키와 圓瓦**
하남 이성산성 8차 C지구 저수지 | 길이 (좌부터) 38.6, 42.5, 40.0, 32.6
한양대학교박물관

신라의 문자와 예술

한강유역의 신라 산성에서 출토된 목간, 토기, 기와 등에는 글자가 새겨져 있다. 이성산성 목간의 「戊辰」, 오두산성 기와의 「元泉」·「泉井」·「上草」·「草下」, 남한산성 기와의 「村主」, 아차산성 기와의 「北漢」·「漢」·「漢山○」·「北北」·「受○」·「○蟹」·「官」, 양주 대모산성 기와의 「德部舍」·「德部」·「德」·「官」·「官·草」·「富部」·「富」·「吉」·「上」·「大浮雲寺」 등이 대표적인 명문이다.

호암산성에서는 「仍伐內力只內末」이 새겨진 청동숟가락이 출토되었다. 잉벌내仍伐內는 고구려 때의 잉벌노현仍伐奴縣으로 신라가 이 지역을 차지한 뒤에도 옛 지명을 그대로 사용하였음을 알 수 있다.

▶ 이성산성 출토 목공예품

이성산성에서 조사된 유구는 건물지와 저수지이다. 이 중 저수지에서 나무 자尺, 병진丙辰이란 글자가 새겨진 목간과 목제품, 목제 인물상, 나무로 만든 요고腰鼓 등 목공예품이 출토되었다.

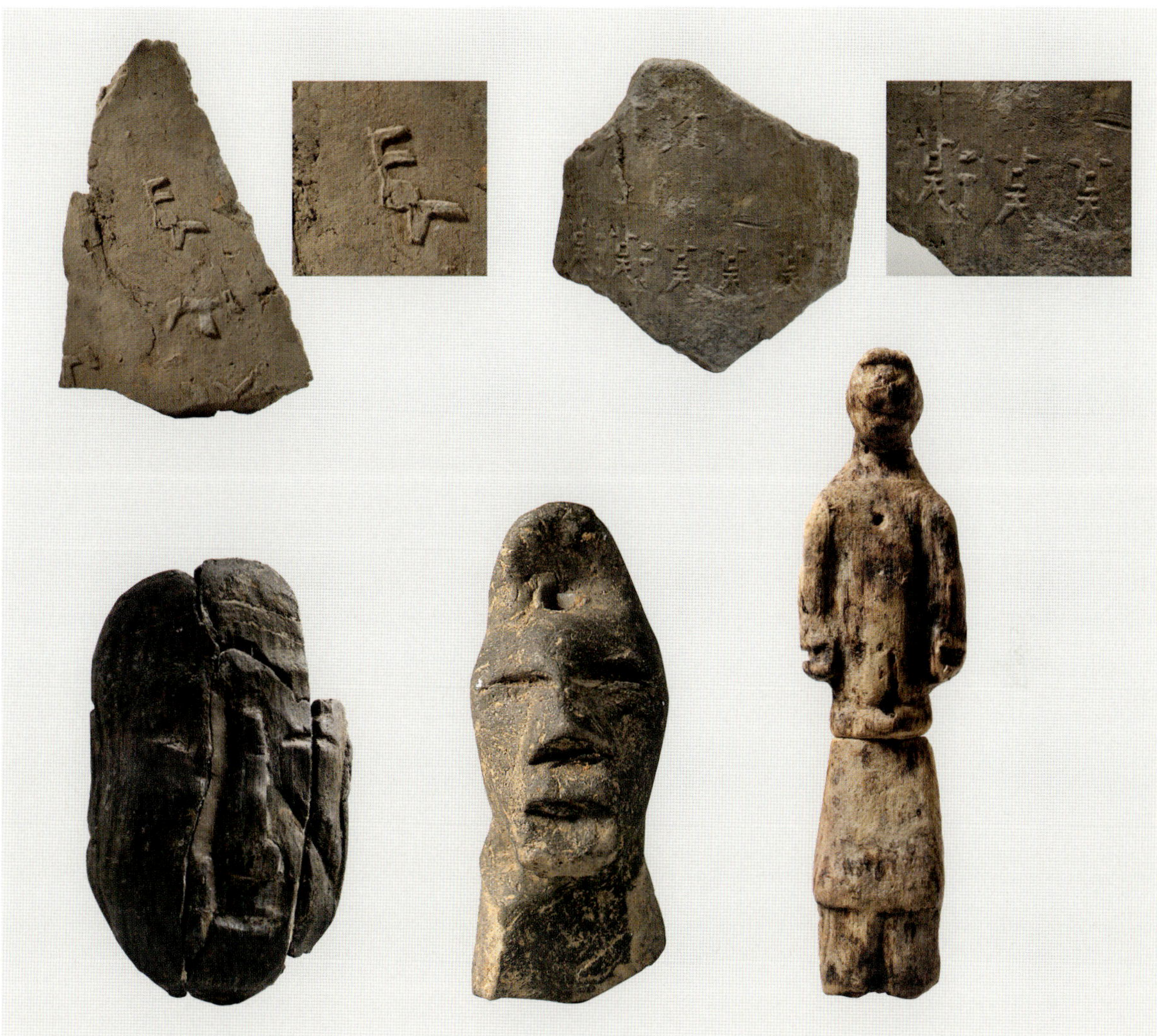

아차산성·이성산성 출토 기와, 토우

02

한성, 그 후

02-1.

다시 강한 나라가 되다 - 한성에서 웅진으로

475년 고구려의 공격으로 개로왕이 죽고 수도 한성이 폐허가 되자 개로왕의 뒤를 이은 문주왕은 곧바로 웅진(충남 공주)으로 천도하였다.

웅진기 초기에는 왕들이 연달아 살해되는 등 혼란이 있었으나, 무령왕이 즉위하면서 안정되었다. 무령왕은 농업 노동력을 확보하여 조세수취의 기반을 이루어 경제적 안정을 가져왔다. 관등제를 정비하고 선진문물을 받아들여 문화의 꽃을 피웠고, 이를 다시 왜국에 전파하였다.

무령왕이 이룩한 성과는 "고구려를 여러 차례 격파하고 다시 강한 나라가 되었다更爲强國"는 기록에도 잘 나타난다.

웅진 문화

웅진은 475년부터 538년까지 64년간 백제의 수도였다. 이 기간 동안 문주왕, 삼근왕, 동성왕, 무령왕, 성왕 등 5왕이 차례로 즉위하였다. 웅진기의 문화는 한성기의 문화를 계승하고 중국 남조, 특히 양나라와 교류하면서 문화의 꽃을 피웠다. 그리고 이러한 문화를 신라와 가야, 왜에 전했다.

웅진기 대표적인 유적으로는 왕릉인 무령왕릉이 포함된 송산리고분군, 왕성인 공산성, 공주 도심 내의 대통사지 등이 있다. 대표적인 유물은 무령왕릉 내부에서 출토된 수천여 점의 껴묻거리로 중국계 유물도 다수 포함되어 있다.

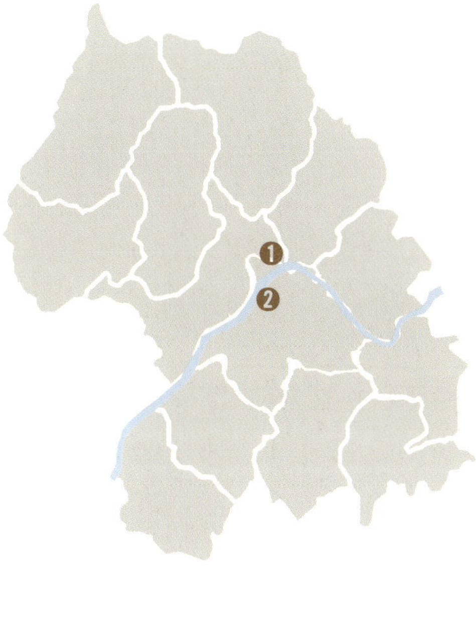

〈유적위치〉
❶ 수촌리고분군
❷ 무령왕릉
송산리고분군
공산성
정지산 유적

웅진(공주) 도읍기 주요 유적 분포도

송산리고분군

송산리고분군은 무령왕릉이 포함된 웅진기의 왕실 묘역이다. 굴식돌방무덤橫穴式石室墳이 주류를 이루며 벽돌무덤塼築墳은 6호분과 무령왕릉이다. 무령왕릉에서는 묘지석과 금·은으로 장식한 장신구를 비롯하여 구슬, 거울, 중국 도자기 등이 출토되었다.

공산성

공산성은 백제 웅진기의 도성으로, 금강변 야산의 계곡을 둘러싼 산성이다. 수도가 사비로 옮겨진 이후 북방성北方城의 치소가 되었다. 660년 의자왕은 나·당군의 공격을 받자 이곳으로 잠시 피난 왔다가 항복하였다. 2011년 공산성 성안마을 집수시설에서 옻칠한 갑옷 1세트와 말 갑옷馬甲 등 많은 유물이 출토되었다.

472 **금동신발 金銅飾履**
전 충청도 | 길이 34.5

금동신발 (복원)

473 **금동신발 金銅飾履**
무령왕릉 | 길이 35.0 | 국립공주박물관

474 **금제관꾸미개** 金製冠飾
무령왕릉 | 길이 30.7 | 국립공주박물관

475 **금뒤꽂이 金製釵**
무령왕릉 | 길이 18.4 | 국립공주박물관

476 **허리띠 銙帶**
무령왕릉 | 길이 95.7 | 국립공주박물관

477 **금귀걸이 金製耳飾**
무령왕릉 | 길이 8.3 | 국립공주박물관

478 **은팔찌** 銀製釧
무령왕릉 | 너비 14.0 | 국립공주박물관

479 **청동숟가락** 靑銅匙
무령왕릉 | 길이 18.2 | 국립공주박물관

480 **청동젓가락** 靑銅箸
무령왕릉 | 길이 21.2 | 국립공주박물관

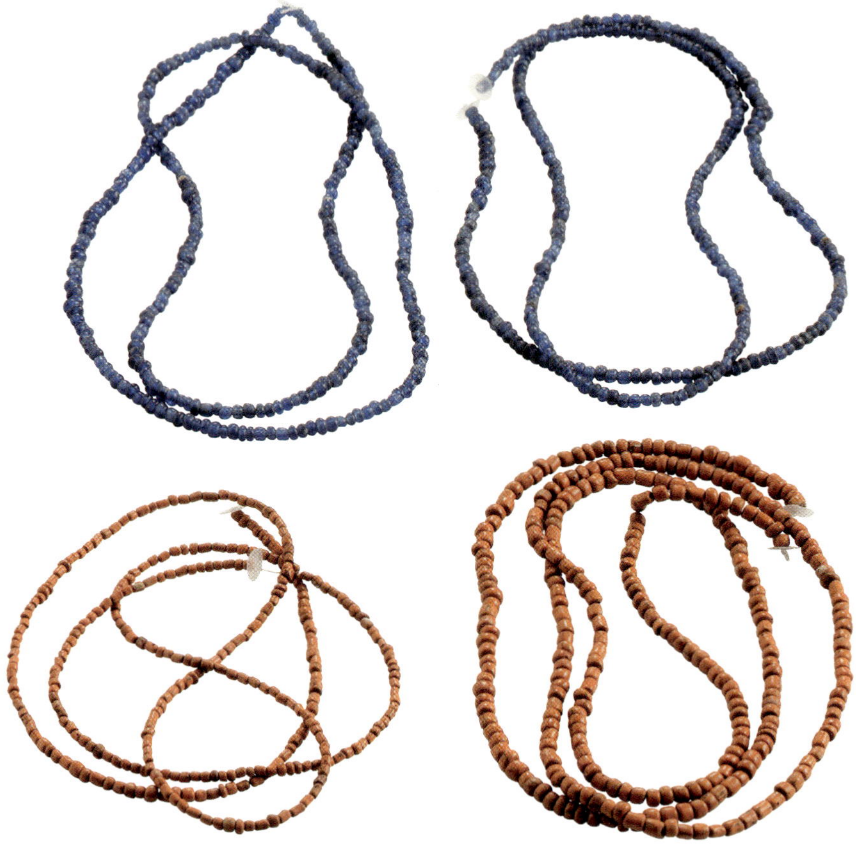

481 **목걸이** 頸飾
무령왕릉 | 지름 0.6 외 | 국립공주박물관

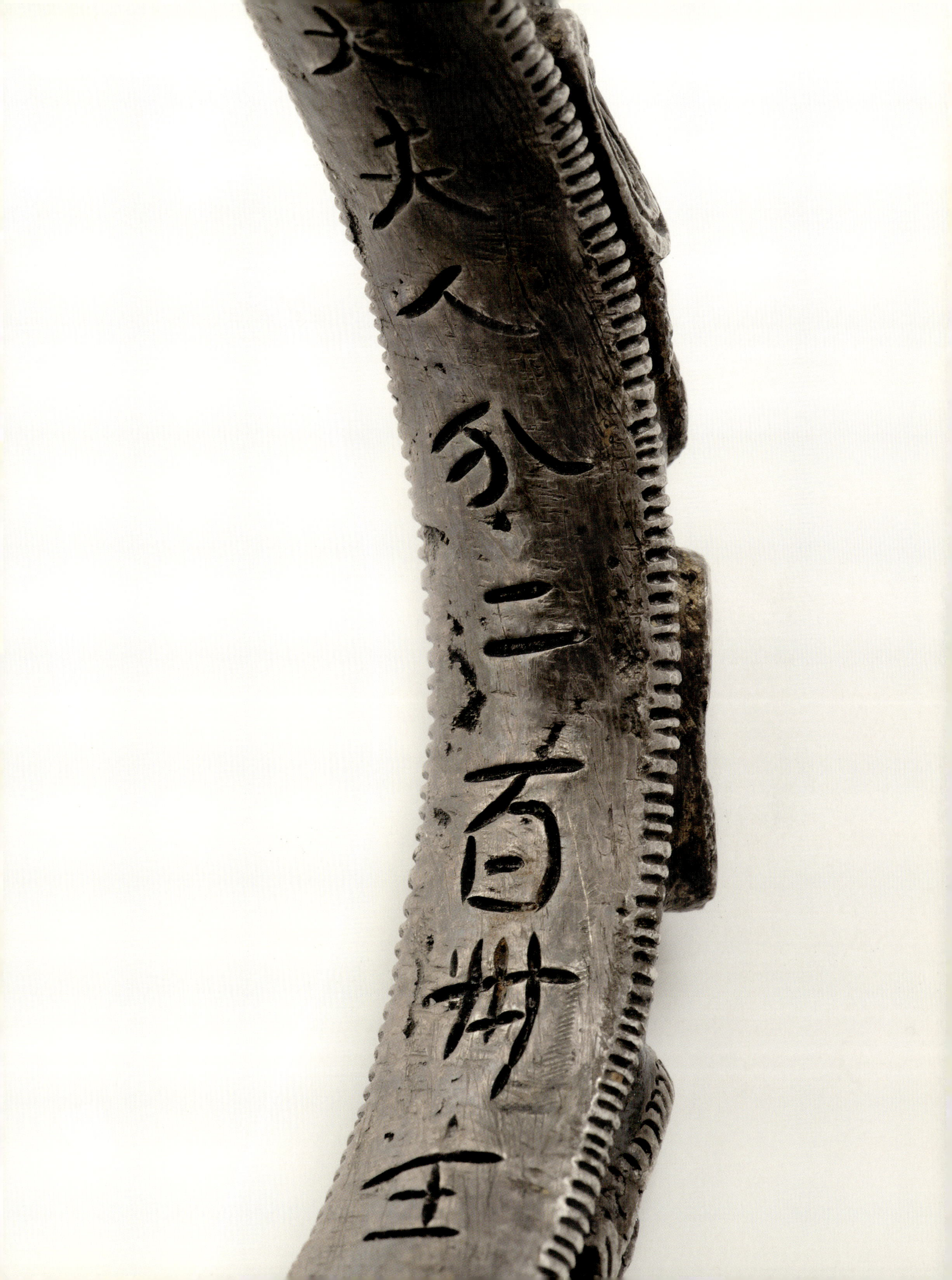

482 **돌짐승** 石獸
무령왕릉 | 높이 30.0 | 국립공주박물관

483 **벼루** 硯
공주 공산성 | 높이 16.5 | 국립공주박물관

484 **글자가 새겨진 벽돌 ('梁官瓦爲師矣' 銘塼)**
공주 송산리 6호분 | 길이 31.7 | 국립공주박물관

485 **연꽃무늬 수막새 蓮花文瓦當**
공주 공산성 | 지름 16.1 | 국립공주박물관

486 **연꽃무늬 수막새 蓮花文瓦當**
공주 공산성 내 추정왕궁지 | 지름(우)18.0 | 국립공주박물관

487 **글자가 새겨진 기와 '大通' 銘瓦**
공주 대통사지 | 길이 4.3 | 국립공주박물관

488 **연꽃무늬 수막새 蓮花文瓦當**
공주 대통사지 | 지름 13.5 | 공주교육대학교박물관

02-2.

문화의 꽃을 피우다 - 웅진에서 사비로

538년 성왕은 웅진에서 사비로 도읍을 옮기고 나라 이름을 남부여로 고쳤다. 사비지역은 금강가에 위치하며 산으로 둘러싸여 있어 방어에 유리하고 넓은 평야를 끼고 있어 경제적으로도 풍요로웠다. 국호를 남부여로 한 것은 당시 적대 관계에 있었던 고구려에 맞서서 부여의 정통성을 계승한다는 의식과 관련이 있다.

사비는 538년부터 660년까지 122년 동안 백제의 수도였다. 성왕이 사비로 도읍을 옮긴 이후 위덕왕, 혜왕, 법왕, 무왕, 의자왕 등 5명의 왕이 즉위하였다. 사비기에는 중앙 및 지방통치제도를 완성하였으며, 백제 문화가 절정기에 이르렀는데, 특히 불교문화가 화려하게 꽃피었다. 백제의 불교문화는 왜에 전해져 일본 불교문화 형성에 큰 영향을 주었고 천문, 지리, 역서, 방술도 왜에 전해졌다. 또한 일본 곳곳에 이 시기의 유적이 많이 남아 있다.

사비기 대표적인 유적으로 부여에는 능산리고분군, 나성과 부소산성, 능산리사지, 정림사지, 궁남지 등이 있다. 익산에는 왕궁리 유적, 미륵사지 등이 있다. 대표 유물은 능산리사지에서 출토된 금동대향로와 미륵사지 사리장엄구 등이 있다.

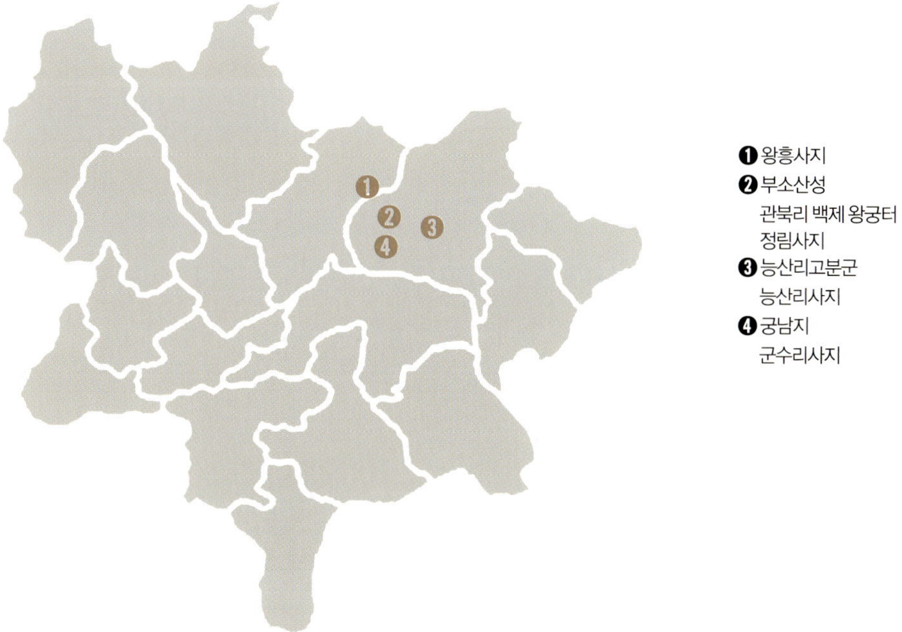

489 **백제금동대향로** 百濟金銅大香爐
부여 능산리 제3건물지 중앙칸 서쪽 | 높이 61.8 | 국립부여박물관

부소산성

사적 제5호. 사비성泗沘城 · 소부리성所夫里城이라고도 한다. 대체로 성왕이 웅진에서 사비로 천도를 하던 무렵에 쌓은 것으로 보며, 122년 동안 백제를 수호한 산성이었다.

부소산성 전경 | 국립부여문화재연구소

부소산성출토 금동광배 | 국립부여박물관

관축토층과 나무기둥 자리 | 국립부여문화재연구소

부소산성 동북 치雉 전경 | 국립부여문화재연구소

정림사지

사적 제301호. 절터에는 정림사지 5층석탑(국보 제9호) 등이 남아 있다. "태평팔년무진정림사대장당초太平八年戊辰定林寺大藏當草"라는 명문이 새겨진 고려시대 기와가 발견되어 절 이름이 정림사였음을 알 수 있었다.

정림사 소조상 | 국립부여박물관

정림사지 출토 명문기와 | 국립부여박물관

궁남지

사적 제 135호. 백제 사비기의 궁원지宮苑池이다. 『삼국사기』 무왕 35년(634)조에 '3월에 궁성宮城 남쪽에 연못을 파고 물을 20여 리나 되는 긴 수로로 끌어들였으며, 물가 주변의 사방에는 버드나무를 심고, 연못 가운데에는 섬을 만들어 방장선산方丈仙山을 본떴다'는 기록을 근거로 궁남지라고 부른다.

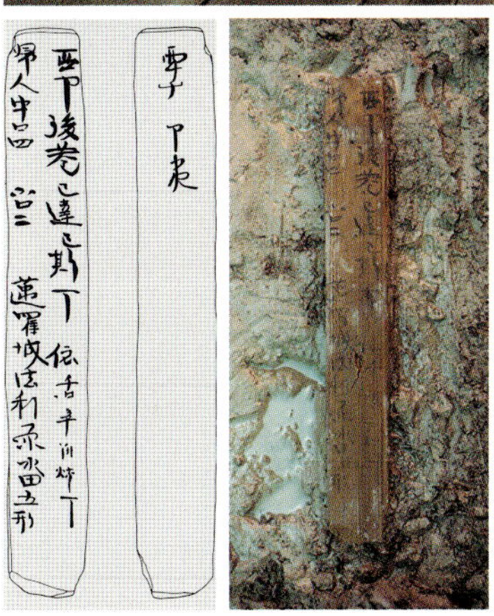

궁남지출토 목간 | 국립부여문화재연구소

궁남지 동서수로 짚신 출토상태 | 국립부여문화재연구소

궁남지 동서수로Ⅲ 목제 남근 출토상태 | 국립부여문화재연구소

부여 왕흥사지

사적 제427호. 목탑지·금당지·동서건물지·강당지·서편부속건물지 등이 확인되었으며 목탑지 사리공 내부에서 금제사리병·은제사리호·청동사리합의 3중구조로 안치된 사리기가 출토되었다. 청동사리합 바깥면에 29자의 명문이 음각되어 있는데 "丁酉年(577) 2월 15일 백제왕 창昌이 죽은 왕자를 위해 탑(또는 사찰)을 세우고 본래 사리 2매를 묻었을 때 신의 조화로 셋이 되었다"는 내용이다. 이를 통해 왕흥사 창건시기는 577년임을 알 수 있다.

왕흥사지 조사지역 전경 | 국립부여문화재연구소

사리함 노출상태 | 국립부여문화재연구소

익산 미륵사지

사적 제150호. 639년에 창건되었으며 절터에 국보 제11호로 지정된 미륵사지석탑이 있다. 2009년 석탑의 보수정비를 위한 해체조사 중 탑의 1층 심주 상면 중앙의 사리공에서 금제사리호·금제사리봉영기·은제관식 등 유물 500여 점을 수습하였다. 동·서로 석탑이 있고 중간에 목탑이 있으며 탑 뒤에 금당이 있는 구조이다. 금제사리봉영기에 의하면 미륵사는 백제 왕후인 사택적덕의 딸이 재물을 희사하여 창건하였다고 한다.

사리장엄 발견 당시 모습 | 국립문화재연구소

사리장엄 내부 모습 | 국립문화재연구소

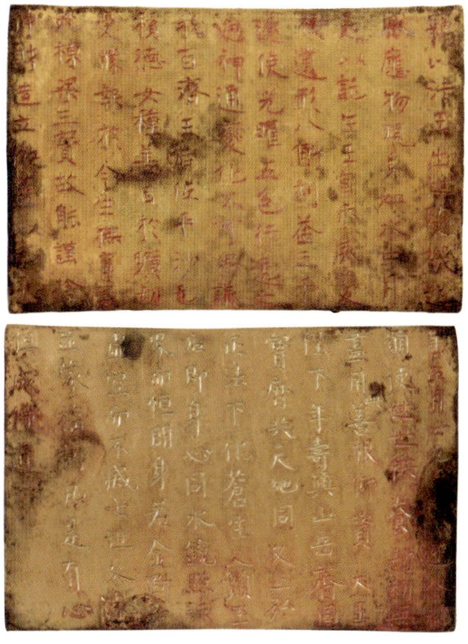

490 **금제사리봉영기**(앞)(뒤)

익산 미륵사지 | 길이 15.3 | 국립문화재연구소

491 금제사리내호 金製舍利內壺
익산 미륵사지 서탑 | 높이 5.9 | 국립문화재연구소

492 금동제사리외호 金銅製舍利外壺
익산 미륵사지 서탑 | 높이 13.0 | 국립문화재연구소

493 **청동합** 青銅盒
익산 미륵사지 서탑 | 높이 4.4 | 국립문화재연구소

494 **은제허리띠꾸미개** 銀製銙帶裝飾
익산 미륵사지 서탑 | 길이 (좌)3.9, (우)13.8
국립문화재연구소

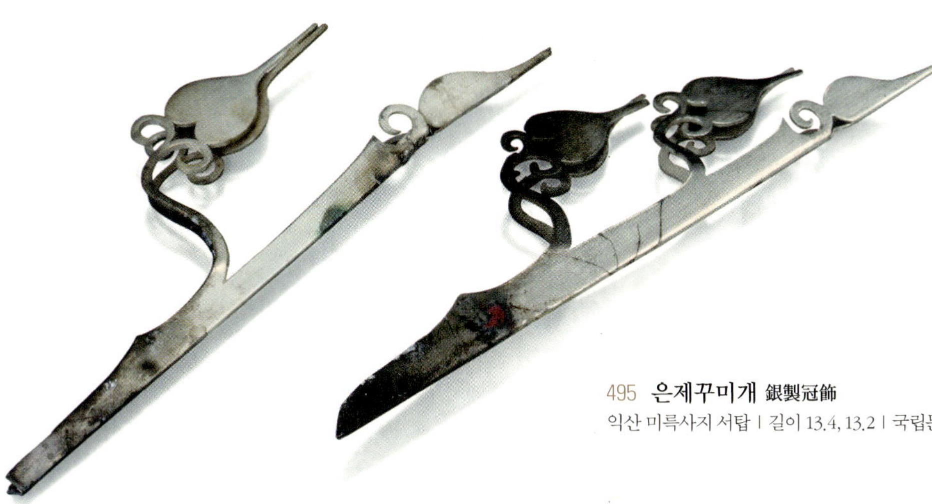

495 **은제꾸미개** 銀製冠飾
익산 미륵사지 서탑 | 길이 13.4, 13.2 | 국립문화재연구소

496 짚신 草鞋(복원)
부여 궁남지 내부 목조저수조재 동편유입구 부여 능산리절터 | 국립부여박물관

497 나막신 木屐(복원)
부여 궁남지 내부 목조저수조재 동편유입구 부여 능산리절터 | 국립부여박물관

498 여성용 변기 女性用便器
부여 군수리 | 길이 36.0 | 국립부여박물관

499 남성용변기 男性用便器
부여 군수리 | 길이 25.7 | 국립부여박물관

500 나막신 木屐
부여 능산리절터 | 길이 24.0 | 국립부여박물관

501 은제관꾸미개 銀製冠飾
부여 능안골 36호분 동편 널무덤 주변
길이 20.2 | 국립부여박물관

502 은제관꾸미개 銀製冠飾
부여 능안골 36호분 동편 널무덤 주변
길이 15.7 | 국립부여박물관

503 은제관꾸미개 銀製冠飾
부여 염창리 3-72호 무덤
길이 17.0 | 국립부여박물관

504 연꽃무늬 수막새 蓮花文圓瓦當
부여 능산리 가마터 | 지름 14.6 | 국립부여박물관

505 산수문전 山水文塼
부여 외리 | 높이 29.0 | 국립부여박물관

506 석제마구리장식기와 石製棟飾瓦
부여 부소산 절터 | 높이 28.0 | 경기도박물관

507 상자모양벽돌 箱子形塼
부여 군수리 절터 | 길이 28.0 | 국립부여박물관

백제, 쿠다라 くだら

660년 7월 백제가 멸망한 뒤 백제 유민의 일부는 일본 열도로 망명하였다. 이들이 거주했던 지역은 규슈·오사카·나라·시가 등으로, 이곳에는 백제 관련 유적과 유물이 많이 남아 있다. 규슈 미야자키현에서는 무늬거울, 말방울 등 백제 관련 유물이 발견되었다. 이 외에도 오사카 사이쿠다니細工谷 유적의 백제사百濟寺와 백제니사百濟泥寺, 나라현의 도다이지東大寺가 있다. 백제왕 신사와 백제사 터도 이들 지역 곳곳에 남아 있다.

일본 내 백제 관련 유적 분포도

- ❶ 다이쇼군야마고분大將軍山古墳
- ❷ 가카라시마加唐島
- ❸ 오키노시마 제사유적沖ノ島 祭祀遺蹟
- ❹ 에다후나야마고분江田船山古墳
- ❺ 반츠카고분番塚古墳
- ❻ 교자츠카고분行者塚古墳
- ❼ 오타니고분大谷古墳
- ❽ 쿠로즈카고분黑塚古墳
  - 다카마츠즈카고분高松塚古墳
  - 니이자와센츠카고분군新澤千塚古墳群
  - 스다하치만신사隅田八幡神社
  - 모즈고분군百舌鳥古墳
  - 후루이치고분군古市古墳群
  - 다카이다야마고분高井田山古墳
- ❾ 니혼마츠야마고분二本松山古墳
- ❿ 이나리야마고분稻荷山古墳

일본 고류지 미륵보살반가사유상廣隆寺 彌勒菩薩半跏思惟像

일본 국보로, 국립중앙박물관 소장의 국보 제83호 금동미륵보살반가상과 쌍둥이처럼 닮았다. 보살상의 앉은 키 높이는 83.3㎝인데 연꽃무늬 대좌까지 합한 높이는 123.5㎝이다.

머리에는 3면의 둥근 산 모양의 관을 쓰고 있다. 눈썹은 뚜렷하게 표현되어 있으며 눈은 가늘게 찢어졌다. 콧날은 오뚝하며 양볼은 통통하고 도톰한 입술은 끝을 살짝 위로 끌어 올려 미소를 띠고 있다.

상체는 벌거벗은 채로 앞으로 약간 숙인 상태에서 왼손을 오른 발목 위에 감싸듯이 살짝 올려 놓고 오른 팔꿈치는 오른쪽 무릎에 얹었다. 오른손의 엄지와 무명지를 안쪽으로 살짝 구부려 맞닿게 하고 긴 중지는 오른 뺨에 닿을 듯 길게 편 모습이다.

하체는 허리춤까지 오는 얇은 치마를 입고 있으며 오른쪽 다리는 들어서 왼쪽 허벅지 위에 발목을 걸쳐놓았는데, 발가락은 아래로 향하고 발바닥은 위로 비스듬히 하늘을 향하고 있다.

508 **미륵보살반가사유상**(일본 국보) **彌勒菩薩半跏思惟像**(복제)
교토 고류사 京都 廣隆寺 | 높이 147.0 | 일본

에필로그

서울, 세계로! 미래로!

백제는 어떻게 문화강국이 되었을까?

탄생과 변화
Change of the Capital of Seoul

백제는 어떻게 문화강국이 되었을까?

2천 년 전 평야가 많고 땅이 기름지며 강과 바다를 끼고 있어 살기 좋은 한성(서울)으로 다양한 사람들이 모여들었다. 주민의 다수는 북쪽 만주지역의 부여夫餘에서 내려온 예족濊族, 압록강유역의 고구려에서 내려온 맥족貊族, 대대로 한강유역에서 터잡고 살아온 한족韓族 등이었다. 시간이 지날수록 사람들이 자꾸 늘어났다. 동해안의 옥저沃沮·동예東濊지역에서 살다가 더 안전하고 풍요로운 백제로 귀순한 사람들, 대동강유역의 낙랑군과 황해도의 대방군에서 살다가 땅이 고구려에 흡수되자 남쪽으로 피난 온 중국계 백제인, 백제의 고급문화와 선진기술을 배우기 위해 바다를 건너온 왜倭계 백제인도 적지 않았다. 그리하여 백제는 출신지역이 서로 다르고 말과 문화 배경이 서로 다른 사람들이 모여 사는 다문화多文化사회를 이루었다.

자칫 모래알처럼 흩어질 수 있는 사람들을 근초고왕처럼 위대한 왕들이 하나로 묶어냈다. 중국출신 인재들을 등용해서 기술·문예를 발전시키고 외교에 활용하였다. 이웃나라 가야·신라와 사이좋게 지냄으로써 삼한계통 주민들의 물리적, 정신적 고통을 없애고 바다 건너 왜로 향하는 길을 안전하게 만들었다. 왜왕에게는 칠지도七支刀를 만들어 보내고 학자·기술자를 파견하는 등 선진문물을 전해주며 우호를 다졌다. 이후 왜국은 상대를 가리지 않고 백제의 요청에 따라 군사를 파견하는 맹방이 되었다.

4세기 후반 백제와 고구려가 한창 치열하게 전쟁하던 무렵, 국제정세는 남방 국가연합과 북방 국가연합이 대립하였다. 남방국가연합은 백제-동진-가야-신라-왜국, 북방국가연합은 고구려-전연으로 묶였다. 고구려와 달리 백제는 어떻게 주변의 많은 나라들을 한데 묶어낼 수 있었을까?

백제는 지리적 특징 때문에 해양문화가 발전했다. 서해 바다를 통해 중국, 일본, 그리고 인도를 오갔다. 바다 건너편 나라들과의 교류는 백제 사회의 개방성과 다문화 성향을 더욱 짙게 만들었다. 그래서 백제의 지배층은 조상이 서로 다르고 문화전통이 다른 사람들, 모여든 사연이 서로 다르고 목적이 다른 사람들, 언제든 바다를 통해 밖으로 빠져나갈 수 있었던 사람들을 백제라는 하나의 깃발 아래 모이게 할 수 있었다. 그들은 '통합의 리더'였다.

도판목록

제1전시실

서울의 선사

문명의 기원

001 **몸돌** 石核
서울 세곡동 길이 12.4

002 **여러면석기** 多角面圓球
서울 오곡동 길이 9.2

003 **주먹도끼** 兩面核石器
서울 오금동 길이 10.2

004 **주먹도끼** 兩面核石器
서울 풍납동 길이 14.4 한신대학교박물관

005 **외날찍개** 單面器
여주 연양리 길이 11.9 국립중앙박물관

006 **양날찍개** 兩面器
여주 연양리 길이 16.5 국립중앙박물관

007 **긁개** 削器
남양주 호평동 길이 6.5 경기문화재연구원

008 **뚜르개** 石錐
광주 삼리 길이 6.7 경기문화재연구원

009 **슴베찌르개** 有莖尖器
광주 삼리 길이 5.1 경기문화재연구원

010 **새기개** 彫器
광주 삼리 길이 3.5 경기문화재연구원

011 **바리** 鉢形土器
서울 암사동 높이 7.9 국립중앙박물관

012 **빗살무늬토기** 櫛文土器
서울 암사동 높이 39.0 국립중앙박물관

013 **그물추** 漁網錘
서울 암사동 길이 4.3 외 국립중앙박물관

014 **갈돌** 碾石棒, **갈판** 碾石
서울 암사동 길이 18.1, 42.8 국립중앙박물관

백제의 여명

015 **항아리** 壺
서울 가락동 높이 33.9 고려대학교박물관

016 **가락동식토기** 可樂洞式土器
서울 가락동 높이 42.2 고려대학교박물관

017 **청동검 거푸집** 銅劍鎔範
용인 초부리 길이 27.8 국립중앙박물관

018 **투겁창** 銅鉾
서울 응암동 길이 18.6 국립중앙박물관

019 **청동거울 거푸집** 銅鏡鎔範
황해도 맹산 너비 20.2 국립중앙박물관

020 **세형동검** 細形銅劍
길이 34.0 외

021 **뼈화살촉** 骨鏃
길이 14.5 외

022 **간돌창** 磨製石槍
길이 14.0, 19.2

023 **간돌검** 磨製石劍
길이 27.2, 25.5

024 **간돌검** 磨製石劍
서울 명일동 길이 17.5
고려대학교박물관

025 **쇠도끼** 鐵斧
가평 대성리 10호 집자리 길이 10.5
국립중앙박물관

026 **쇠도끼** 鐵斧
가평 대성리 10호 집자리 길이 10.1
국립중앙박물관

027 **고리달린 송곳** 環頭錐
가평 대성리 10호 집자리 길이 21.5
국립중앙박물관

028 **쇠손칼** 鐵刀子
가평 대성리 10호 집자리 길이 40.5
국립중앙박물관

029 **쇠끌** 鐵鑿
가평 대성리 10호 집자리 길이 (좌)8.6
국립중앙박물관

030 **삽날** 鐵耜
가평 대성리 10호 집자리 길이 18.5
국립중앙박물관

031 **자귀** 鐵手斧
가평 대성리 14호 집자리 길이 7.3
국립중앙박물관

032 **삽날** 鐵耜
가평 대성리 10호 집자리 길이 15.3
국립중앙박물관

033 **쇠낫** 鐵鎌
가평 대성리 1호 집자리 길이 24.1
국립중앙박물관

034 **쇠솥** 鐵釜
가평 대성리 42호 구덩이 높이 8.3
국립중앙박물관

035 **쇠화살촉** 鐵鏃
가평 대성리 4호 집자리 현 길이 3.8
국립중앙박물관

036 **쇠화살촉** 鐵鏃
가평 대성리 2호 집자리 길이 7.4
국립중앙박물관

037 **쇠도끼** 鐵斧
가평 대성리 10호 집자리 길이 10.2
국립중앙박물관

038 **쇠화살촉** 鐵鏃
가평 대성리 4호 집자리 길이 5.1
국립중앙박물관

039 **쇠화살촉** 鐵鏃
가평 대성리 4호 집자리 길이 5.0
국립중앙박물관

040 **쇠화살촉** 鐵鏃
가평 대성리 10호 집자리 길이 4.8
국립중앙박물관

041 **낚시바늘** 鐵絲
가평 대성리 14호 집자리 길이 3.8
국립중앙박물관

042 **낚시바늘** 鐵絲
가평 대성리 3호 집자리 길이 9.0
국립중앙박물관

043 **쇠못** 鐵釘
가평 대성리 2호 집자리 길이 16.2
국립중앙박물관

044 **쇠손칼** 鐵刀子
가평 대성리 2호 집자리 길이 11.9
국립중앙박물관

045 **쇠손칼** 鐵刀子
가평 대성리 12호 집자리 길이 15.6
국립중앙박물관

046 **가락바퀴** 紡錘車
가평 대성리 4호·10호 집자리 지름 6.0 외
국립중앙박물관

047 **경질무문토기** 硬質無文土器
가평 대성리 23호 구덩이 높이 19.3
국립중앙박물관

048 **경질무문토기** 硬質無文土器
가평 대성리 5호 집자리 높이 25.1
국립중앙박물관

049 **항아리** 壺
가평 대성리 23호 구덩이 높이 14.4
국립중앙박물관

050 **항아리** 壺
가평 대성리 23호 구덩이 높이 27.2
국립중앙박물관

051 **세발토기** 三足器
가평 대성리 19호 집자리 높이 5.3
국립중앙박물관

052 **항아리** 短頸壺
가평 대성리 10호 집자리 높이 15.1
국립중앙박물관

053 **사발** 盌
가평 대성리 25호 집자리 높이 6.3
국립중앙박물관

054 **화분형토기** 花盆形土器
가평 대성리 49호 구덩이 높이 18.9
국립중앙박물관

055 **항아리** 短頸壺
가평 대성리 10호 집자리 높이 32.7
국립중앙박물관

056 **항아리** 短頸壺
가평 대성리 10호 집자리 현 높이 9.2
국립중앙박물관

057 **항아리 平底壺**
가평 대성리 8호 집자리 높이 14.1
국립중앙박물관

058 **항아리 短頸壺**
가평 대성리 10호 집자리 높이 23.0
국립중앙박물관

059 **화분형토기 盆形土器**
가평 대성리 10호 집자리 높이 13.9
국립중앙박물관

060 **경질무문토기 硬質無文土器**
가평 대성리 4호 집자리 높이 28.0
국립중앙박물관

061 **경질무문토기 硬質無文土器**
가평 대성리 1호 집자리 높이 12.1
국립중앙박물관

062 **소형토기 小形土器**
가평 대성리 2호 집자리 높이 5.1
국립중앙박물관

063 **경질무문토기 硬質無文土器**
가평 대성리 6호 집자리 높이 16.1
국립중앙박물관

064 **항아리 短頸壺**
가평 대성리 4호 집자리 높이 38.8
국립중앙박물관

065 **귀 달린 항아리 兩耳附壺**
가평 항사리 가지구 2호 집자리 높이 11.9
고려문화재연구원

066 **귀때토기 注口土器**
김포 양촌 1지점 D구역 3호 흙무지무덤
높이 15.3 고려문화재연구원

067 **경질무문토기_뚜껑 硬質無文土器_蓋**
가평 항사리 나지구 23호 집자리 높이 6.8
고려문화재연구원

068 **경질무문토기_항아리 硬質無文土器_壺**
가평 항사리 나지구 23호 집자리 높이 11.4
고려문화재연구원

069 **경질무문토기_항아리 硬質無文土器_壺**
가평 항사리 나지구 23호 집자리 높이 17.3
고려문화재연구원

070 **구슬 玉**
가평 대성리 10호 집자리 지름 0.5 외
국립중앙박물관

071 **구슬 玉**
용인 신갈동 5호 도랑 돌린 움무덤 지름 0.6 외
국립중앙박물관

072 **구슬 玉**
오산 수청동 2호 무덤 지름 1.7 외
국립중앙박물관

073 **구슬 玉**
오산 수청동 1, 2호 무덤 지름 1.7 외
국립중앙박물관

074 **구슬 玉**
오산 수청동 1호 무덤 지름 0.4 외
국립중앙박물관

075 **구슬 玉**
김포 양촌 2-11 추가 1지점 지름 0.8 외
한강문화재연구원

076 **구슬 玉**
김포 양촌 1지점 H구역 2호 흙무지무덤 지름 0.9 외
고려문화재연구원

077 **구슬 玉**
가평 항사리 가지구 7호 집자리 지름 0.4 외
고려문화재연구원

078 **금박유리구슬 金箔琉璃玉**
김포 양촌 1지점 H구역 2호 흙무지무덤 지름 0.4 외
고려문화재연구원

079 **구슬 玉**
김포 2-9지점 원삼국시대 2호 흙무지무덤
지름 2.1 외 한강문화재연구원

080 **대롱옥 管玉**
김포 양촌 2-9지점 6구역 1호 도랑 돌린 덧널무덤
길이 2.6 외 한강문화재연구원

081 **구슬 玉**
김포 양촌 2-9지점 5호 구덩이 지름 0.9 외
한강문화재연구원

082 **구슬 玉**
김포 양촌 2-11 추가 1지점 지름 1.0 외
한강문화재연구원

083 **구슬 玉**
김포 양촌 2-11 추가 2지점 지름 1.0 외
한강문화재연구원

084 **구슬 玉**
김포 양촌 3지점 나구역 5호 흙무지무덤 지름 1.4 외
고려문화재연구원

085 **청동말모양허리띠고리 青銅馬形帶鉤**
길이 9.8

086 **청동호랑이모양허리띠고리 青銅虎形帶鉤**
길이 7.2, 7.6, 12.1

087 **화살촉 青銅鏃·鐵莖銅鏃**
길이 19.9 외

제2전시실

왓도 한성

백제의 건국

088 **덧띠토기 粘土帶土器**
화성 발안리 1호 널무덤 높이 16.2
국립중앙박물관

089 **검은간토기 黑陶長頸壺**
화성 발안리 1호 널무덤 높이 18.7
국립중앙박물관

090 **덧띠토기 粘土帶土器**
화성 발안리 2호 널무덤 높이 14.3
국립중앙박물관

091 **검은간토기 黑陶長頸壺**
화성 발안리 2호 널무덤 높이 16.8
국립중앙박물관

092 **잔 盞**
화성 발안리 32호 구상유구 높이 9.8
국립중앙박물관

093 **덧띠토기 粘土帶土器**
가평 대성리 6호 집자리 높이 8.1
국립중앙박물관

094 **뚜껑 蓋**
화성 동학산 2호 환호 높이 7.6
국립중앙박물관

095 **덧띠토기 粘土帶土器**
화성 동학산 2호 환호 높이 22.1
국립중앙박물관

096 **덧띠토기 粘土帶土器**
화성 동학산 4호 환호 높이 11.7
국립중앙박물관

097 **굽다리접시 豆形土器**
화성 동학산 2호 환호 높이 11.0
국립중앙박물관

더 큰 나라로

098 **청동초두 青銅鐎斗**
전 서울 풍납동토성 높이 21.7
국립중앙박물관

099 **그릇받침 器臺**
서울 몽촌토성 I 구역 B지구 S1E1(83-NW구역)
높이 54.0 | 서울대학교박물관

100 **시루 甑**
서울 몽촌토성 87-2호 저장구덩이 | 높이 25.0
서울대학교박물관

101 **시루 甑**
서울 풍납동토성 현대연합주택부지 가-2호 집자리
높이 36.0

102 **시루 甑**
서울 풍납동토성 미래마을부지 가-14호 구덩이
높이 30.7

103 **경질무문토기_항아리 硬質無文土器_壺**
서울 풍납동토성 현대연합주택부지 나-2호 환호
높이 15.6

104 **경질무문토기_항아리 硬質無文土器_壺**
서울 풍납동토성 삼표산업부지 XⅢ층 높이 36.8

105 **경질무문토기_항아리 硬質無文土器_壺**
서울 풍납동토성 현대연합주택부지 가-1호 환호
높이 35.0

106 **깊은바리 深鉢形土器**
서울 풍납동토성 동성벽 A지점 중심토루하단
외벽 경계부 높이 17.3

107 **깊은바리 深鉢形土器**
서울 풍납동토성 현대연합주택부지 가-2호 집자리
높이 13.5

108 **깊은바리 深鉢形土器**
서울 풍납동토성 현대연합주택부지
가-유물포함층 중층 높이 24.0

109 **깊은바리 深鉢形土器**
서울 풍납동토성 대진·동산연립주택부지
나 트렌치 우물 내부 3단 높이 15.1

110 **깊은바리 深鉢形土器**
서울 풍납동토성 미래마을부지 가-3호 집자리
높이 10.2

111 **깊은바리 深鉢形土器**
서울 풍납동토성 대진·동산연립주택부지
나 트렌치 우물 내부 3단 높이 16.1

112 **깊은바리 深鉢形土器**
서울 풍납동토성 대진·동산연립주택부지
나 트렌치 우물 내부 2단 높이 16.0

113 **사발 盌**
서울 풍납동토성 현대연합주택부지 가-1호 집자리
높이 6.3

114 **사발 盌**
서울 풍납동토성 현대연합주택부지 가-2호 집자리
높이 7.0

115 **깊은바리 深鉢形土器**
서울 풍납동토성 현대연합주택부지 토기가마
높이 9.4

116 **깊은바리 深鉢形土器**
서울 풍납동토성 소규모주택 신축부지 289호
높이 18.2

117 **계란모양토기 長卵形土器**
서울 풍납동토성 현대연합주택부지
가-유물포함층 중상층 높이 36.5

118 **계란모양토기 長卵形土器**
서울 몽촌토성 87-유물폐기장 높이 40.5
서울대학교박물관

119 **계란모양토기 長卵形土器**
서울 풍납동토성 현대연합주택부지
가-유물포함층 하층 높이 36.8

120 **계란모양토기 長卵形土器**
서울 풍납동토성 미래마을부지 가-6호 집자리
높이 43.5

121 **계란모양토기 長卵形土器**
서울 풍납동토성 미래마을부지 가-6호 집자리
높이 41.8

122 **큰입 긴목 항아리 廣口長頸壺**
서울 몽촌토성 87-1호 집자리 높이 18.3
서울대학교박물관

123 **큰입 긴목 항아리 廣口長頸壺**
서울 풍납동토성 대진·동산연립주택부지
나 트렌치 우물 내부 4단 높이 22.7

124 **큰입 긴목 항아리 廣口長頸壺**
서울 풍납동토성 현대연합주택부지 가-동쪽 트렌치
높이 19.4

125 **큰입 긴목 항아리 廣口長頸壺**
서울 풍납동토성 현대연합주택부지
S5.8E0 북편 토기산포유구 높이 18.5

126 **큰입 긴목 항아리 廣口長頸壺**
서울 몽촌토성 85-2호 저장구덩이 높이 17.6
서울대학교박물관

127 **항아리 壺**
서울 풍납동토성 미래마을부지 가-2호 집자리
높이 25.8

128 **항아리 短頸壺**
서울 풍납동토성 현대연합주택부지 가-1호 구덩이
높이 32.2

129 **항아리 短頸壺**
서울 풍납동토성 미래마을부지 가-3호 집자리 상층
높이 40.0

130 **병 甁**
서울 풍납동토성 미래마을부지 가-4호 부뚜막
현 높이 21.1

131 **항아리 短頸壺**
서울 풍납동토성 미래마을부지 가-3호 집자리 상층
높이 38.9

132 **항아리 短頸壺**
서울 풍납동토성 미래마을부지 가-4호 집자리
높이 35.5

133 **항아리 短頸壺**
서울 풍납동토성 미래마을부지 가-7호 부뚜막
높이 39.0

134 **작은 항아리 小壺**
서울 풍납동토성 대진·동산연립주택부지
우물 내부 2단 높이 14.6

135 **항아리 壺**
서울 풍납동토성 현대연합주택부지
가-유물포함층 하층 높이 19.3

136 **항아리 短頸壺**
서울 풍납동토성 현대연합주택부지 유물포함층 중층
높이 33.4

137 **'대부大夫'가 새겨진 곧은 입 항아리**
'大夫'銘直口短頸壺
서울 풍납동토성 경당지구 9호 유구 높이 25.0
국립중앙박물관

138 **'정井'이 새겨진 곧은 입 항아리 '井'銘直口短頸壺**
서울 풍납동토성 경당지구 9호 유구 높이 25.1
국립중앙박물관

139 **곧은 입 항아리 直口短頸壺**
서울 몽촌토성 88-4호 저장구덩이 높이 26.0
서울대학교박물관

140 **그릇받침 器臺**
서울 풍납동토성 현대연합주택부지 가-유물 포함층
중층 현 높이 29.6

141 **그릇받침 器臺**
서울 풍납동토성 미래마을부지
가-4호 집자리 현 높이 26.0

142 **그릇받침 器臺**
서울 몽촌토성 85-5호 저장구덩이 높이 46.5
서울대학교박물관

143 **굽달린 사발 臺附碗**
서울 풍납동토성 현대연합주택부지 가-S4W2 그리드
높이 4.9

144 **항아리 壺**
서울 풍납동토성 대진·동산연립주택부지
나 트렌치 우물 내부 2단 높이 15.6

145 **작은 항아리 小壺**
서울 풍납동토성 미래마을부지 가-3호 집자리
높이 7.0

146 **작은 항아리 小壺**
서울 풍납동토성 현대연합주택부지
가-유물포함층 중하층 높이 14.7

147 **항아리 短頸壺**
서울 풍납동토성 현대연합주택부지 가-33호 구덩이
높이 35.0

148 **크고 곧은 입 항아리 廣口直口壺**
서울 몽촌토성 87-1호 저장구덩이 높이 12.5
서울대학교박물관

149 **굽달린 합 臺附盒**
서울 몽촌토성 85-11-17피트 높이 25.9
서울대학교박물관

150 **합 盒**
서울 풍납동토성 현대연합주택부지 가-동쪽 트렌치
높이 8.3

151 **굽다리접시 高杯**
서울 풍납동토성 현대연합주택부지 가-S5E1 그리드
높이 7.4

152 **굽다리접시 高杯**
서울 풍납동토성 현대연합주택부지
S4E0 내 토기산포유구 높이 7.1

153 **굽다리접시 高杯**
서울 풍납동토성 경당지구 1호 유구 높이 8.4
한신대학교박물관

154 **굽다리접시 高杯**
서울 풍납동토성 소규모주택 신축부지 142-14호
높이 6.2

155 **굽다리접시 高杯**
서울 풍납동토성 미래마을부지 가-2호 집자리
높이 6.6

156 **굽다리접시 高杯**
서울 풍납동토성 현대연합주택부지
S4E0 내 토기산포유구 높이 5.8

157 **굽다리접시 高杯**
서울 몽촌토성 85-10호 저장구덩이 높이 7.6
서울대학교박물관

158 **병 甁**
서울 풍납동토성 미래마을부지 가-1호 집자리
높이 12.8

159 **병 甁**
서울 풍납동토성 미래마을부지 가-2호 폐기지
높이 12.6

160 **병 甁**
서울 풍납동토성 소규모주택 신축부지 142-97호
높이 14.5

161 **병 甁**
서울 풍납동토성 대진 · 동산연립주택부지
우물 내부 3단 높이 17.7

162 **사발 盌**
서울 풍납동토성 현대연합주택부지 가-2호 집자리
높이 4.2

163 **사발 盌**
서울 풍납동토성 현대연합주택부지 가-2호 집자리 내부
높이 7.8

164 **사발 盌**
서울 풍납동토성 현대연합주택부지 가-3호 집자리
높이 7.3

165 **사발 盌**
서울 풍납동토성 현대연합주택부지 가-2, 3호 환호
높이 8.8

166 **사발 盌**
서울 풍납동토성 현대연합주택부지 S5E1 그리드
높이 5.0

167 **사발 盌**
서울 풍납동토성 강동빌라부지 3호 구덩이 높이 4.8

168 **큰접시 盤**
서울 풍납동토성 현대연합주택부지 가-유물포함층 하층
높이 7.4

169 **곧은 입 작은 항아리 直口小壺**
서울 풍납동토성 현대연합주택부지
S4E0 내 토기산포유구 높이 7.2

170 **곧은 입 작은 항아리 直口小壺**
서울 풍납동토성 미래마을부지 가-14호 구덩이
높이 5.2

171 **작은 항아리 小壺**
서울 풍납동토성 미래마을부지 가-3호 집자리
높이 11.0

172 **작은 항아리 小壺**
서울 풍납동토성 미래마을부지 가-3호 구덩이
높이 13.4

173 **세발토기 三足器**
서울 풍납동토성 현대연합주택부지 남쪽 트렌치
높이 4.7

174 **곧은 입 작은 항아리 直口小壺**
서울 풍납동토성 현대연합주택부지 남쪽트렌치
높이 7.2

175 **작은 항아리 小壺**
서울 풍납동토성 현대연합주택부지
S4E0 내 토기산포유구 높이 7.5

176 **곧은 입 작은 항아리 直口小壺**
서울 풍납동토성 미래마을부지 가-1호 집자리
높이 7.0

177 **작은 항아리 小壺**
서울 풍납동토성 현대연합주택부지 N1W2 내 매납유구
높이 8.7

178 **곧은 입 작은 항아리 直口小壺**
서울 풍납동토성 미래마을부지 가-1호 집자리
높이 7.5

179 **곧은 입 작은 항아리 直口小壺**
서울 풍납동토성 미래마을부지 가-1호 집자리
높이 7.4

180 **곧은 입 작은 항아리 直口小壺**
서울 풍납동토성 미래마을부지 가-1호 집자리
높이 8.1

181 **작은 항아리 小壺**
서울 풍납동토성 현대연합주택부지 가-7호 집자리
높이 8.8

182 **뚜껑 蓋**
서울 풍납동토성 현대연합주택부지 나-N2E1 그리드
높이 9.3

183 **뚜껑 蓋**
서울 풍납동토성 현대연합주택부지 가-남쪽 트렌치
높이 9.0

184 **뚜껑 蓋**
서울 풍납동토성 현대연합주택부지
가-3호 집자리 동남부 저장구덩이 높이 8.0

185 **뚜껑 蓋**
서울 풍납동토성 현대연합주택부지
가-3호 집자리 동남부 저장구덩이 높이 9.0

186 **뚜껑 蓋**
서울 풍납동토성 현대연합주택부지 가-7호 집자리
높이 4.2

187 **뚜껑 蓋**
서울 풍납동토성 현대연합주택부지 가-2호 구덩이
높이 3.8

188 **뚜껑 蓋**
서울 풍납동토성 현대연합주택부지 가-1호 구덩이
높이 3.7

189 **세발토기 三足器**
서울 몽촌토성 NE11-17 구덩이 높이 7.2
서울대학교박물관

190 **세발토기 三足器**
서울 몽촌토성 87-3호 저장구덩이 높이 7.1
서울대학교박물관

191 **세발토기 三足器**
서울 풍납동토성 현대연합주택부지 가-동쪽 트렌치
높이 6.7

192 **세발토기 三足器**
서울 풍납동토성 미래마을부지 가-1호 집자리
높이 7.2

193 **세발토기 三足器**
서울 풍납동토성 외환은행직원 합숙소 부지
높이 7.1

194 **세발토기 三足壺**
서울 풍납동토성 미래마을부지 가-2호 집자리
높이 8.0

195 **손잡이 달린 굽다리접시 把手附高杯**
서울 풍납동토성 미래마을부지 가-1호 집자리
높이 7.7

196 **돌절구 石臼**
서울 풍납동토성 현대연합주택부지
가-S4E0 내 토기산포유구 높이 11.0

197 **굽다리있는 작은 항아리 臺附小壺**
서울 몽촌토성 85- 2호 움무덤 높이 12.4
서울대학교박물관

198 **세발토기 三足盤**
서울 풍납동토성 미래마을부지 가-1호 집자리
높이 9.0

199 **세발토기 三足盤**
서울 풍납동토성 미래마을부지 가- 4호 집자리
높이 7.0

200 **세발토기 三足盤**
서울 풍납동토성 미래마을부지 가-2호 집자리
높이 5.2

201 **그물추 漁網錘**
서울 몽촌토성 길이 8.0 외
서울대학교박물관

202 **그물추 漁網錘**
서울 풍납동토성 수습유물 길이 6.9 외

203 **가락바퀴 紡錐車**
서울 풍납동토성 경당지구 유물포함층 지름 4.1 외

204 **그물추 漁網錘**
서울 몽촌토성 I 구역 A지구 S22E1 길이 7.0 외
서울대학교박물관

205 **경질무문토기_뚜껑 硬質無文土器_蓋**
하남 미사리 A대형저장시설 높이 9.2
고려대학교 고고환경연구소

206 **귀달린접시 耳杯形土器**
서울 풍납동토성 현대연합주택부지 가-서쪽 트렌치
현 길이 8.0

207 **귀달린접시 耳杯形土器**
하남 미사리 KC-040 집자리 길이 18.2
하남역사박물관

208 **귀달린접시 耳杯形土器**
서울 풍납동토성 경당지구 유물포함층
현 길이 (좌) 10.3

209 **토관 土管**
서울 풍납동토성 현대연합주택부지 가-S5E0 그리드
길이 14.2

210 **토관 土管**
서울 풍납동토성 현대연합주택부지 가-26호 구덩이
길이 16.2

211 **토관 土管**
서울 풍납동토성 미래마을부지 가-1호 구덩이
길이 20.8 국립문화재연구소

212 **토관 土管**
서울 풍납동토성 미래마을부지 가-1호 구덩이
길이 21.6 국립문화재연구소

213 **'도道' 가 새겨진 전돌 道銘塼**
서울 풍납동토성 경당지구 101호 유구 길이 6.9
한신대학교박물관

214 **전돌 塼**
서울 풍납동토성 현대연합주택부지 가-토기폐기유구
너비 30.0

215 **긴몸 항아리 長胴壺**
서울 풍납동토성 경당지구 196호 창고 건물지
높이 41.8

216 **긴몸 항아리 長胴壺**
서울 풍납동토성 경당지구 196호 창고 건물지
높이 36.0

217 **긴몸 항아리 長胴壺**
서울 풍납동토성 경당지구 196호 창고 건물지
높이 45.4

218 **긴몸 항아리 長胴壺**
서울 풍납동토성 경당지구 196호 창고 건물지
높이 37.8

219 **긴몸 항아리 長胴壺**
서울 풍납동토성 경당지구 196호 창고 건물지
높이 43.2

220 **긴몸 항아리 長胴壺**
서울 풍납동토성 경당지구 196호 창고 건물지
높이 39.4

221 **긴몸 항아리 長胴壺**
서울 풍납동토성 경당지구 196호 창고 건물지
높이 43.3

222 **유약바른도기 施釉陶器**
서울 풍납동토성 경당지구 196호 창고 건물지
높이 55.5

223 **유약바른도기 施釉陶器**
서울 풍납동토성 경당지구 196호 창고 건물지
높이 55.9

224 **유약바른도기 施釉陶器**
서울 풍납동토성 경당지구 196호 창고 건물지
높이 59.0

225 **유약바른도기 施釉陶器**
서울 풍납동토성 경당지구 196호 창고 건물지
높이 54.8

226 **유약바른도기 施釉陶器**
서울 풍납동토성 경당지구 196호 창고 건물지
높이 55.3

227 **항아리 壺**
화성 마하리 9호 돌덧널무덤 높이 14.0
서울대학교박물관

228 **항아리 短頸壺**
하남 미사리 KC-026 집자리 높이 31.1
하남역사박물관

229 **깊은바리 深鉢形土器**
하남 미사리 KC-033 집자리 높이 17.0
하남역사박물관

230 **곧은 입 항아리 直口壺**
화성 마하리 9호 돌덧널무덤 높이 24.6
서울대학교박물관

231 **검은간토기 黑陶長頸壺**
원주 법천리 2차 A트렌치 높이 18.5
국립춘천박물관

232 **병 甁**
원주 법천리 2차 A트렌치 추정높이 19.4
국립춘천박물관

233 **곧은 입 항아리 直口廣肩壺**
용인 신갈 6호 도랑 돌린 움무덤 높이 14.5
국립중앙박물관

234 **뚜껑 蓋**
용인 수지 I 지점 토기집중매납유구 높이 6.6
한신대학교박물관

235 **굽다리접시 高杯**
용인 수지 I 지점 토기집중매납유구 높이 6.1
한신대학교박물관

236 **작은 항아리 小壺**
용인 수지 I 지점 토기집중매납유구 높이 9.1
한신대학교박물관

237 **곧은 입 항아리 直口廣肩壺**
용인 마북동 3호 움무덤 높이 15.0
국립중앙박물관

238 **큰입 긴목 항아리 廣口長頸壺**
군포 부곡동 1지구 8호 움무덤 높이 21.3
중앙문화재연구원

239 **항아리 壺**
군포 부곡동 1지구 1호 움무덤 높이 17.2
중앙문화재연구원

240 **항아리 壺**
군포 부곡동 1지구 2호 움무덤 높이 16.6
중앙문화재연구원

241 **항아리 壺**
군포 부곡동 1지구 4호 움무덤 높이 20.0
중앙문화재연구원

242 **곧은 입 항아리 直口壺**
군포 부곡동 1지구 9호 움무덤 높이 18.6
중앙문화재연구원

243 **손잡이잔 把杯**
군포 부곡동 2지구 6호 움무덤 높이 19.6
중앙문화재연구원

244 **큰입 긴목 항아리 廣口長頸壺**
안성 도기동 C지구 10호 움무덤 높이 24.4
국립중앙박물관

245 **항아리 壺**
안성 도기동 A지구 5호 움무덤 높이 27.5
국립중앙박물관

246 **깊은바리 深鉢型土器**
군포 부곡동 1지구 1호 움무덤 높이 11.0
중앙문화재연구원

247 **작은 항아리 小壺**
안성 도기동 C지구 2호 움무덤 높이 12.5
국립중앙박물관

248 **깊은바리 深鉢形土器**
안성 도기동 A지구 1호 움무덤 높이 9.1
국립중앙박물관

249 **계란모양토기 長卵形土器**
군포 부곡동 1지구 1호 독무덤 높이 37.0
중앙문화재연구원

250 **항아리 短頸壺**
안성 도기동 C지구 4호 움무덤 높이 34.2
국립중앙박물관

251 **사발 盌**
안성 도기동 B지구 3호 집자리 높이 4.5
국립중앙박물관

252 **굽다리접시 高杯**
황해도 황주 높이 6.8 서울대학교박물관

253 **작은 항아리 小壺**
안성 도기동 B지구 9호 움무덤 높이 8.5
국립중앙박물관

254 **항아리 壺**
화성 발안리 133호 구덩이 높이 20.4
국립중앙박물관

255 **시루 甑**
화성 발안리 가-1호 집자리 높이 16.0
국립중앙박물관

256 **굽다리접시 黑色磨研高杯**
화성 석우리 먹실 97호 구덩이 높이 7.1
국립중앙박물관

257 **세발토기 三足小壺**
화성 석우리 먹실 16호 집자리 높이 10.4
국립중앙박물관

258 **두 귀 달린 항아리 兩耳附壺**
김포 양촌 1-11지점 7호 도랑 돌린 널무덤 높이 7.5
한강문화재연구원

259 **특이한 모양의 토기 異形土器**
파주 와동리 Ⅲ 15지점 7호 도랑 높이 24.5
국립중앙박물관

260 **큰독 大甕**
화성 석우리 먹실 6호 집자리 높이 98.0
국립중앙박물관

261 **큰독 大甕**
용인 구갈 높이 79.7 국립중앙박물관

262 **돌절구 石臼**
화성 소근산성 17호 구덩이 높이 8.2 경기도박물관

263 **특이한 모양의 토기 異形土器**
고양 멱절산 높이 16.1 경기도박물관

264 **작은 항아리 小壺**
용인 구갈 7호 집자리 높이 7.5 국립중앙박물관

265 **금동관모 金銅冠帽**
공주 수촌리 Ⅱ-1호 움무덤 높이 19.0
국립공주박물관

266 **금귀걸이 金製耳飾**
공주 수촌리 Ⅱ-1호 움무덤 길이 4.0
국립공주박물관

267 **허리띠꾸미개 銙帶金具**
공주 수촌리 Ⅱ-1호 움무덤 길이 3.0
국립공주박물관

268 **금동신발 金銅飾履**
공주 수촌리 Ⅱ-1호 움무덤 길이 29.5
국립공주박물관

269 **흑유병 黑釉瓶**
공주 수촌리 Ⅱ-4호 돌방무덤 높이 13.7
국립공주박물관

270 **흑유 닭모양 항아리 黑釉鷄首壺**
공주 수촌리 Ⅱ-4호 돌방무덤 높이 23.1
국립공주박물관

271 **네 귀 달린 청자 항아리 靑磁有蓋四耳壺**
공주 수촌리 Ⅱ - 1호 움무덤 높이 25.4
국립공주박물관

272 **흑갈유항아리 黑褐釉壺**
공주 수촌리 Ⅱ-4호 돌방무덤 높이 33.2
국립공주박물관

백제사람의 삶

273 **사발 盌**
서울 풍납동토성 현대연합주택부지 가-18호 구덩이
높이 6.8

274 **세발토기 三足器**
서울 풍납동토성 현대연합주택부지
가-S4E0 내 토기산포유구 높이 5.6

275 **병 甁**
서울 몽촌토성 87-1호 집자리 높이 14.0
서울대학교박물관

276 **아궁이 장식틀 爐址用土製品**
서울 풍납동토성 현대연합주택부지 가-9호 집자리
길이(좌) 46.0

277 **계란모양토기 長卵形土器**
서울 풍납동토성 강동빌라부지 1호 구덩이
높이 36.2

278 **받침모루 內拍子**
서천 봉선리 1지역 6호 집자리 높이 7.2, 5.5, 6.1
국립부여박물관

279 **검은간토기_합 黑色磨硏土器_盒**
천안 용원리 9호 돌덧널무덤 높이 12.4
국립공주박물관

280 **타날판 打捺板**
하남 이성산성 A지구 1차 저수지 길이 5.0
국립중앙박물관

281 **특이한 모양의 토기 異形土器**
서울 우면동 2호 집자리 높이 10.8

282 **경질무문토기_바리 硬質無文土器_鉢**
서울 풍납동토성 삼표산업사옥부지 제3조사갱 Ⅹ Ⅲ층
높이 15.7

283 **수막새 瓦當**
서울 풍납동토성 국립문화재연구소, 한신대학교박물관

284 **수키와 圓瓦**
서울 풍납동토성 미래마을부지 가-47호 구덩이
현 길이 13.5

285 **수키와 圓瓦**
서울 풍납동토성 미래마을부지 가-47호 구덩이
현 길이 16.6

286 **수키와 圓瓦**
서울 풍납동토성 미래마을부지 가-31호 폐기유구
길이 30.1

287 **벽돌 塼**
서울 풍납동토성 현대연합주택부지 나-2호 집자리
현 길이 25.0

288 **주춧돌 礎石**
서울 풍납동토성 현대연합주택부지 가-17호 구덩이
현 길이 34.3 국립문화재연구소

289 **가락바퀴 紡錘車**
서울 풍납동토성 현대연합주택부지 가-2호
집자리 바닥 지름 5.0

290 **가락바퀴 紡錘車**
서울 풍납동토성 현대연합주택부지
가-S5W1 내 아궁이유구 지름 4.1

291 **가락바퀴 紡錘車**
서울 풍납동토성 현대연합주택부지 가-서쪽 트렌치
지름 4.4

292 **가락바퀴 紡錘車**
서울 풍납동토성 동성벽 A지점 Ⅱ'토루
지름 5.2

293 **가락바퀴 紡錘車**
서울 풍납동토성 소규모주택 신축부지
서성벽 지구 289호 지름 4.2

294 **가락바퀴 紡錘車**
서울 풍납동토성 미래마을부지 가-6호 구덩이
지름 3.8

295 **금달개 金製瓔珞**
서울 석촌동 3호분 금판 지름 0.8 서울대학교박물관

296 **금귀걸이 金製耳飾**
서울 석촌동 4호분 주변 길이 3.7 서울대학교박물관

297 **금귀걸이 金製耳飾**
천안 용원리 37호 움무덤 길이 2.7 국립공주박물관

298 **금귀걸이 金製耳飾**
김포 양촌 2-9지점 6구역 1호 도랑 돌린 덧널무덤
길이 2.5 한강문화재연구원

299 **금제이식·옥 金製耳飾·玉**
화성 마하리 돌방무덤 제1시상 지름 1.1(옥 0.9)
서울대학교박물관

300 **쇠가위 鐵剪**
서울 몽촌토성 88-2호 집자리 길이 16.0
서울대학교박물관

301 **대형바늘 大針**
서울 풍납동토성 현대연합주택부지 나-N3E2 그리드
길이 16.1

302 **금동신발 金銅飾履**
고흥 길두리 안동고분 길이 (좌)30.6
전남대학교박물관

303 **금동관모 金銅冠帽**
고흥 길두리 안동고분 높이 23.8 전남대학교박물관

304 **구슬 거푸집 玉鎔范**
서울 풍납동토성 경당지구 206호 우물 너비 3.5
한신대학교박물관

305 **옥연석 玉硏石**
서울 석촌동 3호분 너비 22.5 서울대학교박물관

306 **구슬단추 玉釦**
서울 풍납동토성 동벽B지점 지름 1.4

307 **유리구슬 玉**
서울 풍납동토성 경당지구 127호 유구
길이(관옥) 2.1 한신대학교박물관

308 **구슬 玉**
군포 부곡동 1지구 9호 움무덤 길이(관옥) 1.8
중앙문화재연구원

309 **토우 土偶**
여주 연양리 7호 구덩이 길이(우) 5.0
고려문화재연구원

310 **경질무문토기_바리 硬質無文土器_鉢**
여주 연양리 7호 구덩이 높이 30.2
고려문화재연구원

311 **바둑알 棋石(복제)**
일본 정창원

312 **바둑알통 銀平脫合子(복제)**
일본 정창원

313 **바둑판 木畵紫檀棊局(복제)**
일본 정창원 너비 49.0, 높이 12.7

314 **쌍육**
국립민속박물관

315 **현악기 絃樂器(복원)**
광주 신창동 저습지 길이 77.2 국립광주박물관

316 **두 귀 달린 항아리 兩耳附壺**
서울 석촌동 86-봉토분 높이 11.5
서울대학교박물관

317 **크고 곧은 입 항아리 廣口直口壺**
서울 석촌동 즙석봉토분 높이 6.9
서울대학교박물관

318 **검은간토기-크고 곧은 입 항아리**
黑色磨硏土器_廣口直口壺
서울 가락동 2호분 높이 17.5 고려대학교박물관

319 **검은간토기_항아리 黑色磨硏土器_短頸壺**
서울 석촌동 대형움무덤 적석부 높이 24.0
서울대학교박물관

320 **굽다리접시 高杯**
서울 석촌동 돌덧널무덤 높이 6.5 서울대학교박물관

321 **굽다리접시 高杯**
서울 석촌동 즙석봉토분 높이 6.2 서울대학교박물관

322 **겹아가리 항아리 二重口緣壺**
서울 가락동 2호분 높이 19.0 고려대학교박물관

323 **곧은 입 항아리 直口壺**
서울 석촌동 대형움무덤 4호 널무덤 높이 17.3
서울대학교박물관

324 **칠지도 七支刀(복제)**
일본 이소노카미신궁 길이 74.9

325 **송풍관 送風管**
진천 석장리 수습유물 B구 길이 24.0
국립청주박물관

326 **송풍관 送風管**
진천 석장리 수습유물 A구 길이 49.0
국립청주박물관

327 **쇠끌 鐵鑿**
군포 부곡동 1지구 7호 움무덤 길이 16.0
중앙문화재연구원

328 **쇠끌 鐵鑿**
군포 부곡동 1지구 8호 움무덤 길이 18.0
중앙문화재연구원

329 **쇠끌 鐵鑿**
서울 풍납동토성 미래마을부지 가-3호 집자리
길이 18.9

330 **꺾쇠**
서울 풍납동토성 미래마을부지 가-2호 집자리
길이(좌) 7.5

331 **쇠못 鐵釘**
서울 풍납동토성 미래마을부지 가-3호 집자리
길이 11.0

332 **쇠끌 鐵鑿**
김포 양촌 2-9지점 6구역 1호 도랑 돌린 덧널무덤
길이 20.5 한강문화재연구원

333 **쇠끌 鐵鑿**
서울 풍납동토성 현대연합주택부지 나-N2E1 그리드
길이 25.1 국립문화재연구소

334 **쇠손칼 鐵刀子**
서울 풍납동토성 가-4호 집자리 길이 16.1

335 **쇠손칼 鐵刀子**
김포 양촌 2-9지점 6구역 1호 도랑 돌린 덧널무덤
길이 16.4 한강문화재연구원

336 **살포 鐵鏟**
공주 수촌리 II-4호분 길이 99.6 국립공주박물관

337 **살포 鐵鏟**
화성 마하리 9호 돌덧널무덤 길이 9.0
서울대학교박물관

338 **쇠낫 鐵鎌**
군포 부곡동 2지구 5호 움무덤 길이 19.1
중앙문화재연구원

339 **쇠낫 鐵鎌**
군포 부곡동 1지구 4호 움무덤 길이 21.0
중앙문화재연구원

340 **쇠낫 鐵鎌**
하남 미사리 B-2호 집자리 길이 22.0
서울대학교박물관

341 **쇠낫 鐵鎌**
용인 수지 II-1호 집자리 길이 23.6
한신대학교박물관

342 **용무늬 고리자루 큰칼 龍文環頭大刀**
천안 용원리 1호·12호 돌덧널무덤 길이 (우)81.5
국립공주박물관

343 **은새김 고리자루 큰칼 銀象嵌環頭大刀**
공주 수촌리 II-1호분 길이 84.4 국립공주박물관

344 **쇠칼 鐵劍**
안성 도기동 B지구 8호 움무덤 길이 45.0
중앙문화재연구원

345 **쇠칼 鐵劍**
김포 양촌 1-11지점 13호 도랑 돌린 덧널무덤
길이 104.0 한강문화재연구원

346 **쇠칼 鐵劍**
김포 양촌 2-9지점 6구역 1호 도랑 돌린 덧널무덤
길이 111.0 한강문화재연구원

347 **쇠칼 鐵劍**
김포 양촌 1-11지점 3호 도랑 돌린 덧널무덤
길이 120.0 한강문화재연구원

348 **투겁창 鐵鉾**
김포 양촌 2-9지점 6구역 1호 도랑 돌린 덧널무덤
길이 38.1 한강문화재연구원

349 **투겁창 鐵鉾**
김포 양촌 2-9지점 6구역 1호 도랑 돌린 덧널무덤
길이 35.8 한강문화재연구원

350 **투겁창 鐵鉾**
김포 양촌 2-9지점 6구역 1호 도랑 돌린 덧널무덤
길이 43.4 한강문화재연구원

351 **투겁창 鐵鉾**
안성 도기동 A지구 7호 움무덤 길이 26.0
중앙문화재연구원

352 **투겁창 鐵鉾**
군포 부곡동 1지구 7호 움무덤 길이 19.1
중앙문화재연구원

353 **투겁창 鐵鉾**
김포 양촌 2-9지점 6구역 1호 도랑 돌린 덧널무덤
길이 19.1 한강문화재연구원

354 **투겁창 鐵鉾**
서울 풍납동토성 미래마을부지가-3호 집자리
길이 20.0

355 **투겁창 盤附鐵鉾**
서산 부장리 길이 (하)36.7 충청남도역사문화연구원

356 **쇠도끼 鐵斧**
김포 양촌 2-9지점 6구역 1호 도랑 돌린 덧널무덤
길이 7.3 한강문화재연구원

357 **쇠낫 鐵鎌**
김포 양촌 2-9지점 6구역 1호 도랑 돌린 덧널무덤
길이 22.2 한강문화재연구원

358 **물미 鐵鐏**
서울 몽촌토성 88-2호 집자리 길이 14.1
서울대학교박물관

359 **쇠창 鐵戟**
가평 달전리 길이 40.2 국립중앙박물관

360 **쇠화살촉 鐵鏃**
서울 몽촌토성 길이 11.3 외 서울대학교박물관

361 **쇠화살촉 鐵鏃**
천안 용원리 9호 돌덧널무덤 길이 20.9 외
국립공주박물관

362 **쇠화살촉 鐵鏃**
김포 양촌 2-9지점 6구역 1호 도랑 돌린 덧널무덤
길이 6.5 외 한강문화재연구원

363 **쇠화살촉 鐵鏃**
서울 풍납동토성 경당지구 1호 유구 길이 8.2
한신대학교박물관

364 **쇠화살촉 鐵鏃**
서울 풍납동토성 현대연합주택부지
가-S5W1 그리드 상층 길이 6.3, 10.7

365 **쇠화살촉 鐵鏃**
서울 풍납동토성 현대연합주택부지
가-S4E0 그리드 길이 12.1

366 **쇠화살촉 鐵鏃**
서울 풍납동토성 현대연합주택부지
가-S4E0 그리드 길이 7.3

367 **쇠도끼 鐵斧**
파주 주월리 유물산포지 길이 11.5
한양대학교박물관

368 **쇠도끼 鐵斧**
군포 부곡동 1지구 7호 움무덤 길이 13.4
중앙문화재연구원

369 **쇠도끼 鐵斧**
서울 몽촌토성 88-방형유구 길이 16.5
서울대학교박물관

370 **쇠도끼 鐵斧**
군포 부곡동 1지구 8호 움무덤 길이 12.7
중앙문화재연구원

371 **쇠도끼 鐵斧**
서울 풍납동토성 현대연합주택부지
나-N4E2 그리드 길이 17.7 국립문화재연구소

372 **쇠도끼 鐵斧**
서울 풍납동토성 미래마을부지
가-3호 집자리 길이 14.3

373 **판갑 미니어처 板甲模型**
부안 죽막동 나5구 교란층 높이 6.2 국립전주박물관

374 **판갑 板甲**
음성 망이산성 높이 45.0 국립청주박물관

375 **말족쇄 馬足鎖**
서울 몽촌토성 85-3호 저장공 길이 31.1
서울대학교박물관

376 **화살통장식 箭筒裝飾**
천안 용원리 9호 돌덧널무덤 국립공주박물관

377 **청동말방울** 銅鐸
부안 죽막동 나2구 D5, 다2구 D6 경계부 높이 5.4
국립전주박물관

378 **말발굽** 蹄鐵
서울 몽촌토성 85-2호 집자리 길이 8.8
서울대학교박물관

379 **말안장(안교)** 鞍裝
천안 용원리 1호 돌덧널무덤 길이 61.0
국립공주박물관

글로벌 백제

380 **돌거울** 石鏡
부안 죽막동 다4구 K6 표토층 지름 7.0
국립전주박물관

381 **청동거울** 銅鏡
부안 죽막동 다2구 D6, D7, E6, E7 옹 내부 지름 8.3
국립전주박물관

382 **인형모조품** 人形模造品
부안 죽막동 나5구 교란층 높이 9.5
국립전주박물관

383 **접시 달린 병** 杯附甁
부안 죽막동 나3구 I4 높이 19.5
국립전주박물관

384 **배모양 토기** 舟形土器
높이 10.5 성신여자대학교박물관

385 **노** 櫓(복원)
서울 석촌동 즙석봉토분 길이 135.0
서울대학교박물관

386 **말띠드리개** 杏葉
천안 용원리 1호 돌덧널무덤 길이 8.0
국립공주박물관

387 **말띠드리개** 杏葉
합천 옥전 M3호 무덤 길이 13.5
국립김해박물관

388 **귀걸이** 金製耳飾
천안 용원리 9호 돌덧널무덤 길이 3.5 국립공주박물관

389 **귀걸이** 金製耳飾
합천 옥전 23호 움무덤 길이 5.8 경상대학교박물관

390 **금동관모** 錦洞冠帽
서산 부장리 5호 분구 1호 움무덤 높이 15.9
국립공주박물관

391 **금동관모** 錦洞冠帽
합천 옥전 23호 움무덤 높이 13.5 경상대학교박물관

392 **금동신발** 金銅飾履(복제)
에다후나야마고분 길이 34.0 일본 동경국립박물관

393 **일본서기** 日本書紀(복제)

394 **규두대도** 圭頭大刀(복원)
나주 복암리 3호분 7호 돌방무덤 길이 88.0

395 **금동관모** 金銅冠帽
에다후나야마고분 길이 14.6 일본 동경국립박물관

396 **금동관모** 金銅冠帽
익산 입점리 1호 높이 13.7 국립전주박물관

397 **금동제 허리띠꾸미개** 金銅銙帶金具
서울 몽촌토성 85-1호 집자리 길이 4.3
서울대학교박물관

398 **양모양청자** 羊形靑磁
원주 법천리 2호 돌방무덤 높이 13.2
국립중앙박물관

399 **청동초두** 靑銅鐎斗
원주 법천리 1호 돌방무덤 높이 19.7
국립중앙박물관

400 **청동초두** 靑銅鐎斗
전 서울 풍납동토성 국립중앙박물관

401 **양직공도** 梁職貢圖(복제)
길이 25.0, 너비 192.0 중국 국가박물관

402 **왕회도** 王會圖(복제)
길이 28.1, 너비 463.0 대만 고궁박물원

403 **번객입조도** 番客入朝圖(복제)
길이 26.8, 너비 660.0 대만 고궁박물원

제3전시실

삼국의 각축

삼국, 한강으로

404 **재갈** 馬銜
서울 아차산 4보루 재갈쇠 길이 11.4, 고삐이음쇠 15.3
서울대학교박물관

405 **발걸이** 鐙子
서울 아차산 4보루 길이 17.6
서울대학교박물관

406 **쇠화살촉** 鐵鏃
서울 홍련봉 1보루 길이 17.3
국립중앙박물관

407 **물미** 鐵鐏
서울 아차산 4보루 길이 10.3
서울대학교박물관

408 **쇠투겁창** 鐵鉾
서울 홍련봉 제 2보루 길이 30.0외
국립중앙박물관

409 **쇠창고달이** 鐵鐏
서울 용마산 제 2보루 길이 18.5

410 **쇠낫** 鐵鎌
서울 용마산 제 2보루 길이(상) 32.5

411 **살포** 鐵鏟
서울 홍련봉 제 2보루 길이(우) 13.2
국립중앙박물관

412 **집게** 鐵鑷
서울 용마산 제 2보루 3호 건물지 길이 34.7

413 **쇠낫** 鐵鎌
서울 아차산 4보루 길이 31.6
서울대학교박물관

414 **보습** 鐵犁
서울 구의동보루 길이 44.4
서울대학교박물관

415 **종지** 小盌
서울 구의동보루 높이 2.0
서울대학교박물관

416 **귀달린접시** 耳杯
서울 아차산 4보루 높이 4.8
국립중앙박물관

417 **사발** 盌
서울 구의동보루 높이 8.6
서울대학교박물관

418 **긴몸 항아리** 長胴壺
서울 구의동보루 높이 32.7
서울대학교박물관

419 **큰입 네귀 달린 독** 廣口長頸四耳甕
서울 몽촌토성 88-방형유구 높이 59.0
서울대학교박물관

420 **오절판** 五折坂
서울 아차산 4보루 높이 3.7
서울대학교박물관

421 **똬리병** 環狀甁
서울 구의동보루 높이 10.7
서울대학교박물관

422 **원통모양 세발토기** 圓筒形三足器
서울 몽촌토성, 88-방형유구 높이 27.8
서울대학교박물관

423 **뚜껑달린 독** 長胴甕
서울 아차산 4보루 뚜껑 7.0, 독 55.6
서울대학교박물관

424 **긴몸 항아리** 長胴壺
서울 용마산 제 2보루 건물지 출입시설 높이 33.0

425 **두 귀 달린 긴몸 독** 長胴甕
서울 용마산 제 2보루 창고시설 높이 39.5

426 **두 귀 달린 긴몸 독** 兩耳附長胴甕
서울 용마산 제 2보루 3호 건물지 높이 42.3

427 **곧은 입 독** 直口甕
서울 용마산 제 2보루 1호 건물지 높이 72.2

428 **독** 甕
서울 용마산 제 2보루 2호 건물지 높이 54.0

429 **시루** 甑
서울 용마산 제 2보루 3호 건물지 높이 21.6

430 **합** 盒
서울 용마산 제 2보루 3호 건물지 높이 24.6

431 **원통모양 네발토기** 圓筒形四足器
서울 용마산 제 2보루 3호 건물지 | 높이 25.8

432 **동이** 罐
서울 용마산 제 2보루 1호 건물지 높이 18.1

433 **굽달린 사발** 臺附盌
서울 용마산 제 2보루 2호 건물지 높이 8.0

434 **종지** 甕
서울 용마산 제 2보루 2호 건물지 높이 3.6

435 **귀달린 접시** 耳杯
서울 용마산 제 2보루 3호 건물지 온돌 높이 5.9

436 **뚜껑** 蓋
서울 용마산 제 2보루 1호 건물지 높이 8.3

437 **뚜껑** 蓋
서울 용마산 제 2보루 1호 건물지 높이 6.5

438 **뚜껑** 蓋
서울 용마산 제 2보루 2호 건물지 높이 10.0

439 **뚜껑** 蓋
서울 용마산 제 2보루 3호 건물지 높이 13.5

440 **뚜껑** 蓋
서울 용마산 제 2보루 3호 건물지 높이 4.4

441 **접시** 盘
서울 용마산 제 2보루 1호 건물지 높이 3.5

442 **병** 甁
서울 용마산 제 2보루 1호 건물지 높이 3.5

443 **고드랫돌** 紡錘車
서울 용마산 제 2보루 길이 8.5 외

444 **가락바퀴** 紡錘車
서울 용마산 제 2보루 지름(좌) 6.5

445 **항아리** 壺
서울 용마산 제 2보루 창고시설 높이 18.0

446 **금귀걸이** 金製耳飾
서울 능동 길이 6.1 국립중앙박물관

447 **용무늬 수막새** 龍獸文瓦當
중국 지안 지름 16.0 경기도박물관

448 **연꽃무늬 수막새** 蓮花文瓦當
평양 지름 20.0 단국대학교 석주선기념박물관

449 **감꼭지무늬 수막새** 柹蔕蓮花文瓦當
중국 지안 지름 15.0 경기도박물관

450 **인동무늬 수막새** 忍冬文瓦當
중국 지안 지름 15.5 경기도박물관

451 **수막새** 圓形突起文瓦當
중국 지안 지름 15.0 경기도박물관

452 **연꽃무늬 수막새** 蓮花文瓦當
평양 지름 14.8 청주백제유물전시관

453 **나무망치** 木鎚
하남 이성산성 6차 1차 저수지 길이 25.3
한양대학교박물관

454 **당나라 자** 唐尺
하남 이성산성 7차 C지구 저수지 길이 29.8
한양대학교박물관

455 **방망이** 杵
하남 이성산성 3차 1차 저수지 길이 31.3
한양대학교박물관

456 **빗** 梳
하남 이성산성 3차 2차 저수지 길이 12.8
한양대학교박물관

457 **팽이** 尜
하남 이성산성 4차 2차 저수지 길이 7.2
한양대학교박물관

458 **뚜껑** 蓋
서울 아차산성 높이 3.4
서울대학교박물관

459 **뚜껑** 蓋
하남 이성산성 7차 C지구 저수지 높이 4.5
한양대학교박물관

460 **벼루** 硯
하남 이성산성 8차 C지구 저수지 높이 6.3
국립중앙박물관

461 **뚜껑있는 사발** 有蓋盌
하남 이성산성 7차 성벽 높이 사발 7.8, 뚜껑 4.2
한양대학교박물관

462 **뚜껑** 蓋
하남 이성산성 9차 C지구 N1E2 피트 높이 3.0
한양대학교박물관

463 **시루** 甑
하남 이성산성 3차 2차 저수지 높이 26.0
한양대학교박물관

464 **굽다리접시** 高杯
하남 이성산성 6차 1차 저수지 높이 (좌)11.0, (우)9.0
한양대학교박물관

465 **합** 盒
하남 이성산성 7차 C지구 저수지 높이 6.2
한양대학교박물관

466 **합** 盒
하남 이성산성 7차 C지구 저수지 높이 5.7
한양대학교박물관

467 **병** 甁
하남 이성산성 3차 2차 저수지 높이 (좌)12.7, (우)13.5
한양대학교박물관

468 **사발** 盌
하남 이성산성 6차 높이 (좌)4, (우)5, (상)4.5
한양대학교박물관

469 **단지** 兩耳付壺
하남 이성산성 11차 I지구 동문지 북동편 평탄지
높이 16.0 한양대학교박물관

470 **연꽃무늬 수막새** 蓮花文瓦當
서울 아차산성 지름 14.4 서울대학교박물관

471 **수키와** 圓瓦
하남 이성산성 8차 C지구 저수지
길이 (좌부터) 38.6, 42.5, 40.0, 32.6 한양대학교박물관

한성, 그 후

472 **금동신발** 金銅飾履
전 충청도 길이 34.5

473 **금동신발** 金銅飾履
무령왕릉 길이 35.0 국립공주박물관

474 **금제관꾸미개** 金製冠飾
무령왕릉 길이 30.7 국립공주박물관

475 **금뒤꽂이** 金製釵
무령왕릉 길이 18.4 국립공주박물관

476 **허리띠** 銙帶
무령왕릉 길이 95.7 국립공주박물관

477 **금귀걸이** 金製耳飾
무령왕릉 길이 8.3 국립공주박물관

478 **은팔찌** 銀製釧
무령왕릉 너비 14.0 국립공주박물관

479 **청동숟가락** 青銅匙
무령왕릉 길이 18.2 국립공주박물관

480 **청동젓가락** 青銅箸
무령왕릉 길이 21.2 국립공주박물관

481 **목걸이 頸飾**
무령왕릉 지름 0.6 외 국립공주박물관

482 **돌짐승 石獸**
무령왕릉 높이 30.0 국립공주박물관

483 **벼루 硯**
공주 공산성 높이 16.5
국립공주박물관

484 **글자가 새겨진 벽돌 '梁官瓦爲師矣'銘塼**
공주 송산리 6호분 길이 31.7
국립공주박물관

485 **연꽃무늬 수막새 蓮花文瓦當**
공주 공산성 지름 16.1
국립공주박물관

486 **연꽃무늬 수막새 蓮花文瓦當**
공주 공산성 내 추정왕궁지 지름 (우)18.0
국립공주박물관

487 **글자가 새겨진 기와 '大通'銘瓦**
공주 대통사지 길이 4.3
국립공주박물관

488 **연꽃무늬 수막새 蓮花文瓦當**
공주 대통사지 지름 13.5
공주교육대학교박물관

489 **백제금동대향로 百濟金銅大香爐**
부여 능산리 제3건물지 중앙칸 서쪽 높이 61.8
국립부여박물관

490 **금제사리봉영기**
익산 미륵사지 길이 15.3
국립문화재연구소

491 **금제사리내호 金製舍利內壺**
익산 미륵사지 서탑 높이 5.9
국립문화재연구소

492 **금동제사리외호 金銅製舍利外壺**
익산 미륵사지 서탑 높이 13.0
국립문화재연구소

493 **청동합 青銅盒**
익산 미륵사지 서탑 높이 4.4
국립문화재연구소

494 **은제허리띠꾸미개 銀製銙帶裝飾**
익산 미륵사지 서탑 길이 (좌)3.9, (우)13.8
국립문화재연구소

495 **은제꾸미개 銀製冠飾**
익산 미륵사지 서탑 길이 13.4, 13.2
국립문화재연구소

496 **짚신 草鞋(복원)**
부여 궁남지 내부 목조저수조재 동편유입구
부여 능산리절터 국립부여박물관

497 **나막신 木屐(복원)**
부여 궁남지 내부 목조저수조재 동편유입구
부여 능산리절터 국립부여박물관

498 **여성용 변기 女性用便器**
부여 군수리 길이 36.0
국립부여박물관

499 **남성용 변기 男性用便器**
부여 군수리 길이 25.7
국립부여박물관

500 **나막신 木屐**
부여 능산리절터 길이 24.0
국립부여박물관

501 **은제관꾸미개 銀製冠飾**
부여 능안골 36호분 동편 널무덤 주변 길이 20.2
국립부여박물관

502 **은제관꾸미개 銀製冠飾**
부여 능안골 36호분 동편 널무덤 주변 길이 15.7
국립부여박물관

503 **은제관꾸미개 銀製冠飾**
부여 염창리 3-72호 무덤 길이 17.0
국립부여박물관

504 **연꽃무늬 수막새 蓮花文瓦當**
부여 능산리 가마터 지름 14.6
국립부여박물관

505 **산수문전 山水文塼**
부여 외리 높이 29.0
국립부여박물관

506 **석제마구리장식기와 石製棟飾瓦**
부여 부소산 절터 높이 28.0
경기도박물관

507 **상자모양벽돌 箱子形塼**
부여 군수리 절터 길이 28.0
국립부여박물관

508 **미륵보살반가사유상(일본 국보)**
彌勒菩薩半跏思惟像(복제)
교토 고류사 京都 廣隆寺 높이 147.0 일본

한성백제박물관을 설계하며

공원 같은 박물관

한성백제박물관이 위치한 대지는 원래 소나무가 심어진 작고 야트막한 둔덕이었다. 몽촌토성을 마주하고 선 그 둔덕은 올림픽공원에서 볼 때 둥글게 굴곡진 땅의 형상으로 아름다운 경관을 만들고 있었고 가장 높은 부분이 주변보다 13m 정도 높아서 정상에 서면 북쪽으로 몽촌토성을 조망하기가 좋았다. 박물관을 짓기 위해 오랫동안 그 자리를 지켜온 둔덕이 사라진다면 그것은 우리 모두를 위해 아쉬운 일이 될 것이었다. 박물관이 둔덕이 될 수 있다면? 박물관 건물을 자연지형 속에 묻어서 건물이 둔덕이 되고 공원이 되며 산책로가 된다면 이상적일 것이었다. 이를 실현하기 위해 우리는 백제의 토성을 생각했다.

백제의 토성 - 한성백제박물관의 설계 모티브

백제 한성기는 역사가 500년이나 지속되었음에도 사비기에 비해 우리에게 별로 알려진 것이 없다. 오로지 석촌동 고분군과 몽촌토성, 풍납동토성이 1500년의 세월을 견뎌 그 실체를 전할 뿐이다. 그 중에서도 몽촌토성과 풍납동토성은 한성백제의 대표적 유적지로서 고구려가 한강 맞은편 아차산에 쌓은 아차산성이나 신라의 산성과는 확연히 다른 축조방식을 보여준다. 신라나 고구려의 것은 돌로 쌓은 석성인 반면 백제의 것은 흙을 한층 한층 다져서 쌓아올린 토성이다. 토성의 단면을 보면 흙다짐 층이 수평으로 켜켜이 쌓여 있는 것을 볼 수 있는데, 이러한 흙벽의 판축된 수평층위가 드러나는 토성은 다른 어떤 요소보다도 한성백제를 표현할 수 있는 가장 훌륭한 건축적 모티브였다.

땅 속에서 발견하는 한성백제

우리는 박물관에 그 형태가 둔덕이 되기도 하고 토성이 되기도 하는 이중적 의미를 부여하기로 했다. 전시실을 토성 형태로 하여 대지에 있던 둔덕을 둥글게 둘러싸고, 둔덕의 높이는 그대로 유지한 채, 그 아래 땅 속 공간을 비워 박물관의 로비를 배치했다. 전시공간을 땅 속에 넣은 것은 건물이 둔덕처럼 자연스런 지형의 연장이 되도록 한 의도 외에도 한성백제의 실체가 고고학적 발굴에 의해 드러나고 있다는 점에서 '땅 속에서 발견하는 백제'라는 의미를 은유적으로 표현한 것이기도 하다.

옛 백제의 땅을 바라보다

토성과 둔덕은 사람들이 오를 수 있어야 한다. 토성 형태의 전시실 지붕을 사람들이 산책하며 오를 수 있도록 경사진 형태로 설계했다. 박물관 지붕을 따라 걷는 산책길은 올림픽공원의 산책로와 연결되어 공원의 일부가 되며 또한 새로운 토성의 성곽길이 되어 옛 백제의 땅을 의미있게 둘러 볼 수 있는 장소가 되도록 했다. 산책길의 끝지점은 원래 그 자리에 있던 둔덕과 같은 높이로서 전망데크가 되는데 거기에 서면 바로 건너편에 백제인들의 피와 땀으로 만들어진 몽촌토성이 마주 보인다.

박물관의 내부공간

박물관은 대지의 가장 낮은 쪽으로 진입한다. 토성형태의 전시실 아래로 진입하기 위해서인데 박물관 출입구는 두 개 층에 걸쳐 있다. 박물관에 이르는 접근로에서 땅의 형상대로 약간 위로 오르면 지하 1층 전시관 로비와 닿고 약간 아래로 내리면 지하 2층 교육공간에 닿는다. 지하 1층에는 로비전시, 기념품상점, 기획전시실, 한성백제 이전 시대를 보여주는 상설전시실과 학예연구실이 있고 1층은 전체가 한성백제 역사를 보여주는 상설전시실로 쓰이며, 2층에 작은 휴게식당이 있다. 또한 지하 2층에는 강의실과 도서실, 300석 공연장, 수장고와 주차장이 있으며 지하 3층에는 주차장과 기계전기실이 있다. 박물관 전체 연면적은 19,300㎡, 이 중 전시실이 2,780㎡(14.4%), 수장고가 2,650㎡(13.7%), 교육공간이 1,180㎡(6.1%) 지하주차장이 5,230㎡(27%)로서 한국에서는 중규모 박물관에 속한다.

풍납동토성 단면 전사벽

박물관 내부공간의 주인공은 풍납동토성 흙단면을 실제 전사한, 밑변 길이가 43m, 윗변이 13m, 높이 10.8m의 벽이다. 그 거대한 벽을 한 눈에 볼 수 있도록 하기 위해 로비공간을 지하부터 지상2층까지 개방했다. 전시실은 전사벽을 중심에 두고 둥그렇게 둘러 싼 형태인데 역사의 흐름에 따라 조금씩 높이가 높아져서 마지막, 가장 높은 곳에 이르면 역사의 클라이맥스, 한강을 중심으로 한 삼국의 패권다툼을 보여주는 공간으로 끝을 맺는다. 전시를 다 본 후에는 박물관에서 가장 높은 곳에 있는 휴게식당에서 몽촌토성을 바라보면서 그 곳이 옛 백제인들이 말 타고 다니던 곳이라는 땅의 역사적 의미를 새삼 다시 새겨본다.

2012년 4월

금성종합건축사사무소 대표 김용미

로비와 풍납동토성 단면

기획전시실 | 로비 체험마당

인류의 발자취
Timeline of World History
세계
Europe-Africa-America
2000
한국
Korea
동양
Asia

회랑갤러리 | 프롤로그

제1전시실_서울의 선사 | 체험마당

제2전시실_한성의 기억 | 제2전시실_한성의 풍경

제2전시실_동명사당 | 제2전시실_칠지도

제2전시실_백제의 배 | 제3전시실_삼국의 각축

한성백제박물관
SEOUL BAEKJE MUSEUM
풍납토성,
건국의 기틀을 다지다
2015. 3. 24. - 5. 31.

백제
人物列傳
HEROES OF BAEKJE

한성백제박물관

발행인
한성백제박물관

발행일
초판 2012년 4월
개정판 2015년 8월

발행처
한성백제박물관
05540 서울특별시 송파구 위례성대로 71
Tel. 02. 2152. 5800
http://baekjemuseum.seoul.go.kr

디자인·제작
(주)디자인인트로
Tel. 02. 2285. 0789 www.gointro.com

행정간행물등록번호
51-6113103-000022-01

ISBN
979-11-86012-06-2